LA
FRONTIÈRE D'ARGONNE

(843-1659)

PROCÈS DE CLAUDE DE LA VALLÉE

(1535-1561)

PAR

HENRI STEIN & LÉON LE GRAND

PARIS

ALPHONSE PICARD ET FILS, ÉDITEURS

Libraires des Archives nationales et de la Société de l'École des Chartes

82, RUE BONAPARTE, 82

1905

LA
FRONTIÈRE D'ARGONNE

(843-1659)

PROCÈS DE CLAUDE DE LA VALLÉE

(1535-1561)

LA
FRONTIÈRE D'ARGONNE

(843-1659)

PROCÈS DE CLAUDE DE LA VALLÉE

(1535-1561)

PAR

HENRI STEIN & LÉON LE GRAND

PARIS

ALPHONSE PICARD ET FILS, EDITEURS

Libraires des Archives nationales et de la Société de l'École des Chartes

82, RUE BONAPARTE, 82

1905

PRÉFACE

Cette publication, dont j'ai seulement surveillé l'impression et rédigé la table, a été entièrement préparée et mise au point par MM. Henri Stein et Léon Le Grand, archivistes aux Archives Nationales.

Elle était pour ainsi dire annoncée lorsque, dans le volume intitulé *Titres de la maison de Rarécourt de La Vallée de Pimodan* [1], j'écrivais (page 363), à propos du procès de Claude de La Vallée : « Cette histoire, des plus curieuses, fera peut-être un jour l'objet d'un volume spécial, dont tous les éléments sont dès maintenant réunis, et la question (de l'annexion du Clermontois à la France) y sera alors traitée dans toute son ampleur, avec de nombreux documents publiés à l'appui. »

Le prévôt-gruyer de Clermont-en-Argonne, dont on raconte ici les malheurs, était d'une bran-

---

[1] Paris, librairie Plon, 1903, in-4°.

che cadette, aujourd'hui éteinte, de la famille des marquis de Pimodan, ducs de Rarécourt de La Vallée de Pimodan.

L'histoire de son procès est intimement liée à celle des tentatives faites par les rois de France, pendant près de neuf siècles, pour annexer à leur couronne la petite région de l'Argonne, région qui devait constituer une frontière facilement défendable, grâce à ses fameux défilés. Un exposé complet de ces tentatives, c'est-à-dire de l'action politique de la France contre la Lorraine et l'Empire, était donc le complément naturel d'une étude sur le procès de Claude de La Vallée, et Messieurs Stein et Le Grand, en le composant, ont écrit un chapitre inédit de nos annales nationales.

Alphonse ROSEROT.

PROCÈS

DE

CLAUDE DE LA VALLÉE

CHAPITRE PREMIER

DÉLIMITATION DE LA FRANCE ET DE L'EMPIRE
DU COTÉ DE L'ARGONNE

JUSQU'AU PREMIER TIERS DU XVIe SIÈCLE

En 1537 s'ouvrit devant le Parlement de Paris un important débat auquel était mêlée la question des « fins et limites du royaume », et qui devait pendant de longues années réveiller les échos du Palais. L'objet de ce procès interminable était d'obtenir la réformation d'une sentence, qu'avaient portée contre Claude de La Vallée, ancien prévôt de Clermont, des commissaires spéciaux nommés par le duc de Lorraine et siégeant à Saint-Mihiel. Claude de La Vallée prétendait avoir été soustrait à ses juges naturels et réclamait la juridiction du Parlement, alléguant que Clermont-en-Argonne faisait partie du Barrois mouvant et ressortissait aux tribunaux français, tandis que le duc de Lorraine et ses officiers soutenaient que le Clermontois était terre d'Empire et que le duc de Bar et de Lorraine y avait le plein exercice des droits de souveraineté, à l'exclusion entière du roi de France. Les plaidoiries, les remontrances, les négociations diplomatiques, auxquelles donna lieu cette contestation, méritent d'être étudiées avec quelque détail.

Elles montrent assez combien il était difficile à cette époque de déterminer d'une façon précise les limites de la France et de l'Empire.

Rendue déjà si obscure par l'enchevêtrement des fiefs sur la région frontière, cette question était encore embrouillée à plaisir par ceux qu'on aurait pu croire intéressés à la résoudre. Les deux États voisins préféraient laisser les limites dans un certain vague, afin d'être plus à même de profiter des circonstances qui leur permettraient d'accroître en fait l'étendue de leur domaine. Quant aux habitants des localités dont la nationalité était contestée, ils ne désiraient rien tant que de voir se prolonger cette incertitude pour se ranger d'un côté ou de l'autre, suivant leur intérêt du moment, et jouir tour à tour de la protection des deux États, tout en se soustrayant autant que possible aux charges que ceux-ci imposaient à leurs sujets. C'est ainsi que certains villages réussirent à se constituer pour ainsi dire en petites républiques indépendantes, comme cela se produisit, dans l'Argonne, pour Rarécourt (Meuse)[1], et

¹ Nous aurons plusieurs fois l'occasion, dans ce travail, de parler du village de Rarécourt, sur le territoire duquel était situé le fief de la Vallée, d'où tirait son nom la famille du prévôt de Clermont dont nous nous proposons d'étudier le procès. Cette localité, qui faisait partie du domaine de l'abbaye de Saint-Vanne (*Bibl. nat.*, Lat. 17032,

dans le Bassigny pour Clinchamp (Haute-Marne)[1].

Avant de suivre les avocats du xvie siècle dans leurs dissertations sur la détermination de la frontière franco-allemande en Argonne, il est nécessaire de faire un court historique de la question et de voir quelles avaient été durant le cours du moyen âge les idées admises sur ce point.

Si l'on entreprend cette étude, on est obligé de remonter jusqu'au ixe siècle et de se reporter au traité de Verdun par lequel les fils de Louis le Débonnaire, en 843, se partagèrent les territoires que Charlemagne avait groupés sous sa domination, car, suivant la remarque de M. A. Longnon, cet acte « doit être considéré comme la charte constitutive du royaume de France, tel qu'il subsista jusqu'à la fin du moyen âge »[2].

fol. 31 et suiv. Cartulaire de Saint-Vanne) et dont les premiers du nom de Rarécourt avaient l'avouerie (*Musée Condé*, à Chantilly : Cartulaire du prieuré de Beauchamp, p. 10, 14, 20) obtint du roi de France, au commencement du xive siècle (*Bibl. nat.*, coll. *Lorraine*, 427, fol. 112), du duc de Lorraine en 1433 (*Archives de Chantilly*, E 5-8) et de l'empereur en 1531 (*Arch. nat.*, J 766, n° 58), des lettres de sauvegarde qui, moyennant l'acquittement d'une faible redevance payée par chaque feu, l'exemptait de toute imposition et de toute charge. Au commencement du xviiie siècle, le conseil du roi reconnut au village la possession de ces privilèges qu'on lui avait contestés et confirma ses franchises (*Arch. nat.* E 1047, n° 22, 5 juillet 1729). — Voir, à la fin du présent travail, les pièces concernant Rarécourt et le fief de La Vallée.

[1] Voyez sur ce village un curieux article d'Émile Duvernoy, intitulé : *Un règlement de frontière entre la France et le Barrois en 1500* (*Annales de l'Est*, octobre 1888, et à part, Nancy, 1888, in-8° de 25 pages). Les habitants de Clinchamp étaient parvenus à s'affranchir à peu près complètement d'impôts ; ils s'adressaient à leur gré, tantôt à la justice impériale, tantôt aux tribunaux français ; ils employaient suivant leurs convenances la monnaie de France ou celle du Barrois, et jusqu'au xviiie siècle on ne put déterminer au juste à quelle nationalité ils appartenaient.

[2] *Atlas historique de la France*, p. 72.

En vertu du traité de 843, la France, dévolue à Charles le Chauve, eut pour limite orientale le domaine de Lothaire composé d'une longue bande de terrain qui, partant de l'Escaut, englobait le Hainaut, le Cambrésis, et les comtés bordant la rive gauche de la Meuse, puis descendait le long de la Saône et du Rhône jusqu'à la mer [1].

Tels sont les termes dans lesquels Prudence de Troyes, le chroniqueur le plus précis sur ce point, rapporte le partage de Verdun. Son récit est complété par le texte où Hincmar énumère, en 870, les pays qui avaient constitué les États de Lothaire. On voit figurer dans cette énumération le *pagus Castricius*, le Porcien, le Dormois, le Verdunois, le Barrois, l'Ornois [2], situés tous sur la rive gauche de la Meuse, ou traversés par elle, d'où il résulte que le lot de Charles le Chauve n'atteignait pas ce fleuve, mais était limité par les *pagi* situés sur la rive occidentale, et il ne faut pas se laisser tromper par les expressions de certains chroniqueurs postérieurs, tels que Marianus Scotus ou Sigebert de Gembloux, qui, ne considérant que les grandes lignes de cette division territoriale, prétendent que le royaume de Charles s'étendait de l'Océan à la Meuse [3].

[1] *Atlas historique de la France*, p. 72 et 73 : traduction du passage de Prudence de Troyes relatif au partage de Verdun dans les *Annales Bertiniani*.

[2] *Annales Bertiniani* (Dom Bouquet, VII, p. 110).

[3] *Chronicon Saxonicum* : « Karolo quidem occidentalia regna cesserunt a Britannico Oceano usque ad Mosam fluvium » (Dom Bouquet, t. VII, p. 216). Texte reproduit par Sigebert de Gembloux (*Ibid.*, p. 249). Cf. *Mariani Scoti Chronicon* (*Ibid.*, p. 241).

Par suite de démembrements successifs, le nom de Lorraine, c'est-à-dire de pays des *Lotharienses*, (en haut allemand *Lotheringen*), fut réservé à la portion de l'ancien royaume de Lothaire voisine de la Moselle et de la Meuse. A partir de la mort de Charles le Simple, ce pays fut rangé définitivement sous la domination impériale, et la frontière de la France fut tracée au xe siècle par les limites du duché de Lorraine et celles du comté de Bar qui se constitua à cette époque sur une partie du territoire lorrain. Le problème que nous agitons se ramène donc à déterminer quelle était alors la ligne de démarcation occidentale de la Lorraine.

Dans la région dont nous nous occupons, c'est-à-dire du côté de l'Argonne et du Clermontois, cette limite de la Lorraine se confondait avec celle du comté de Verdun, de l'ancien *pagus Virdunensis*, dont la possession, assurée par l'empereur Othon à Aimon, évêque de Verdun de 988 à 1024, fut confirmée en 1156 à ses successeurs par l'empereur Frédéric [1].

Un précieux document du xiie siècle, publié par Mabillon [2], nous indique quels étaient les confins du

---

[1] Diplôme de l'empereur Frédéric, scellé d'une bulle d'or, publié par Mabillon dans le *De Re Diplomatica ; Supplementum*, p. 100 ; reproduit dans l'enquête de 1288, à laquelle Julien Havet a consacré son article sur *La Frontière d'Empire dans l'Argonne* (Paris, 1881, in-8°, p. 40 ; extrait de la *Bibliothèque de l'Ecole des Chartes*).

[2] *De Re diplomatica ; Supplementum*, p. 100 : « ...Exhinc usque Summam Asniæ, et postea usque ad Ulmos ; et inde usque ad locum ubi Biumma fluit in Asniam, et inde per descensum Asniæ juxta

comté de Verdun. A l'ouest, dit ce texte, le *pagus Virdunensis* s'étendait jusqu'à Sommaisne, de là jusqu'aux Ormes, puis jusqu'au confluent de la Biesme et de l'Aisne; de là sa limite suivait le cours de l'Aisne, en passant par Vienne.

Si l'on cherche à marquer ces contours sur la carte de la région, on ne retrouve pas la localité désignée dans la charte du xii° siècle sous le nom des Ormes, mais on voit qu'une ligne droite tracée entre Sommaisne et le confluent de la Biesme et de l'Aisne suivrait à peu près la direction de la vallée de la Biesme; et l'on peut supposer avec grande vraisemblance que ce cours d'eau formait la limite du Verdunois. Cette hypothèse est pleinement confirmée par l'étude de la géographie ecclésiastique dont les divisions ont presque toujours, on le sait, été calquées sur les circonscriptions civiles. De même que les évêchés correspondent aux *civitates*, les *pagi* se sont habituellement conservés dans les archidiaconés; or la Biesme sépare précisément l'archidiaconé d'Astenois, ou l'ancien *pagus Stadunensis*, au diocèse de Châlons, de l'archidiaconé d'Argonne au diocèse de Verdun, puisque Florent, Moiremont et La Neuville-aux-Bois, situés sur la rive gauche de cette rivière, font partie de l'Astenois, tandis que La Chalade et Les

Viasnam et usque Viennam per Veréires et par Monblainvillam. » Dans une intéressante étude intitulée la *Frontière d'Empire dans l'Argonne et l'Ardenne* (Paris, 1903, in-8, extr. de la *Revue d'Ardenne et d'Argonne*, avec une carte) où il s'occupe de cette frontière, surtout au nord du Clermontois, M. Paul Collinet a commenté ce texte et signalé les difficultés d'identification qu'il présente.

Islettes, sur la rive droite, appartiennent au diocèse de Verdun [1].

Il est donc certain que la Biesme marquait la fin du Verdunois, comme elle séparait le Clermontois de la Champagne, et comme, aujourd'hui encore, elle sépare le département de la Meuse de celui de la Marne [2].

Mais là ne se bornait pas le rôle de ce modeste cours d'eau. Ce n'était pas seulement un *pagus* ou un diocèse qui venait s'arrêter sur ses bords, c'était aux deux plus grandes puissances du moyen âge, la France et l'Empire, qu'il servait de frontière. L'importance de la Biesme dans l'ancienne topographie de cette région a été longuement exposée dans un texte publié naguère par Julien Havet et où apparaissent pour la première fois des indications précises sur la délimitation de l'Empire et de la France. Ce texte consiste en une enquête à laquelle on procéda à Verdun, en 1288, par ordre de Rodolphe de Habsbourg, pour établir les droits de l'Empire sur l'abbaye de Beaulieu en Argonne.

Bien que les témoignages recueillis dans cette information émanent de personnes évidemment prévenues en faveur de l'Empire, l'unanimité des déposants, et surtout les raisons très solides sur lesquelles ils appuient leurs dires, ne peuvent laisser de doute sur la grande valeur de leurs affirmations.

[1] A. Longnon, *Étude sur les pagi*, II, p. 16-18 (*Bibl. de l'École des Hautes-Études*).

[2] J. Havet, *La Frontière d'Empire dans l'Argonne*, p. 16.

Tous en effet s'accordent à déclarer que le « rus de Byemme départ le royalme de l'Empire », et plusieurs d'entre eux apportent comme preuves des faits précis et concluants. Le plus intéressant de ces faits est l'existence de « plaids internationaux », comme les appelle très justement J. Hàvet, où se jugeaient les procès engagés entre les habitants des deux rives de la Biesme, « ces qui sont par desai le dit ru, qui sont de l'Empire, et ces qui sont par delai le dit ru, qui sont dou roïalme de France ». Pour bien marquer leur caractère international, ces plaids étaient tenus sur un pont appelé le pont Verdunois, qui reliait les deux rives, près de l'abbaye de La Chalade, et où passait « le chemin appelé Verdunois[1] », qui n'était autre sans doute que la voie romaine de Verdun à Reims, dont on trouve des vestiges sur les deux rives de la Biesme, ainsi que le fait remarquer J. Havet[2]. Ce devait être un spectacle curieux que celui de ce tribunal improvisé ayant pour siège un pont antique jeté sur un petit cours d'eau, au fond d'une des gorges de la forêt d'Argonne ; et l'on comprend que plusieurs des témoins entendus dans l'enquête aient signalé ces assises d'une nature toute spéciale où l'on voyait comparaître d'un côté les gens du comté de Champagne, de l'autre ceux de l'évêché

----

[1] *Bibl. nat.*, Collect. Dupuy, vol. 555, fol. 172 (14 août 1502, sentence rendue par le bailli de Vitry entre le seigneur de Vienne-le-Château et les habitants de La Neuville, Florent, etc., « pour raison de haulx bois Bastiz à prendre depuis le pont Verdunois, selon le chemin appellé Verdunois... »). Les bois des Bâtis existent toujours entre les communes de Florent, Moiremont et Vienne-le-Château.

[2] *La Frontière d'Empire dans l'Argonne*, p. 20.

et de la cité de Verdun, ou ceux de la châtellenie de Clermont, que le comte de Bar tenait en fief de l'évêque de Verdun et celui-ci de l'empereur, ainsi que le déclare l'abbé de Saint-Paul de Verdun[1].

Cet usage de tenir des plaids sur territoire neutre entre habitants des deux nations était général dans les marches de Lorraine. Une enquête de 1390 parle notamment des « journées des estaus » entre les gens du roi et ceux de l'Empire au Val d'Osne, où se trouvait une des bornes frontières[2], et une autre information, de 1512, atteste que le nom et la chose étaient encore familiers aux habitants du Clermontois au début du xvi° siècle[3].

Une autre preuve que la Biesme séparait les deux États, c'est que les habitants de la rive droite de la rivière, qui, comme les religieux de La Chalade, possédaient des bois sur la rive gauche[4], ne pouvaient

[1] *Ibid.*, p. 33. « Item dit que li droit estant entre l'avesque de Verdun et le conte de Champengne, entre la citei de Verdun et ledit conte de Champengne, entre la chastellerie de Clermont et ledit conte de Champengne, sont au pont Verdenois deleis la Challaide. »

[2] Clouet, *Histoire de Verdun*, III. p. 46 : « Dit oultre encore que, quand les gens du roi vouloient journeyer aux gens de l'empire, ils venoient journeyer audit Val de Lone là ou furent mises lesdites bornes... et appeloit-on lesdites journées les journées des estaus. »

[3] Pièces justificatives. n° VI.

[4] Les bois de La Chalade n'étaient pas tous situés en territoire français, car l'accord passé en décembre 1228 montre que ces bois s'étendaient jusqu'à la voie romaine, appelée « la Chevauchée », dont on voit encore les traces dans la forêt d'Argonne, sur la rive droite de la Biesme, aux environs de Varennes : « Nemora illa que sunt a fundo Bieme usque ad viam que dicitur *Chevauchie* in tres partes dividentur, quarum comes Campanie habebit terciam partem, ecclesia Maurimontis terciam partem et ecclesia de Caladia similiter terciam partem... Predicta autem nemora in custodia dicti comitis Campanie

transporter chez eux les objets qu'ils avaient saisis en raison de délits forestiers.

De même, les hommes ou bourgeois, qui voulaient transférer leur domicile d'une rive sur l'autre, n'étaient admis à le faire qu'en abandonnant les biens situés au pays qu'ils abandonnaient, « par la raison de ce qu'il aloient dou roialme d'Alemengne et de l'Empire ou roialme de France et en Champengne », et réciproquement, « en passant ledit ru ».

Enfin le droit de pêche, la propriété des ponts étaient partagés par moitié, suivant le milieu du cours d'eau, entre les habitants des deux bords, si bien qu'en temps de guerre les Champenois, s'ils voulaient détruire un pont, n'en rompaient que la partie qui regardait leur pays.

La justice de France ne pouvait traverser la rivière, et les enquêteurs de saint Louis ayant été amenés à s'occuper d'un fait qui s'était passé « par desai ledit ru de Byeme devers Verdun », le roi « ne se meslat puis dou fait, por ce que on avoit trovei qu'il avoit esté fais en l'Empire ».

Par une conséquence toute naturelle, les ordonnances du roi de France n'étaient pas en vigueur de l'autre côté de la rivière, et un des témoins en donne pour exemple la prohibition des tournois, dont on ne tint pas compte par-delà la Biesme.

Les coutumes juridiques n'étaient pas non plus les

sicut prius remanebunt » (*Arch. nat.*, J 197, n° 23). Il est assez curieux de voir l'autorité du comte de Champagne s'exercer ainsi par de là la Biesme.

mêmes sur les deux rives : c'est ainsi que du côté de la France les biens de la personne d'un meurtrier étaient remis à la discrétion du roi, tandis que du côté de Verdun on suivait l'ancien droit germanique en vertu duquel le meurtrier était « quites au signor parmi certainne soume d'argent et at la werre as amis ».

C'était donc, à la fin du xiiie siècle, une croyance bien ferme et bien universelle parmi les habitants du Verdunois que la France et l'Empire étaient séparés dans l'Argonne par le cours de la Biesme et que par conséquent le Clermontois, dont cette rivière forme également la limite, devait être considéré comme terre d'Empire. Ce système, comme nous le montrerons tout à l'heure par une série de textes, fut admis pendant plus de deux siècles même par les gens du roi, qui se montraient toujours si jaloux de ce qui touchait à l'intégrité du royaume, et c'est toujours par exception qu'on voit chez eux quelque velléité d'en contester l'application.

En effet, bien que le comte de Bar eût été obligé, en 1301, à la suite de ses démêlés avec Philippe le Bel, de reconnaître la suzeraineté du roi sur une partie des domaines qu'il possédait par-deçà la Meuse, et qui constituèrent ce qu'on appela le Barrois mouvant[1], le Clermontois, tout en étant situé sur la rive gauche de la Meuse, ne fut pas rangé sous la domination française, car, par une application toute natu-

[1] Clouet, *Histoire de Verdun*, III, p. 50.

relle du droit féodal, le comte de Bar n'avait pas pu
briser au profit du roi de France les liens de vassalité dans lesquels il était engagé envers d'autres seigneurs pour certaines de ses possessions, et le traité
conclu avec Philippe le Bel ne portait que sur les
fiefs qu'Henri de Bar possédait en franc alleu [1]. Or,
Clermont et Vienne n'étaient pas dans ce cas : le
comte de Bar avait obtenu de l'évêque de Verdun,
en 1134, la concession de ces fiefs [2], et au commencement du XIII° siècle, il avait pris personnellement
possession du château de Clermont, dont le propriétaire désolait les environs par ses brigandages [3]. Il
était vassal de l'évêque pour ces deux seigneuries,
et ce prélat en devait lui-même l'hommage à l'Empereur [4]. Aussi Vienne et Clermont ne figurent-ils

[1] *Arch. nat.*, J 581, n° 4 (Bruges, 4 juin 1301). Henri, comte de
Bar, fait hommage au roi de France « de Bar et de la chastellerie
de Bar, de tout ce que nous i teniens *en franc allue* par desay la
Mueze vers le royalme de France, c'est assavoir, etc.... »

[2] Dom Calmet, II, 105... (année 1134). « Fecit pacem episcopus Albero
cum comite Barri pro quadam pecunie summa et dedit ei feudum
Clarimontis et feudum de Hans et de Vienna. » (*Chronique d'Orval*).

[3] Clouet, *Histoire de Verdun*, II, p. 333 : « Anno 1204, comitissa Campanie Blancha castrum nobile atque fortissimum quod
dicitur Sancte Manechildis firmabat super Axonam fluvium, ad tute-
lam gentis, facta tamen pro loco eodem commutatione quadam
apud castellanum Vitriaci de voluntate regis Francie. Similiter
comes Barri castrum obtinuit Clarimontis, Virdunensis diœcesis,
heredibus tam vi quam muneribus alienatis. Per ista duo refugia
spoliabantur pretereuntes : unde gaudium fuit vicinis quod predones
alienati sunt ab eis (Aubri de Troisfontaines). — Radulfus de Claromonte et fratres sui quidquid habebant apud Claromontem in cas-
tello et burgo, in hominibus, pratis, terris, etc., domino comiti
Barri Theobaldo et heredibus suis in perpetuum penitus adjudica-
verunt et concesserunt (Charte passée par Gautier de Nanteuil, en
1212, publiée par Roussel, *Histoire ecclésiastique de Verdun*, Preuves,
p. 13).

[4] Voy. plus haut le diplôme de 1156 et la déposition de l'abbé de

pas dans l'énumération des fiefs dont la mouvance
est attribuée au roi par le traité de 1304, et ne les
trouve-t-on jamais mentionnés dans les aveux rendus
au roi par les comtes et ducs de Bar pour le Barrois
mouvant.

« Et qu'on ne croie pas que nous nous livrions ici à
une interprétation abusive et arbitraire des textes :
le véritable obstacle qui s'opposait à ce que le territoire de Clermont fût compris dans le Barrois mouvant était bien celui que nous venons de signaler,
c'est-à-dire le lien de vassalité qui plaçait ce territoire sous la suzeraineté de l'évêque de Verdun. Cela
est si vrai que la diplomatie française au début du
XIVe siècle chercha à tourner cet obstacle en s'efforçant de rompre ce lien féodal. Dans la layette du
Trésor des Chartes consacrée à l'évêché de Liège, on
trouve encore aujourd'hui un projet, une sorte de
brouillon d'accord, aux termes duquel le roi de
France aurait cédé la châtellenie de Conflans contre
les châteaux de Varennes et de Clermont, à condition que l'on sût persuader à l'évêque de Verdun de
renoncer à son droit de suzeraineté sur le Clermon-

Saint-Paul dans l'enquête de 1288. — En 1294, Jeanne de Toucy,
comtesse de Bar, notifie à l'évêque de Verdun qu'elle a donné Vienne
à son fils Jean de Bar, et celui-ci rend hommage pour ce fief à
l'évêque (Roussel, *Histoire de Verdun, Preuves*, p. 16 et 17). En 1322,
Edouard, comte de Bar, rend solennellement hommage à l'évêque
de Verdun pour « Clermont en Argonne, Varennes, Vienne, Trou-
gnons et Massey » et tous autres fiefs qu'il aurait autrefois repris
des évêques et de l'église de Verdun (*Ibid.*, p. 20). Le 18 mars 1404
(n. st.), Robert, duc de Bar, cède à son fils Edouard les châteaux,
villes et terres de Clermont, Varennes, Vienne-le-Château et Trognon
et généralement tout ce qu'il tient en fief de l'évêque de Verdun
(*Arch. nat.*, J 981).

tois[1]. Le roi de France d'ailleurs se déclarait disposé à y mettre le prix et à « finer » dans la mesure nécessaire. Cette note ne porte ni noms, ni date, mais son écriture permet de l'attribuer à l'époque de Philippe le Bel, et la place qu'elle occupe au milieu des titres concernant l'évêché de Liège fait supposer avec toute vraisemblance qu'elle appartient à la période de 1302-1312, pendant laquelle ce siège épiscopal fut occupé par Thibaud, frère de Henri III, comte de Bar. Soit qu'on n'ait pas pu s'entendre avec l'évêque de Verdun sur les conditions du marché proposé, soit que ce prélat n'ait pas voulu disposer en faveur du roi de France d'un fief pour lequel il relevait de l'Empereur, il ne fut pas donné suite à ce projet

[1] « Il est accordé que li Rois aura Clermont en Argonne et Varennes et les apartenances de ces lieus ; et les li fera l'an valoir III^M livrées de terre à tornois. Et se ils ne valoient tant ces II chasteaus et les apartenances, les l'an li feroit valoir par deça la Meuse au plus près en lieu convenable. Et li Rois leur baillera Conflans et la chastelerie, a tout M. livrées de terre à tornoiz, et se il ne valoit tant l'an les leur feroit valoir en lieu convenable. Et ne seront prisié les chasteaus, les menoirs ne les fortereces, ne d'une part ne d'autre.

« Item, il est acordé que pour ce que les chasteaux de Clermont et de Varennes dessusdiz et les apartenances d'ices lieus meuvent de l'evesque de Verduns, si com l'an dit, l'an finera audit evesque que il quite le fié, à ce que li Rois ne le tegne de nullui, ou aus autres segneurs se nul en y avoit. Et de la finance que en sera faite, li Rois en paiera la moitlié et monsieur Philippe l'autre, soit en terre soit en deniers. Et se travaillera li rois en bonne foi, comment la finance se fera et pour le moins que l'an pourra. Et se il estoit ainssi que l'an ne pouist finer à l'evesque convenablement à ce que le fié ne demourast au roi quittement, il est accordé que La Mote et Bourmont et les apartenances et III^M livrées de terre à tornois seroient baillez au Roy en lieu des II chasteaus et de la terre dessusdite, en la maniere et en la condicion devant dites ; et le Bourmont et La Mote et les apartenances ne valoient III^M livrées de terre, il les feroient valoir en lieu convenable. » (*Archives nationales*, J 527, n° 20).

d'échange, et de l'avis de tous Clermont continua à être réputé terre d'Empire[1], comme la chancellerie royale elle-même le reconnaissait peu d'années après, puisqu'en 1345 Philippe VI délivra à un habitant de Reims qui était originaire d'Aubréville, localité dont le terroir est limitrophe de celui de Clermont, une exemption du droit d'aubaine, et lui accorda l'autorisation de disposer de ses biens librement « bien qu'il soit né hors du royaume[2] ».

Même conséquence ressort d'une lettre de 1356 par laquelle Robert de Bar se porte garant que la forteresse de Clermont ne sera pas utilisée contre le roi de France bien qu'elle ait été donnée en fief à Yolande de Bar[3]. Une stipulation de ce genre ne se comprendrait pas s'il s'était agi d'un territoire français.

Il est inutile d'ailleurs, pour cette époque, de chercher bien loin des témoignages sur cette question de frontière. Des lettres de rémission délivrées par le

---

[1] Dès 1246, Thibaud, comte de Bar, déclarait que Clermont était terre d'Empire : « Castrum meum de Claromonte, illud scilicet quod de novo pater meus Henricus bone memorie construxit et firmavit, ad assisiam posui in hunc modum quod quilibet in eo manens, quem ego retinere voluero, singulis annis duodecim denarios de assisia sua solvere tenebitur... Et si forte contingeret quod aliquis burgensium recederet a dicto castro et iret *ab imperio in regnum Francie,* vel in terram regis Navarrie, vel apud Virdunum, vel Metis, ipse posset dare remanenciam suam infra annum, filiis vel filiabus suis subtus me morantibus. (Ce document a été publié plusieurs fois par Calmet, Roussel, Servais, etc., mais M. Lesort, dans ses *Chartes du Clermontois* (nº XXX), en donne un texte meilleur collationné sur l'original (*Mémoires de la Société des Lettres, Sciences et Arts de Bar-le-Duc,* 1903, p. 93).

[2] Pièces justificatives, nº I.

[3] Trésor des Chartes de Lorraine, layette *France I,* p. 38 (*Arch. nat.,* KK 1121, invent. de Dufourny).

dauphin Charles pendant la captivité de son père exposent, avec la plus grande précision, la situation officielle du Clermontois. Ces lettres se rapportent à un épisode de la guerre qui existait alors entre l'évêque de Verdun et le duc de Bar, et à un meurtre commis sur territoire français par des gens de la garnison de Clermont dans une course qu'ils avaient faite pour saisir du bétail appartenant à leurs ennemis. Dans le récit des faits donné par cet acte, il est nettement spécifié que Clermont est « hors du royaume », que le théâtre du meurtre, placé entre La Neuville-aux-Bois et Possesse, c'est-à-dire à quelques kilomètres à l'ouest de la Biesme, se trouve « au bailliage de Vitry, près de la fin dudit royaume », et qu'enfin les animaux saisis ont été transportés au « châtel de Clermont, *en l'Empire* [1] ».

Bien que le roi de France reconnût que la région qui nous occupe ne lui appartenait pas, il n'avait pas renoncé à y étendre son influence. Le meilleur moyen pour cela était d'accorder la garde royale à certaines communautés voisines du royaume. C'est ce qui s'était produit dès le xiiie siècle pour l'abbaye de Beaulieu en Argonne, et c'était cette situation privilégiée du monastère qui, après avoir soulevé un procès au Parlement, avait donné lieu à la grande enquête de 1288 et provoqué la lutte de Philippe le Bel contre le comte de Bar, qui se termina par le traité de 1301.

[1] Pièces justificatives, n° II.

— Les habitants de Rarécourt, village situé à deux lieues environ au sud de Clermont et faisant partie du domaine de l'abbaye de Saint-Vanne de Verdun, se mirent également, comme nous l'avons déjà dit, sous la garde du roi de France vers 1320 ; enfin, à la même époque (1319), les chanoines de Montfaucon renouvelèrent avec Philippe V un traité qu'ils avaient déjà passé avec Philippe III, par lequel ils partageaient avec le roi la justice de Montfaucon [1].

Les gens du roi cherchèrent également à profiter des différends qui pouvaient s'élever entre des particuliers pour étendre les droits de la France; c'est du moins ce qui paraît résulter d'un procès assez obscur qui mit aux prises, en 1378, les habitants de Varennes et Jean de Monlaincourt. Ce seigneur possédait, dans les environs de la ville de Varennes, « laquelle l'on dit estre assise en l'ampire », des bois qu'il fit couper. Les habitants, qui prétendaient avoir des droits d'usage sur ces bois, se considérèrent comme lésés et, pour se venger, y mirent le feu. Le sieur de Monlaincourt soutint que ces bois n'étaient pas en territoire impérial, bien que situés dans le Clermontois, et assigna les habitants de Varennes devant le bailli de Vitry. Celui-ci procéda à une enquête dont le résultat ne nous est point connu, mais qui fut sans doute favorable aux prétentions françaises, puisque les habitants durent consentir à une transaction, aux termes de laquelle ils abandon-

---

[1] Havet, pp. 7 et suiv.

nèrent la propriété des bois à Jean de Monlaincourt,
et s'engagèrent à faire amende honorable au roi, à la
condition de n'être plus inquiétés pour l'incendie
qu'ils avaient allumé [1].

Cette solution doit sans doute s'expliquer par ce
fait qu'à cette époque différentes places du Clermontois avaient été saisies par le roi, comme garantie
des promesses que lui avait faites Yolande de Flandre à la suite des aventures romanesques dans lesquelles elle s'était engagée. Cette turbulente comtesse
avait fait emprisonner son fils Robert, beau-frère de
Charles V et premier duc de Bar, qui cherchait à se
soustraire à l'influence de sa mère pour se rappro-
cher des Français. Forcée par le roi de France de
remettre son fils en liberté, elle s'en était vengée en
faisant enlever, tout près du château de Vincennes,
et conduire hors du royaume Henri de Pierrefort, qui
représentait à Bar le parti français. Charles V, afin
de punir cette bravade, fit saisir Yolande dans sa
propre ville de Bar et l'emprisonna au Temple en
1371; elle s'en échappa, mais fut reprise peu de
temps après, et n'obtint sa délivrance qu'en 1373.
Une des conditions de son élargissement était la
remise, entre les mains du roi, des châteaux de Clermont, de Vienne et de Cumières [2].

Charles V prit possession de ces trois places par
l'entremise du sire de Louppy, le 16 octobre 1373 [3],

[1] Pièces justificatives, n° III.

[2] Servais, *Annales du Barrois*, I, p. 466-471.

[3] *Ibid.*, I, 471. — En 1377, la garde de Clermont fut confiée par

et ne les restitua à Yolande qu'en 1377 [1]. Mais, aux yeux du roi lui-même, cette saisie passagère ne lui avait conféré aucun droit de propriété sur ces villes, car, deux ans après, il reconnut formellement qu'elles appartenaient à l'Empire. Le 6 avril 1379, en effet, il accorda à la comtesse de Bar des lettres de rémission pour le fait d'avoir fait prendre et mener « en son chastel de Clermont, qui est en l'Empire », Jean de Forges qui refusait de lui délivrer le château de Cumières malgré les ordres royaux [2].

Sous Charles VI, on ne trouve trace d'aucune entreprise sur le Clermontois. Les gens du roi se contentèrent de défendre les droits de la couronne contre les prétentions soulevées par Yolande qui méconnaissait la limite constituée par la Biesme.

La comtesse de Bar soutenait qu'en raison de son château de Vienne, situé sur le territoire impérial, elle était propriétaire des bois des Bâtis, qui s'étendaient sur le territoire de Florent, entre « Putimusse » et la Grange-aux-Bois [3], et elle avait voulu à ce titre s'opposer à l'exercice des droits d'usage que les habi-

Charles V au bailli de Vitry (*Archives de Chantilly*, K 36, n° 12 ; cf. Roussel, *Hist. de Verdun*, Preuves, p. 26).

[1] Servais, *Annales du Barrois*, I, 493 (5 décembre 1377, Mémoire indiquant les conditions imposées par le roi à Yolande pour la restitution des places saisies). Cette restitution fut effectuée deux jours après (*Bibl. nat.*, fr. 18863, fol. 35, 7 décembre 1377, lettres de Charles V réglant la restitution des revenus de la châtellenie de Clermont). Cf. Roussel, *Histoire de Verdun*, p. 354.

[2] Dom Calmet, *Histoire de Lorraine*, 1re édit., IV, Preuves, p. DCLXIV. Cet acte est transcrit dans les registres du Trésor des Chartes (*Arch. nat.*, JJ 114, fol. 145 v°, n° 275).

[3] Pièces justificatives, n° IV.

tants de Florent réclamaient sur cette portion de la forêt
d'Argonne. D'après Yolande, ces bois auraient été
situés en terre d'Empire, et le roi n'y aurait jamais
possédé de gruyer. Elle invoquait à l'appui de son
dire le diplôme de Frédéric, que nous avons déjà eu
l'occasion de citer et où Vienne est en effet déclaré
fief impérial ; mais elle commettait une inexactitude
en soutenant que cette place relevait directement de
l'Empire : en réalité elle n'en dépendait que par
l'intermédiaire de l'évêque de Verdun. D'ailleurs là
n'était pas la question, puisqu'il ne s'agissait pas du
château de Vienne mais de bois situés dans le voisi-
nage. Or, ces bois étant sur la rive gauche de la
Biesme faisaient sans nul doute partie du territoire
français ; la comtesse de Bar ne pouvait donc y
prétendre droit de souveraineté. Le Parlement, sans
juger le procès au fond, décida avec raison, en 1386,
que les habitants de Florent continueraient à jouir
de leurs droits d'usage jusqu'à ce que la question de
propriété fût tranchée [1].

Mais tout en combattant les usurpations tentées

[1] Plus d'un siècle après, le 11 août 1502, on trouve encore une
sentence du bailli de Vitry sur la même question (*Bibl. nat.*, Collect.
Dupuy, vol. 555, fol. 172). Le bailli de Vitry renvoie au Parlement
le fond du procès parce que les limites du royaume y sont engagées,
et décide par provision que les habitants de la Neuville-au-Pont, de
Florent, de Maffrécourt et de Moiremont « joiront desdictz bois Bastiz
et usaiges depuis le champ de Clairinche, tirant tout au long du ruisseau des Marotines, jusques au lieu de la fontaine desdictes Marotines, qui est soubz et prochaine de ladicte Grange au bois, et de
ladicte fontaine et source tirant derolet au guey des bois d'Orsac, et
dudiet guey d'Orsac en tirant et contremontant le ruisseau de Vienne
jusques au pont Verdunois, et de là jusques aux terres de la Maison-
Dieu de Saincte Menehould. »

par Yolande de Bar, la cour et les gens du roi, à cette époque, reconnaissaient que le territoire de Clermont échappait à la domination française, car on put, en 1391, entendre le procureur du roi déclarer, en pleine audience des Grands Jours de Troyes, que Clermont était situé « hors du royaulme [1] ».

Au siècle suivant, les idées n'avaient pas changé sur le point de délimitation de la France et de l'Empire. A Bar, on continuait à considérer Varennes comme ville située hors du royaume de France, témoin des lettres du cardinal de Bar, datées de 1426 [2]; et à Paris, on traitait toujours le Clermontois comme territoire étranger, ainsi que le prouvent des procé-

[1] Dans un procès relatif à la prévôté des Montignons : « Entre la contesse de Bar appelant d'une part et le procureur du Roy d'aultre part, la contesse dit que, à cause de son douaire et aultrement, a plusieurs villes en son demainne, par especial Montfalcon, Vrencourt et Molencourt et aultres qui sont tenues de Clermont en Ervirne (sic), et est en possession de y avoir prevost des Montignons, qui valent autant à dire comme aubains et espavez.... ». — « Le procureur du Roy dist que toutes les villes nommées par la duchesse sont du royaulme, par especial Montfalcon et Vrencourt et aultres et Molencourt, et y ressortissent et non ailleurs. Dist que en Champaigne tous aubains ou espavez sont subgiez du Roy, et par consequent les Montignons ne la duchesse n'i a riens. Dit que nonobstant ilz se sont transportez à *Clermont hors du royaulme.* Pour ce furent appellez à Sainte Menehost et leur furent ces choses exposéez... » (*Archives nationales,* X[ia] 9184, fol. 10; *Grands jours de Troyes,* 26 septembre 1391).

[2] *Bibl. nat.,* Coll. Lorraine, vol. 428, fol. 19 (30 août 1426) : « Comme pour ce que pieça feu Husson Ferant, jadis demourant en nostre ville de Varenne, en laquelle et en nostre pays d'environ il avoit et possédoit plusieurs maisons, censes et héritaiges, se parti d'icelle nostre ville et, sans avoir sur ce congié ou lettres de non résidence de feu nostre tres chier seigneur et père le duc Robert, dont Dieu ayt l'âme, s'en alla demorer hors du pays de la duchié de Bar c'est assavoir au lieu de Buinaville, qui est du royaulme de France et de la prévosté de Sainte Manehould... »

dures relatives à une violation de la garde royale dont
jouissaient les habitants du village de Rarécourt
situé « ès extrémitez du royaulme et de l'Empire ».
Le duc de Lorraine ayant voulu, contre les privilèges
de Rarécourt, soumettre ce pays au paiement d'une
taxe, les « manants » du lieu invoquèrent la protection
du bailli de Vitry ; les officiers du duc à Clermont
prétendirent alors les contraindre par la saisie d'une
partie de leur bétail ; mais le roi prit leur cause en
main et fit assigner le duc et ses officiers devant le
Parlement. Clermont étant situé « hors du royaume »
et les sergents royaux ne pouvant y exploiter,
Charles VII prescrivit que l'ajournement se fît à
Rarécourt et dans la ville de France la plus voisine
de Clermont, par voie de proclamation publique
devant la porte de l'église paroissiale, à l'issue de la
grand'messe [1].

En 1497, on eut encore, à propos de Rarécourt, à
se préoccuper de la question des frontières en cette
région. Un procès ayant été soulevé devant le prévôt de Clermont entre les habitants de Rarécourt et
ceux de Froidos, au sujet des vaines pâtures sur leurs
finages respectifs, et la cause ayant été portée en appel
au bailli de Clermont, le procureur à ce bailliage
prétendit intervenir comme en question intéressant
« les limites du royaume de France et du duché de
Bar » ; mais il fut déclaré non recevable, parce qu'il
ne s'agissait point de régler les limites des deux fina-

---

[1] Pièces justificatives, nᵒ V.

ges, mais seulement des droits de pâturage sur ces territoires [1].

Au début du XVIe siècle, divers procès montrent que l'opinion commune ne s'était pas modifiée sur la nationalité du Clermontois. Vers 1509, Marguerite Cavey, habitante de Ville-sur-Cousance, ayant été l'objet d'une poursuite en matière criminelle, fut emprisonnée par la justice de l'abbaye de Beaulieu et condamnée au bannissement. Les officiers du bailliage de Clermont la prétendirent justiciable du duc de Bar et la rétablirent en sa demeure ; mais ceux de Beaulieu s'y étant opposés et l'ayant mise de nouveau en prison, les gens de Clermont, par voie de représailles, s'emparèrent d'un des hommes de l'abbaye à Ville-sur-Cousance. Le Parlement fut alors saisi de l'affaire. Pour soutenir ses droits devant la Cour, le procureur au bailliage de Clermont fit faire une information auprès d'un grand nombre d'habitants de la région, dont les témoignages furent portés devant la prévôté de Sainte-Menehould, qui en délivra des lettres d'attestation. Les témoins ainsi entendus déclarèrent tous que le duc de Bar était seigneur souverain du bailliage de Clermont, « sans en reconnaître aucun supérieur », et qu'il était en possession d'y exercer tous droits de souveraineté. Ils ajoutaient que, lorsque des contestations s'élevaient entre la justice du bailliage et celle des souverains voisins, c'est à savoir le roi de France, le duc de Luxembourg,

---

[1] *Arch. nat.*, J 760, n° 56 (Sentence interlocutoire du bailliage de Clermont).

l'évêque et le chapitre de Verdun, elles se vidaient en
des plaids tenus en territoire neutre qu'on appelait
journées d'estaulx ou de marche ; si le seigneur qui
avait fait quelque entreprise sur son voisin refusait
de rendre les personnes ou les biens qu'il avait
indûment saisis, le seigneur lésé avait droit de
« contregagier », c'est-à-dire d'opérer à son tour
quelque saisie sur le territoire de son adversaire pour
l'amener à composition et obtenir de lui de se rendre
à une de ces « journées » internationales, où l'on
faisait l'échange des prises réciproques.

C'est ce qui s'était produit dans le cas présent : le
bailli de Clermont soutenait que Marguerite Cavey
était au nombre des habitants de Ville-sur-Cousance
soumis à sa juridiction, et c'était sur le refus du trésorier de Beaulieu de rendre cette accusée, qu'il avait
à son tour mis la main sur un homme de l'abbaye [1].

Le débat au Parlement ne roula que sur la question du départ de la juridiction à Ville-sur-Cousance,
et c'est sur ce point seulement que l'avocat général
combattit les prétentions des officiers de Clermont. Il
ne songea pas à contester les droits souverains du
duc de Bar dans le Clermontois et déclara en propres
termes, à deux reprises, que Clermont était situé
« hors le royaume » [2].

Deux ans plus tard, on rencontre un témoignage
encore plus formel, et qui ne saurait non plus être
entaché de suspicion puisqu'il émane d'officiers du

[1] Pièces justificatives, n° VI.
[2] Pièces justificatives, n° VII.

roi : c'est une attestation délivrée à l'abbé de La Chalade par le prévôt de Sainte-Menehould et différents sergents royaux, portant que ladite abbaye est en terre d'Empire, qu'elle ressortit au bailliage de Clermont et aux grands jours de Saint-Mihiel, parce « qu'entre le lieu de La Challaide et ledit Saincte Menehoult y a ung ruisseau appellé communément le ruisseau de Byemme, lequel ruisseau fait la séparation et lymites du royaulme de France et du duchié de Bar [1] ».

Enfin, en 1520, un nouveau procès vint mettre en lumière les relations qui existaient entre le Clermontois et la France. Le Parlement de Paris avait à juger une affaire d'assassinat dans laquelle étaient impliqués plusieurs individus détenus dans les prisons de Clermont. Afin de pouvoir confronter ces prisonniers avec leurs complices enfermés à la Conciergerie, la Cour adressa une commission rogatoire aux officiers du duc de Lorraine. Le conseil du duc fut d'avis d'obtempérer à cette requête, en spécifiant bien toutefois qu'on n'entendait nullement par là porter atteinte aux droits souverains de la Lorraine. L'auteur du mémoire rédigé à ce sujet s'exprimait ainsi : « Et servira pour le temps avenir tel réquisitoire dudict procureur général pour monstrer que Clermont n'est on royaulme ne du royaulme, comme les gens du roy ont voulu maintenir n'y a pas six ans. Ainsi tel rogat faict par ledict procureur général du roy

---

[1] Pièces justificatives, n° IX.

esclersira toute ladicte difficulté du temps passé [1] ».
C'est sous ces réserves que les prisonniers furent
délivrés à la justice royale, et les officiers de Clermont déclarèrent formellement, en faisant cette
remise, que c'était « sans préjudice toutesfois à la
souveraineté et jurisdicion dudict seigneur duc qu'il a
audict Clermont, qui est hors desdictes limictes du
royaulme de France et non subgectz à icelluy [2] ».

A cette époque, comme le constate le mémoire que
nous venons de citer, une théorie nouvelle fait son
apparition dans les discours des gens du roi au Parlement de Paris. Répudiant l'opinion traditionnelle
qui plaçait la frontière sur les bords de la Biesme, les
avocats généraux prétendent reculer uniformément la
limite du royaume jusqu'à la Meuse, et la Cour se
montre favorable à ce système. Ainsi, en 1532, fut
jugé au Parlement l'appel d'une sentence du bailli de
Vitry relative à la justice du village de Rarécourt,
dont nous avons déjà parlé. Les religieux de Saint-
Vanne, qui étaient seigneurs du lieu, prétendaient
être « gardés et maintenus en possession et saisine
de ladite ville de Rarécourt en haute justice, moyenne
et basse, non subgecte ne sortissant, en fait de justice,
de ressort ou seigneurie, du royaume de France,
mais, comme estant de l'Empire, ressortissant en
toute justice et ressort en cas d'appel à l'eveschié et
conté de Verdun ». Ils soutenaient que ce village
était hors du royaume, par cela même que le roi y

[1] *Bibl. nat.*, Coll. Lorraine, 428, fol. 39.
[2] *Arch. nat.*, J 760, n° 16.

avait un droit de garde, qui est exclusif de souveraineté, et ajoutaient que Rarécourt étant situé sur la rivière d'Aire « oultre le ruissel de Biesme et du costé de Verdun », faisait partie de l'Empire ; toutes raisons qui avaient paru concluantes au bailli de Vitry et lui avaient fait donner gain de cause à l'abbaye de Saint-Vanne [1].

Mais le Parlement, après avoir entendu les conclusions du procureur général, réforma la sentence et déclara que les territoire, ban, seigneurie et justice de Rarécourt relevaient du bailliage de Vitry et étaient compris dans les limites du royaume de France [2].

Vers la même date, en 1535, un procès, soulevé à propos de la juridiction du chapitre de Toul, donna à l'avocat général Montholon l'occasion de développer la même théorie et de soutenir que la Meuse servait de frontière aux deux États dans toute l'étendue de la Lorraine [3].

Sans parler de l'intérêt passionné que les officiers royaux apportaient à développer les prérogatives de leurs charges et à étendre les pouvoirs de leur souverain seigneur, cette rupture avec les idées reçues dans les différentes chancelleries se peut expliquer facilement. Quelque paradoxal que cela puisse paraître,

[1] *Archives de la Marne*, recueil de pièces concernant le village de Rarécourt (Sentence rendue par le bailli de Vitry, le 25 mai 1479).

[2] *Arch. nat.*, X¹ᴬ 471, fol. 360 (22 juin 1532 : « Memorata curia per suum judicium... Radherei curtis loca, territoria, banna, dominia, altamque, mediam et bassam justitiam de nostri Victriaci baillivatus ressorto et infra regni nostri limites esse... declaravit atque declarat »).

[3] *Pièces justificatives*, n° XII.

la cause principale doit en être cherchée dans la
faveur nouvelle dont jouissaient les études historiques grâce à la diffusion de l'imprimerie. Tous les
esprits cultivés s'intéressaient aux origines de notre
histoire et s'adonnaient à la lecture des vastes compilations récemment mises au jour, où étaient résumées les données des vieilles chroniques. Or, ces
œuvres renfermaient des notions fausses sur le partage
de 843, base fondamentale de cette question de la
frontière franco-impériale. Les historiens officiels
Robert Gaguin, Paul-Émile, Nicole Gilles, au lieu de
s'en référer aux *Annales Bertiniani*, où l'on voit que
le royaume de Charles le Chauve était borné par les
comtés situés sur la rive gauche de la Meuse, avaient
adopté la formule générale fournie par des chroniqueurs plus récents, d'après lesquels la France se
serait alors étendue jusqu'à la Meuse elle-même [1].
En partant de cette donnée inexacte, les conséquences
qu'en tiraient leurs lecteurs sur l'étendue primitive de
la Lorraine devenaient fausses à leur tour [2].

[1] Robert Gaguin, *Les Grandes croniques... des roys de France*
(Paris, 1514, in-fol.), feuillet L : « A Charles fut laissé le royaulme
de France depuis la mer Britannique jusques à la rivière de Meuse ».
— Pauli Æmilii Veronensis, *De rebus gestis Francorum libri III* (S. l.
n. d. (vers 1517), in-fol.), f° LXXIII : « Convenit ut Franciæ rex
Carolus diceretur, eaque Arari, Rhodano, Scalde, Mosa, Oceano,
Pyreneo saltu contineretur ». — Nicole Gilles, *Les Chronicques et
Annales de France* (1528, in-fol.), f° LXIV, v° : « Et demoura audict
Charles le Chauve toute la terre depuis la mer océane, qui est en
Bretaigne, jusques au fleuve de Meuze ». Nous verrons plus loin
l'avocat général du roi se référer formellement à ce texte.

[2] Dans une plaidoirie relative à la *Souveraineté des ducs de Lorraine sur le Barrois* (Nancy, 1832, in-8°, p. 10-11), Troplong signale
les conséquences de cette erreur.

Si l'on poursuivait le cours de l'Histoire, la constitution du Barrois mouvant, sous Philippe le Bel, amenait facilement une nouvelle cause d'erreur, car une étude superficielle du traité de Bruges pouvait facilement fortifier cette idée que la domination française s'étendait partout jusqu'à la Meuse.

On est généralement tenté de chercher entre deux États une limite naturelle, aisée à saisir et à reconnaître sur le terrain; volontiers on néglige les points de détail pour ne s'attacher qu'aux grandes lignes, et le langage courant peut adopter ainsi certaines formules générales qui ne sont pas pleinement d'accord avec la réalité.

Tel est le travail qui s'était produit inconsciemment dans les esprits français au XVIe siècle, lorsque le procès dont nous allons retracer les curieuses péripéties vint donner un corps à ces idées flottantes et fournir aux gens du Parlement l'occasion de transporter dans la pratique les théories nouvelles qui venaient de se faire jour.

CHAPITRE II

LE PROCÈS DE CLAUDE DE LA VALLÉE

I

CLAUDE DE LA VALLÉE, SA FAMILLE, SES FONCTIONS PUBLIQUES

Claude de La Vallée appartenait à une famille noble du Clermontois qui porta d'abord le nom de Rarécourt et prit ensuite celui de La Vallée, à cause d'une seigneurie qu'elle possédait sur le territoire du village de Rarécourt, dans la vallée de l'Aire. Les descendants de cette famille, dont un des membres, nommé Christophe, monta sur le siège épiscopal de Toul en 1589, ont porté depuis le nom de Pimodan[1], emprunté à un domaine situé sur la paroisse d'Aubréville, que le prince de Condé érigea en fief haut-justicier à leur profit en 1662[2].

Les pièces qui sont parvenues jusqu'à nous ne per-

---

[1] *Arch. nat.*, MM 812, p. 79 à 86. Preuves de Rarécourt de La Vallée, marquis de Pimodan, admis aux honneurs de la Cour de France (17 mai 1766).

[2] *Original*, étude de Mᵉ Fontana, notaire à Paris. — Confirmation par Henri-Jules de Bourbon, en 1669. — Confirmation, par lettres patentes de Louis XIV, de janvier 1671. (Ces trois documents ont été publiés dans les *Titres de la maison de Rarécourt*, p. 162, 171 et 173).

mettent pas de déterminer d'une façon précise comment Jean de La Vallée, dit Nicolas, père de Claude, se rattachait à la famille de Rarécourt La Vallée, mais l'existence de ce lien est établie par une inscription qu'on voyait autrefois dans une chapelle de l'église de Clermont-en-Argonne.

Cette chapelle, fondée par le prévôt de Clermont dont nous nous occupons, renferme un curieux monument appelé le *Miroir de la Mort,*

> Miroir où l'homme au naturel
> Se doit recongnoistre mortel.

Ce monument allégorique[1] se compose d'une statue de la Mort couchée dans un tombeau, et surmontée de différents tableaux en relief qui représentent à gauche la justice divine, à droite le purgatoire, au centre un disque renfermant une tête de mort avec cette légende :

> Mirez-vous et considérez :
> Comme je suis, tel vous serez.

Tout autour se lisent des sentences morales telles que celle-ci :

> Tu feras ce que tu voudras
> Avoir fait au jour que morras.

Ces légendes pieuses subsistent seules de nos jours, avec deux ou trois épitaphes de personnes

---

[1] Voy. la description qu'en a donnée M. Henri Jadart dans un article intitulé *Excursion dans l'Argonne, par un Rémois* ; Reims, 1891, in-8°, p. 29-32 (extrait de la *Revue de Champagne et de Brie*).

entérrées sous les dalles, mais au XVIIIe siècle on y lisait une inscription donnant des détails intéressants sur le fondateur de la chapelle, détails qui ont été recueillis dans un procès-verbal dressé par les officiers de la justice de Clermont le 16 janvier 1741 [1]. Ce document reproduit en effet une épitaphe tracée sur une table de marbre et ainsi conçue : « *Dans cette chapelle gît honoré seigneur Jacques de La Vallée, escuyer, seigneur dudit lieu, les Épercheries, Paroy, Vraincourt et Jubainville en partie, et gruyer de Clermont, fils de Christophe de La Vallée, escuyer, seigneur dudit lieu et de Perrette Richier de Vandelincourt, qui a fondé un anniversaire en cette église le lendemain de Saint-Jacques, qui mourut en 1603 ; et son frère messire Christophe de La Vallée, évêque et comte de Toul, prince du Saint-Empire, abbé de La Chalade, qui mourut l'an 1607, a donné à ladite chapelle 600 francs barrois pour être employés en fonds, et des rentes [pour] être dite une messe chacune semaine, en augmentation de la fondation de ladite chapelle bâtie et fondée par Claude de La Vallée, écuyer et gruyer de Clermont, son grand-oncle, qui mourut en 1538. »*

L'arrière grand-père de l'évêque de Toul, Cuny de La Vallée, ayant eu un frère du nom de Jean [2], il est très probable qu'il faut voir dans ce Jean le père du prévôt Claude. En effet, si l'on accepte cette filiation, Claude de La Vallée était cousin

---

[1] *Archives de Pimodan*, Extrait des preuves de Malte.

[2] Voir *Titres de la maison de Rarécourt*, p. 54.

germain du fils de Cuny nommé Christophe, et oncle
(à la mode de Bretagne) de son petit-fils, le père de
l'évêque de Toul ; il pouvait par conséquent être
appelé le grand-oncle de ce prélat [1].

Claude de La Vallée épousa en premières noces la
veuve de Jean Errard, ancien prévôt de Clermont [2] ;
celle-ci étant morte, il se remaria à Claude de Génicourt, fille de Macé de Génicourt, conseiller et
maître des comptes à Bar [3], et de Catherine de Barbonne [4]. La voûte de la chapelle des morts que
Claude fit construire dans l'église paroissiale de
Clermont-en-Argonne porte, au centre, les armes de
la famille du fondateur, *d'argent à cinq annelets de
gueules posés en sautoir, accompagnés de quatre mou-*

[1] Le testament de Christophe de La Vallée, fait à Toul le
30 avril 1655, fournit aussi quelques renseignements sur la chapelle de « la Mort » à l'église de Clermont : « Je suplie aussi mesdicts
s[rs] exécuteurs de vouloir faire un petit épitafe à défunt mon très cher
et honoré père, honoré segneur Jacques de La Vallée, s[r] dudit lieu
et de Vraincourt, grand gruyer de Clermont, qui est inhumé en la
chapelle de nos prédécesseurs paternels dans l'église de Clermont en
Argonne, dite la chapelle de la Mort à cause de sa représentation
en la sépulture de feu Claude de La Vallée, escuier, sieur dudit lieu,
jadis capitaine, prévôt et grand gruyer dudit Clermont, pour servir
à mesdits enfants et descendants de mon nom d'enseignement du
lieu de la sépulture de mondit sieur et père, modestement néantmoins et avec le moins de despense qu'il se pourra, à leur discrétion... Et se souviendront mesdits enfants de tenir la main que les
prières se fassent dans notredite chapelle de Clermont, qui ont été
ordonnées par messire Christophe de La Vallée, mon oncle, jadis
évesque et comte de Toul, ensuite de son testament et de la donation par lui faite à ladite chapelle... » (Testament original déposé
dans le minutier de Me Jérôme Lévi, à Toul. — Édité dans les *Titres
de la maison de Rarécourt*, pp. 157-158).

[2] Pièces justificatives, n° XIII (Enquête de 1537).

[3] *Ibid.*

[4] Comte de Bacourt, *La faveu de Messieurs des Comptes de Bar,*
dans les *Mémoires de la Société des Lettres de Bar-le-Duc* (1895), p. 100.

chetures d'hermine de sable[1], et celles des Génicourt, *de sable à un trèfle d'or*. Autour sont disposés quatre écussons reproduisant les armoiries des ascendants des deux époux : celles des La Vallée, celles des Barbonne et deux autres qui n'ont pas été identifiées mais qui appartiennent sans doute aux ancêtres maternels.

Du mariage de Claude de La Vallée et de Claude de Génicourt naquirent deux fils, Christophe et Claude, qui firent leurs études à Paris[2].

Les premières fonctions exercées par Claude de La Vallée paraissent avoir été celles de juré au tabellionnage de Clermont ; c'est en cette qualité qu'il reçut, en 1501, une donation faite par Jean de La Vallée à son fils Nicolas[3]. Quelques années plus tard, en 1504, il succéda à Claude de Mauléon comme clerc juré de cette prévôté[4], et vers 1510 il

[1] Les armes de Rarécourt La Vallée se trouvent pour la première fois sur un sceau de cire brune appendu à un aveu rendu par Huard au comte de Bar, en 1397, pour des biens situés à Rarécourt. « Jacoumin de Raricourt, escuier » avait été appelé à confirmer cet acte par l'apposition de son sceau. L'écusson est entouré de cette légende : Jacoumin de Rarec[ourt]. *Archives de Chantilly*, E 9, ancien E 3, n° 8. — Voir *Titres de la maison de Rarécourt*, p. 29, et la planche de sceaux.

[2] *Pièces justificatives*, n° XIII (Enquête de 1537).

[3] *Arch. municipales de Verdun*, DD 1, n° 24.

[4] *Archives de Meurthe-et-Moselle*, B 4675 (Registre des causes de la prévôté de Clermont, commençant par ces mots) :

« Aujourd'uy VIII jour de may l'an mil cincq cens et quatre.

« Je Claude de La Vallée, commis à l'exercite de l'office du clerc juré de Clermont, après le trespas de feu Guillaume de Maulion en son vivant clerc juré dud. lieu, ai acommencé à faire ce présent registre pour continuer comme il s'ensuit pardevant honnoré seigneur Jaques des Hermoyzes, escuyer, sr d'Essey, conseillier du Roy de Sicille, de nostre doubté et souverain seigneur, son lieutenant

exerça par commission les offices de prévôt, receveur et gruyer de la même ville, dont le titulaire, Jean de Faulx, ne pouvait s'acquitter à cause de ses infirmités. A la mort de ce dernier, il fut nommé prévôt en titre [1] par provisions du duc de Lorraine datées du 30 avril 1515.

Pendant vingt ans, il remplit cette charge « bien et honnestement, faisant plaisir à toutes gens de bien à qui il avoit affaire », s'il faut en croire l'enquête à laquelle il fut procédé, en 1537, par ordre du Parlement [2]. Au moins jusqu'en 1534, il resta dans les bonnes grâces du duc de Lorraine, puisque, à cette époque, on le voit solliciter et obtenir de ce prince une faveur destinée à lui permettre de se loger tout au large « dans la maison qu'il possédait au château de Clermont ». Le 9 juin 1534, il reçut l'autorisation de supprimer à son profit un chemin public qui conduisait aux remparts, en longeant cette maison [3].

Mais la prospérité de Claude touchait à sa fin ; des nuages menaçants s'amoncelaient, qui prédisaient un orage. Dans l'exercice de ses fonctions de prévôt et gruyer, qui plaçaient dans sa main la direction des affaires administratives [4] et forestières, si impor

général, à l'exercite de laquelle a esté receu et fais serment en la main de Monsr le bailliz, son lieutenant et procureur dud. bailli maistre Andrien Chabrault ».

[1] Pièces justificatives, nᵒ VIII. (Lettres de provisions de l'office de prévôt de Clermont).

[2] Pièces justificatives, nᵒ XIII. (Enquête de 1537 ; dépositions de Denis Aubertin et de Nicole Horgnot).

[3] Pièces justificatives, nᵒ XII.

[4] Comme exemple des attributions administratives du prévôt de

tantes dans ce pays couvert de grands bois, il s'était forcément attiré bien des inimitiés.

Clermont on peut citer l'affaire suivante relative à la nomination du maître d'école de Neuvilly (Meuse), d'où il résulte que le prévôt avait droit de nommer les « *magister* » dans le ressort de la prévôté (*Arch. de Meurthe-et-Moselle*, B 4675, fol. 36ᵛᵒ) :

« Le 25ᵉ jour de janvier 1565.

« Procès entre le prévôt de Clermont et le maïeur et échevins à propos de la nomination du maître d'école : ...« De la part dud. complaingnant (le prévôt) a esté dit que luy et ses prédécesseurs prévost de Clermont ont le droit par toute la prevosté de donner l'office de *magister d'escolle* toutes et quantesfois que le cas eschiet que led. office est vacant, ou autrement en disposer sy celuy qui est institué n'est souffisant ou ydone, et ne loyt à aultre y pourveoir fors que à luy à cause dud. office; néantmoins a dit que les habitans ou la plus grande part de Nevilly, de leur auctorité privé et volenté indeue et contrevenant directement contre son droit et prérogative, ont donné et institué en office de *magister* ung nommé messire Girard, prestre, depuis la Saint Jehan ença, en ostant et privant ung nommé Jehan de Guippy, lequel exerçoit led. office passé XXV ou XXX ans sans avoir meffait oudit office... ».

D'autres textes montrent que l'instruction était répandue à cette époque dans les plus petits villages. Ainsi on voit, en 1516, Millet Collart dit de Loustre, écuyer, faire un legs aux enfants de l'école de Jubécourt, petite commune des environs de Clermont : « Item pareillement donne et devise par cestuy testament à tous les enffans de l'escolle dudiet Gibescourt qui seront à son principal obyt, à chacun d'eulx deux blans pour une foys. » (*Bibl. nat.*, Collection de Lorraine, vol. 428). — A Clermont, en 1568, Mᵉ Jean Thomas, lieutenant particulier du bailliage, et Jean Drouot, marchand, s'étaient réunis et avaient fait venir auprès d'eux « ung précepteur et maistre d'école de bonne vye, d'honnestes meurs et louables conversations, vivant selon les loix et ordonnance de Saincte Eglise, et au demeurant homme d'exquise littérature et érudition, natif des pays de nostre souverain seigneur, et nommé Lambert Fisson, maistre éz arts en la faculté de Paris, pour instituer et enseigner leurs petitz enffans, qui sont jusques au nombre de cinq seullement, aagez de unze ans et au dessoubz, en vertus, bonnes meurs et littérature, soubz espérance, avec l'aide de Dieu, de les promouvoir pour ey après faire très humble service à nostre souverain seigneur et à la républicque; et lequel Fisson ilz entretiennent, norisent et salairient à grans fraiz, de leurs propres deniers, missions et despens; et pour ce faict et adfin qu'ilz peust mieux et plus commodément vacquer à l'institution desdictz petitz enffans, lui auroient loué, à leurs despens, une petite chambre hault, en la maison vefve nommé Didier Gannain,

Sa fortune personnelle, accrue déjà par ses deux mariages avec des femmes assez riches, s'était augmentée encore grâce à des opérations heureuses [1] et lui avait permis d'acquérir de nombreux immeubles[2]. Ses ennemis l'accusèrent d'avoir abusé de sa situation pour léser les vendeurs en ces circonstances. S'était-il réellement rendu coupable de concussions, ou bien, comme le dit son avocat, fut-il simplement en butte à l'envie et n'eût-il pas de « plus grant ennemy que la bonne diligence et parcymonye d'avoir amassé et espargné grans biens », ou encore, sa disgrâce n'eut-elle pas uniquement une cause politique, c'est ce qu'il est bien difficile aujourd'hui d'élucider pleinement.

Toujours est-il qu'en 1535 Claude fut appelé à rendre raison de sa conduite et cité à Bar où, le 1er octobre, il fut constitué prisonnier entre les mains du

---

demeurant audict chastel, où ledict Lambert auroit, dès sont six mois, institué et endoctriné ceste petite jeunesse... » (*Bibl. nat.*, Coll. Lorraine, vol. 423, fol. 117). — Voy. Pièces justif., n° XIII (la déposition, dans l'enquête de 1537, de messire Nicole Horgnot, chapelain de la cure de Verrières, ancien « recteur des escoles du village de Dombasles en Barroys »).

[1] Pièces justif., n° XIII (Enquête de 1537).

[2] Pièces justif., n° X (Acquisition de biens à La Vallée, près Barécourt). La liasse des *Archives de Chantilly* d'où est tirée cette pièce renferme également des titres d'acquisitions faites par Claude de La Vallée et Claude de Génicourt, sa femme, à Beauzée, Montzéville, Ville-sur-Cousance, Jubécourt, Loutre, etc. Voyez aussi au Trésor des chartes de Lorraine, layette *Blamont*, III, n° 38 (*Arch. Meurthe-et-Moselle*, B 578) une vente faite le 25 mars 1526, à Claude de La Vallée et Claudine de Génicourt, par Mariette, veuve de Geffroi Malton, de la moitié d'un gagnage sis à Génicourt. — Cf. *Bibl. nat.*, Cab. des Titres, vol. 584, n° 13525 (deux pièces concernant des acquisitions de biens faites par Claude de La Vallée).

seigneur de Pierrefort, bailli de Clermont ; celui-ci le remmena dans cette dernière ville, et le mit sous la garde de deux archers. Ces satellites s'attachèrent à ses pas, sans le quitter un instant, assistant à ses repas, demeurant à ses côtés lorsqu'il s'entretenait avec quelque ami, et l'emmenant coucher chaque soir avec eux au donjon du château de Clermont. En même temps que la liberté lui fut enlevée, ses biens furent saisis et mis sous séquestre.

Deux commissaires furent alors désignés par le duc de Lorraine pour lui faire son procès. Ce furent Jean Varin, lieutenant du bailli de Saint-Mihiel, et Guillaume Roze, avocat, demeurant à Chaumont-en-Bassigny, président aux grands jours de Saint-Mihiel, tous deux ennemis personnels de Claude de La Vallée. Ces commissaires vinrent s'établir à Clermont, où ils vécurent aux dépens de l'accusé, se faisant apporter de son hôtel du vin et des vivres. Là, ils commencèrent l'instruction de l'affaire, d'après les recherches faites par Guillaume Servais, procureur général du Barrois, qui avait parcouru les villages de la contrée, invitant tous ceux qui avaient passé des contrats avec le prévôt de Clermont à venir exposer leurs plaintes et doléances.

Interrompues au moment des fêtes de Noël, les procédures furent reprises après l'Épiphanie, en 1536. Vers l'époque de la Chandeleur, Claude fut transféré de Clermont à Saint-Mihiel où l'on continua l'audition des témoins. S'il faut en croire une enquête de 1537 et les plaidoiries des avocats de La Vallée, auxquelles ces détails sont empruntés[1], les juges usaient de procédés fort durs envers l'accusé, l'injuriant et lui tenant des propos tels que ceux-ci : « *Comment, monsieur le Prévôt, avez-vous point de honte de ainsi avoir usurpé les biens de ces pauvres gens ? Si le contenu de leurs requêtes étoit vrai, vous ne seriez digne d'être mangé aux chiens !* »

De nombreux témoignages furent recueillis. Toujours d'après les mêmes documents, ceux qui se montraient favorables étaient écartés, et l'on cherchait à circonvenir les déposants en leur promettant de leur restituer ce qu'ils avaient vendu à Claude de La Vallée, s'ils consentaient à porter témoignage contre lui. Enfin la sentence fut rendue « en grande et bonne assemblée de gens de grande littérature et conseil », au dire des partisans du duc de Lorraine. Par ce jugement Claude de La Vallée était déclaré coupable des faits articulés contre lui et condamné à payer une somme de trente mille livres, à faire amende honorable, la corde au cou, en place publique, enfin à voir ses biens confisqués et lui-même banni.

Il se retira à Metz, et, de là, réussit à passer en France où il interjeta appel, devant le Parlement de Paris, de la sentence qui avait été portée contre lui.

Son premier soin fut de solliciter de la Cour des lettres de commission pour procéder à une enquête

---

[1] Voir Pièces justif., n° XIII (extraits du procès-verbal de l'enquête de 1537); et n° XV (plaidoyers du 16 juillet 1538).

sur les « abusives procédures » dont il avait été
victime.

Ayant obtenu ces lettres le 5 octobre 1537[1], il
requit pour informer sur ces faits Pierre Le Chauve,
sergent à cheval au Châtelet, qui, assisté de Jean
Fallon, notaire royal au bailliage de Vermandois,
reçut les dépositions des témoins cités par l'ancien
prévôt de Clermont[2], et dont nous venons de résumer, dans le récit qui précède, les principales alléga-
tions.

L'instruction du nouveau procès était ainsi préparée, lorsque Claude de La Vallée fut surpris par la
mort avant d'avoir pu faire valoir ses réclamations[3].
La cause ne fut pas, pour cela, abandonnée. Christophe et Claude, ses fils, reprirent l'instance et s'adressèrent au procureur général pour avoir son appui
devant le Parlement. Jacques Cappel, avocat général, fut chargé d'étudier le litige pour savoir dans
quelle mesure les gens du roi devaient intervenir.
Son avis fut de prendre fait et cause pour l'appelant
contre les prétentions du duc de Lorraine, mais
l'affaire empruntait une importance exceptionnelle et
particulière à la question de délimitation de frontières qu'elle soulevait ; elle comportait de graves
conséquences politiques et l'avocat général n'osa pas
s'y engager sans avoir l'avis du roi. Il lui écrivit une

---

[1] Pièces justific., n° XIII.

[2] Voir Pièces justific., n° XIII (extraits des dépositions les plus
importantes).

[3] Claude de La Vallée vivait encore le 16 janvier 1538 (*Arch. nat.*,
J 912, n° 77), et mourut avant le 28 février (*Arch. nat.*, J 760, n° 29).

lettre où il exposait l'état des faits et demandait à François Ier s'il fallait poursuivre le procès au risque d'exciter le mécontentement du duc de Lorraine ou bien laisser traîner les choses en longueur[1].

La réponse royale n'est point parvenue jusqu'à nous, mais elle était apparemment favorable à La Vallée, puisque, peu de mois après, devait s'ouvrir au Parlement un débat solennel où l'avocat général Cappel s'efforcerait, en un mémorable plaidoyer, d'établir les droits du roi sur Clermont-en-Argonne.

Tandis que les fils de Claude de La Vallée poursuivaient ainsi la réhabilitation de leur père, avec l'assistance de sa veuve, Claude de Génicourt, qui multipliait sans relâche ses démarches auprès des juges[2], les officiers du duc de Lorraine affectaient de tourner en dérision les poursuites intentées contre eux. Vers le mois de mai 1538, fut jouée dans la ville de Bar une sorte de farce où le Parlement de Paris était fort irrévérencieusement bafoué. En tête de cette mascarade, qui se promena par les rues de la ville, marchait un homme revêtu d'une longue robe, coiffé d'un bonnet rond, avec une aumusse sur l'épaule en guise de chaperon fourré, qui représentait le premier Président. Derrière lui venaient, montés sur des ânes, les gens du roi figurés par trois personnages vêtus de vert, la tête couverte de bonnets ronds et de chaperons à bourrelets, comme les gens

---

[1] Pièces justific., n° XIV (Lettre du 24 mars 1538 (n. st.)).

[2] Dès l'arrestation de son mari, elle n'avait cessé de travailler à sa défense. Voir Pièces justific., n° XIII (Enquête de 1537, déposition de Jean Lorin).

de justice de Paris. Puis s'avançaient les conseillers
avec leurs robes longues et leurs chaperons à bourrelets, précédant une charrette conduite par le fou
de la ville de Bar, monté à califourchon sur le limo-
nier. En cette charrette se tenait une femme vêtue de
deuil, accompagnée de sa chambrière ! C'était, soi-
disant, la veuve de Claude de La Vallée. Elle tenait
à la main quelques papiers et une bourse qu'elle
offrait au gens du Parlement, pour donner à entendre
que les juges de Paris avaient été corrompus par les
présents de Claude de Génicourt. Ce qui donnait à cette
bouffonnerie un caractère plus offensant, c'est que
les acteurs avaient été choisis parmi les enfants des
officiers du duc de Bar, et qu'on y voyait même figurer
le fils de Maxe Cousin, président de la Chambre des
Comptes [1].

Tout en affectant ainsi de se moquer de la juridiction du Parlement, les gens du duc de Lorraine
furent bien forcés de se présenter à ce tribunal lorsque, le 16 juillet 1538, fut appelée devant la Cour la
cause des héritiers La Vallée.

Au début de l'audience, la parole fut donnée à
Cappel qui prononça un important discours, véritable
thèse historique où l'avocat général s'attachait à
démontrer que de tout temps le Clermontois avait
appartenu à la France.

[1] *Pièces justific.*, n° XVIII (Remontrances de J. Cappel en 1539). Le
comte de Bacourt a publié dans les *Mémoires de la Société des Lettres
de Bar-le-Duc* (1re série, IV, 1895, p. 100) un récit de cette mascarade,
rédigé dans les mêmes termes que celui de Cappel, mais donnant
quelques indications plus précises sur les acteurs qui y prirent part.

Pour établir son dire, il remonta avec raison au traité de partage conclu entre Charles le Chauve et ses frères, en 843, traité qui, comme nous l'avons vu, domine toute la question des limites de l'Empire et de la France au moyen âge. Mais le raisonnement qu'il échafauda sur le partage de Verdun péchait par la base. Au lieu de s'en rapporter aux termes précis du traité, qui attribue au domaine de Lothaire, c'est-à-dire à la future Lorraine, les *pagi* situés sur la rive gauche de la Meuse, il prétendit que c'était ce fleuve même qui avait été désigné comme ligne de démarcation entre le royaume de Charles le Chauve et celui de Lothaire. Cette notion inexacte sur le rôle de la Meuse dans la géographie historique du moyen âge faussa toute l'argumentation de l'avocat du roi. Prenant comme principe indiscutable cette affirmation contraire à la vérité, il en tire une foule de conséquences qui ne sont pas des plus vraies, et s'appuie sur ce prétendu principe pour repousser tous les arguments qui viennent à l'encontre. Son plaidoyer peut se résumer ainsi : Il est certain que la Meuse forme la limite occidentale de l'Empire, donc tous les pays qui sont en deçà appartiennent à la France, et le Clermontois qui est dans ce cas dépend du royaume ; par conséquent, si en fait les ducs de Bar ou de Lorraine y ont exercé la souveraineté, cela n'a jamais été qu'en vertu d'usurpations.

Lorsque l'Empereur et le roi de France, en 1299, s'entendent pour fixer au Val d'Osne, un peu au delà de la Meuse, un des points de la frontière, c'est à ses yeux une confirmation de ce principe, et il en conclut qu'il en est de même sur tout le cours de la rivière.

Cette idée préconçue l'empêche de comprendre le traité de 1301, qui attribue au roi la suzeraineté des châtellenies barroises situées sur la rive gauche de la Meuse et possédées en franc alleu par le comte de Bar. Il considère ce traité comme une nouvelle constatation de la fixation de limite à la Meuse, et bien que Clermont n'y soit pas mentionné, il pense que ce pays étant sur la rive gauche se trouve implicitement compris dans cet accord.

Pour fortifier son système, il apporte une pièce dont la Chambre des Comptes lui a délivré expédition, la veille même de l'audience, le 15 juillet 1538, et qui, à première vue, semble en effet établir qu'au xiiie siècle Clermont relevait du comté de Champagne et par conséquent de la France : c'est un hommage de la seigneurie de Clermont (*Clarus Mons*) rendu en 1245 au comte de Champagne par un seigneur du nom de Simon [1]. Malheureusement pour Cappel, ce document a le grave défaut de ne pas concerner Clermont-en-Argonne, mais Clefmont-en-Bassigny dont le nom en latin était également *Clarus Mons*. Et, chose assez curieuse, cette méprise de la Chambre des Comptes fut répétée l'année suivante. L'avocat général ayant dû, en 1539, faire une nouvelle dissertation, dont nous parlerons plus loin, sur la souve-

[1] Pièces justific., n° XV (différents plaidoyers prononcés le 16 juillet 1538).

raineté du roi à Clermont, s'adressa de nouveau à la
Chambre afin de « recouvrer par extrait plusieurs
pièces servans pour monstrer que Clermont-en-Argonne est de la souveraineté du roy et tenue en
hommage de luy à cause de son conté de Champaigne [1]... ». La Chambre des Comptes lui bailla copie
de cet hommage et de divers autres actes émanés du
même Simon de Clermont « faisans mencion » soi-
disant « de la seigneurie de Clermont-en-Argonne ».
Or, dans deux de ces documents, un aveu de 1247 et
un hommage de 1252, Simon se qualifie en propres
termes « seigneur de Clermont en Bassigny », et dans
les autres pièces la mention de localités voisines de
Clermont, comme Consigny, Montigny, Bourbonne,
montre bien qu'il s'agit toujours de la seigneurie
sise en Bassigny.

C'est donc en vain que, malgré les protestations
de l'avocat du duc de Lorraine, celui des héritiers de
La Vallée voulut prétendre que l'aveu de 1245
visait bien Clermont-en-Argonne. Comme Cappel
commettait une grossière erreur de fait, ce n'est pas
une excuse pour eux de voir la même affirmation
erronée reparaître dans les remontrances du procureur du roi au comté de Verdun, en 1625 [2].

Les autres arguments présentés par Cappel
n'avaient pas plus de valeur. Ainsi, la prise de possession par Charles V des châteaux de Clermont,
Vienne et Cumières, dont nous avons parlé en com-

[1] *Arch. nat.*, J 914.
[2] *Pièces justific.*, n° XXXV

mençant cette étude, ne prouve nullement le droit de souveraineté du roi sur ces pays puisque ce n'était qu'une occupation temporaire destinée à garantir l'exécution des promesses contractées par Yolande de Flandre. Tout au contraire cette mainmise démontre qu'à cette époque le Clermontois n'appartenait pas au royaume, sans quoi le roi n'aurait pas eu besoin de s'en saisir.

Quant à l'aveu de 1391, qui porte sur les pays situés « par deçà la Meuse », il n'est que la reproduction du traité de 1301 et ne concerne que les biens possédés en franc alleu par le duc de Bar.

En outre, de ce que Beaumont-en-Argonne relève du roi d'après l'aveu de 1422, on n'est pas en droit non plus de conclure avec Cappel que le pays d'Argonne appartenait à la France ; l'Argonne, en effet, n'était pas une circonscription politique, mais une simple région naturelle, dont les différentes parties pouvaient parfaitement appartenir à des nationalités distinctes.

Le fait que le procureur de Bar agissait au nom du duc de Lorraine devant les assises de Clermont n'était pas plus concluant en faveur de la thèse de l'avocat général, puisque le duc de Bar avait sous sa domination des pays étrangers au royaume et que son procureur pouvait par conséquent y exercer ses fonctions.

Enfin, les procès relatifs au Clermontois portés au Parlement ne prouvent pas que ce pays fût du ressort du Parlement de Paris, puisque c'était justement la compétence du Parlement qui était en jeu dans la plupart de ces litiges.

L'avocat général n'avait guère traité que la question de principe et donné seulement un court résumé des faits servant de prétexte au procès. L'exposé de ces faits fut repris en détail par Favier, avocat des héritiers de Claude de La Vallée. Nous ne reviendrons pas sur ce récit, que nous avons donné plus haut, et nous nous contenterons de signaler quelques arguments que Favier invoqua à son tour pour montrer que Clermont dépendait du royaume. Le premier est que cette ville est voisine de Sainte-Menehould, et qu'on ne voit entre les deux localités aucune borne, aucun signe de limite. On aurait pu en dire autant de la plupart des autres points de la frontière, sans compter qu'ici le cours de la Biesme formait au Clermontois, du côté de la Champagne, une limite naturelle, et qu'il semble avoir existé jadis dans la forêt d'Argonne des bornes, marquées d'un côté d'une fleur de lis et de l'autre d'une aigle, destinées à marquer la frontière du royaume et de l'Empire [1].

Le second argument consistait en ce que différents villages de l'Argonne situés au delà ou à côté de Clermont obéissaient au roi : tels Montiers-en-Argonne, Beaulieu-en-Argonne et son comté, Montfaucon, Rarécourt. A quoi on peut répondre que Montiers-en-

[1] L'auteur d'un mémoire, rédigé au commencement du XVIIIe siècle et publié dans l'*Annuaire de la Meuse* pour 1854, prétend que « feu M. de Frenel, gouverneur de Clermont, avoit une de ces bornes, qui avoit été découverte dans les forêts de Clermont, qu'il garda longtemps par curiosité ». (Cf. Clouet, *Hist. de Verdun*, III, p. 50).

Argonne n'est pas au delà de Clermont et que les droits du roi sur Montfaucon, Beaulieu et Rarécourt provenaient de conventions particulières plaçant ces pays sous la sauvegarde royale.

Enfin, l'avocat des La Vallée faisait remarquer que les différents fiefs relevant de Clermont appartenaient à des seigneurs français : anomalie qui peut s'expliquer par l'enchevêtrement de mouvances propre au système féodal.

A toutes les raisons invoquées par ses adversaires Le Maistre, avocat du duc de Lorraine, pouvait opposer de très sérieux arguments.

Pour arriver à démontrer l'incompétence du Parlement dans cette affaire, il commença par établir qu'en fait c'était le duc de Lorraine et non le roi qui exerçait les droits de souveraineté à Clermont. Le sel, en effet, était fourni par ses salines ; c'était à lui que se payaient les impositions, et les habitants n'étaient pas soumis aux tailles et décimes que levait le roi de France. Au contraire, ils étaient tenus de payer les droits de hauts passages ou de douane pour les marchandises qu'ils faisaient passer dans le royaume, au même titre que tous les autres étrangers.

Dans une enquête dressée en 1515, les officiers du roi à Sainte-Menehould avaient unanimement attesté, nous l'avons signalé plus haut, que la Biesme formait la limite orientale du royaume et que le Clermontois était terre d'Empire [1]. Les appels du bailliage de

---

[1] Pièces justific., n° IX.

Clermont ressortissaient, en effet, aux grands jours de Saint-Mihiel, et diverses procédures ouvertes devant le Parlement avaient montré que la justice royale ne s'exerçait pas au delà de la Biesme.

Ainsi, dans le procès de 1513, relatif à un conflit soulevé entre les officiers de Clermont et ceux de l'abbaye de Beaulieu, l'avocat général avait confessé que Clermont était situé hors du royaume [1].

Deux ans après, en 1515, une contestation s'était élevée entre Nicolas Boucherat et Jean de Montblainville, prétendant tous deux au titre d'abbé de La Chalade. Boucherat, qui était étudiant en l'Université de Paris, invoqua la protection du prévôt de Paris, défenseur des privilèges de l'Université, mais son adversaire appela de cette intervention au Parlement, et bien que le procureur général ait soutenu la thèse reprise aujourd'hui par Cappel, Boucherat, désespérant d'obtenir gain de cause, s'était désisté et la Cour avait annulé la procédure du Châtelet [2].

[1] Pièces justific., n° VII.

[2] Les registres des *Matinées* du Parlement indiquent dans les termes suivants la conclusion de l'affaire à laquelle fait allusion l'avocat du duc de Lorraine (22 août 1517) : « Entre frère Jehan de Montblanville, religieux, abbé de l'abbaye de Nostre Dame de La Challade, de l'ordre de Cisteaulx ou diocèse de Verdun, appellant du prévost de Paris, ou son lieutenant, conservateur des privilèges royaulx de l'Université dudict lieu, et de Philippes Piédoré, sergent royal, exécuteur des lettres de protection et sauvegarde dudict prévost, impétrées par frère Nicole Boucherat, docteur régent en la Faculté de Théologie en ladicte Université de Paris, pour raison de ladicte abbaye, d'une part, et ledict frère Nicole Boucherat, en personne, intimé, d'autre part. Oy sur ce le procureur général du roy, appoincté est que la dicte appellacion et ce dont a esté appellé mis au néant, sans amende, la court, du consentement dudict intimé, déclare l'adjournement faict par ledict Piédoré par vertu desdictes

Enfin, en 1520, le Parlement, nous l'avons vu, avait par une commission rogatoire sollicité le transport à Paris de prisonniers détenus à Clermont, ce qui ne lui avait été accordé que sous la réserve expresse des droits de souveraineté du duc de Lorraine.

La possession immémoriale de ces droits de souveraineté sur le Clermontois était, ajoutait l'avocat de Lorraine, parfaitement d'accord avec les textes historiques. Malgré l'assurance qu'il affecte sur ce point, on sent que l'argumentation de Cappel l'embarrasse. Il objecte bien que tous les chroniqueurs ne sont pas d'accord sur la délimitation des royaumes de Lothaire et de Charles le Chauve, mais il semble avoir peu de confiance dans son affirmation, car il propose, aussitôt après, l'hypothèse invraisemblable que d'autres partages ont pu avoir lieu postérieurement, sur lesquels les historiographes auraient fait le silence, et il se contente d'invoquer ce principe que *non semper tenent suos limites regna*. Il ne retrouve un terrain solide que quand il arrive au traité de 1301 entre Philippe le Bel et le comte de Bar ; il fait remarquer avec raison, d'après cet acte, qu'à cette époque la domination française ne s'étendait pas jusqu'à la Meuse, puisque le comte de Bar ne faisait hommage au roi que pour les fiefs situés sur la rive

lettres de protection, ensemble l'exploict de la complaincte faict à la requeste dudict intimé pour raison d'icelle abbaye et tout ce qui s'en est ensuivi, comme non advenu, et sont lesdictes parties mises hors de cour et de procès, et sans despens (*Archives nationales*, X¹ᵃ 4861, f° 285 v°).

gauche, qu'il possédait en franc alleu. Or, Clermont n'appartenait pas à cette catégorie, étant placé sous la suzeraineté de l'évêque de Verdun. Il est bien évident, disait-il, que si le Clermontois avait dû faire partie du Barrois mouvant, on l'eût fait figurer dans la longue énumération des fiefs que le comte de Bar reconnaissait tenir du roi, énumération qui contient une foule de domaines n'ayant aucune relation, comme importance, avec celui de Clermont.

L'avocat du duc de Lorraine prétendait donc que le Parlement ne pouvait connaître du procès de Claude de La Vallée, et à ces arguments historiques il ajoutait différentes raisons de droit. La première, c'est qu'en droit féodal, quand il y a discussion sur la mouvance d'un fief, la question ne peut être tranchée par le seigneur dont la suzeraineté est contestée, ou par ses pairs. La seconde, c'est que, lorsque, dans un procès, la question de compétence est si intimement liée à l'objet principal du litige, elle ne peut être décidée sans préjuger du fond de l'affaire, et que le juge ne saurait connaître lui-même de sa compétence.

Cappel répliqua rapidement au plaidoyer de son adversaire, et dans la plupart de ses réponses on voit toujours revenir le même raisonnement auquel il s'attache avec opiniâtreté, à savoir que la Meuse formant, d'après lui, la limite incontestable du royaume, tout ce qu'on peut alléguer au contraire est controuvé.

Au principe de droit invoqué par Le Maistre sur la

discussion de suzeraineté, il oppose que cette maxime est applicable seulement lorsqu'il s'agit d'un seigneur ayant un supérieur au-dessus de lui, sans quoi on ne saurait par qui faire trancher la question. Le roi ne reconnaît aucune autorité étrangère et l'on ne peut admettre que son procureur soit appelé à plaider hors du royaume. Il considère donc comme un acte de rébellion le refus que font les gens du duc de Lorraine de se soumettre à la souveraineté du roi, et il dépose des conclusions tendant à sommer le duc de Lorraine de venir avouer ou désavouer son avocat qui, « la tête levée », a déclaré que Clermont n'était pas compris dans le royaume.

Après l'audition de ces plaidoiries, la Cour, sans rendre un arrêt définitif, statua que la veuve de La Vallée serait admise à se joindre aux appelants ; que les héritiers jouiraient des biens de leur père situés dans les pays qui faisaient sans conteste partie du territoire français, et que pour les autres biens sis dans le Clermontois, ils resteraient provisoirement entre les mains des officiers de Lorraine, en attendant le jugement définitif, à la charge par ceux-ci de vendre les choses susceptibles de détérioration et d'en conserver le prix.

Enfin, le Parlement, faisant droit aux dernières conclusions de l'avocat général, enjoignit au duc de venir avouer ou désavouer le roi comme seigneur féodal.

Ce premier arrêt venait à peine d'être rendu que l'instance pendante au Parlement fut brusquement interrompue par des lettres de surséance qui parvinrent à la Cour huit jours plus tard, le 24 juillet 1538 [1].

Le roi, « pour certaines causes, raisons et occasions à ce le mouvant », enjoignit à ses amés et féaux du Parlement de surseoir à l'instance commencée et de remettre toutes les pièces du procès au chancelier, qui après avoir vu les titres apportés par le duc de Lorraine en ferait son rapport au roi, afin de lui permettre de prendre une décision sur la question. Ces lettres sont datées du 8 juillet 1538 à Vauvert, près Aiguesmortes, où François Ier s'était rendu afin d'avoir une entrevue avec Charles-Quint. Il est donc très probable que les « certaines causes et raisons » de cette mesure furent le désir d'étouffer un débat où les frontières du territoire impérial étaient en jeu; François Ier voulait ainsi donner à Charles-Quint un témoignage de ses intentions pacifiques [2]. L'ordre arriva trop tard pour empêcher la discussion publique que nous venons de résumer et qui se déroula le lendemain même du jour où l'empereur avait reçu l'hospitalité du roi de France, mais les conséquences de cette discussion furent annulées en ce qu'elles avaient de blessant pour le duc de Lorraine, et la sommation que le Parlement lui avait faite d'avouer ou désavouer le roi comme suzerain, par rapport à Clermont, demeura non avenue.

[1] Pièces justific., n° XVI.

[2] C'était précisément le duc de Lorraine, Antoine, qui s'était entremis pour ménager un rapprochement entre François Ier et Charles-Quint (Digot, *Hist. de Lorraine*, IV, 83); il était donc naturel que les deux souverains s'occupassent de sauvegarder ses intérêts.

Cependant les mêmes raisons politiques n'existaient pas pour suspendre l'effet de la sentence par laquelle la Cour avait envoyé les héritiers La Vallée en possession des biens de leur père situés dans les pays soumis sans difficulté à la juridiction royale. Ils se mirent donc en devoir de faire exécuter l'arrêt du 16 juillet 1538 et envoyèrent en ces parties Pierre Le Chauve, sergent à cheval au Châtelet, chargé de cette exécution. Mais ici les difficultés recommencèrent : Pierre Le Chauve ayant voulu exploiter à Ippécourt, qui, d'après les gens du roi, faisait partie du royaume, le maire et les habitants, se prétendant exempts de la juridiction royale, s'y opposèrent par la force ; ils se saisirent du sergent, d'un notaire royal, qui l'accompagnait, du procureur de La Vallée et de la veuve de Claude, et les menèrent prisonniers à Clermont. Le Parlement intervint alors et réclama le transfert des prisonniers à la Conciergerie [1].

Tel était l'état des choses quand l'examen auquel le roi avait chargé son chancelier de se livrer fut terminé. La contestation avec le duc de Lorraine fut alors soumise au Conseil privé, qui en prit connaissance au cours d'un voyage fait par François Ier en Champagne, au printemps de l'année 1539.

Dans les divers mémoires que les gens de Lorraine avaient remis au chancelier, le duc réclamait la libre jouissance de ses droits sur la seigneurie de Clermont, qu'il tenait de l'évêque de Verdun et non pas

---

[1] Pièces justific., n° XVII (Mandement du roi au premier huissier du Parlement).

du roi, et sur Neufchâteau que lui avait abandonné Louis XI. Ce fut encore Cappel qui reçut la mission de combattre les prétentions de la Lorraine et de faire valoir celles de la France.

Il prononça une longue harangue [1], devant le conseil où siégeaient les cardinaux François de Tournon, Charles de Denonville et Robert de Lenoncourt, à côté de Mathieu de Longuejoue, évêque de Soissons, du sieur d'Humières, du Président Bertrand et des secrétaires Breton et Bayard. Le duc de Lorraine était représenté par deux chambellans et des gens de son conseil.

Après avoir montré quelle était l'importance de maintenir dans leur intégrité les limites des États, l'avocat général reprit l'histoire des frontières de France, cherchant à prouver que, depuis Charles le Chauve, le royaume s'étendait au moins jusqu'à la Meuse. Nous ne le suivrons pas dans cette longue dissertation historique, qui n'est que le développement de sa plaidoirie de 1538.

Ayant ainsi examiné quels étaient, selon lui, les droits du roi dans la région Meusienne, Cappel s'élève ensuite avec vivacité contre les agissements du duc de Lorraine qui méconnaît ces prétendus droits, faisant en ces pays tous actes de souveraineté, et contraignant les habitants à relever leurs appels à Saint-Mihiel; puis il expose tout au long le récit de la « farce » de Bar, où les gens de Lorraine ont tourné

---

[1] Pièces justifie., n° XVIII (Remontrances proposées de bouche par Cappel au Conseil privé).

en dérision, comme nous l'avons vu, les conseillers
du Parlement, et il raconte les violences exercées
contre les officiers royaux qui avaient prétendu exécuter à Ippécourt l'arrêt rendu par le Parlement
en 1538 [1].

D'ailleurs, ajoute-t-il, ces usurpations du duc ne sont
pas nouvelles :

Dès la fin du xive siècle, le Parlement dut intervenir
contre les prétentions lorraines à Neufchâteau et faire
respecter le pouvoir du roi en ce pays ; si, postérieurement, en 1465, Louis XI a fait droit à ces prétentions, cela n'a été que sous la pression exercée par
la guerre du Bien Public, et son procureur a toujours
protesté contre cette atteinte portée aux prérogatives
royales.

En ce qui touche Clermont, les droits réclamés sur
cette ville par l'évêché de Verdun et l'Empire ne
sont dus, d'après Cappel, qu'à des usurpations faites
au mépris du pouvoir royal. L'empereur Othon ne
pouvait pas donner en fief une terre qui ne lui appartenait pas, et les aveux rendus par les évêques en
dehors du roi n'ont pu préjudicier aux droits de
celui-ci. Mouvance, au reste, n'est pas souveraineté,
et quand même Clermont relèverait féodalement d'un

[1] Un de ces officiers royaux était le sergent Dupuis, qui, pour avoir
voulu exécuter à Ippécourt la sentence du Parlement, vit son cheval
confisqué. Quelques mois plus tard, le 10 juillet 1539, le prévôt de
Clermont lui fit présenter à Paris un cheval qu'il prétendait être
celui qu'on lui avait enlevé. Dupuis refusa de le reconnaître, soutenant qu'il n'y avait aucun rapport entre sa monture et l'animal
boiteux qu'on lui amenait, et réclama 60 écus sol de dommages-
intérêts (*Bibl. nat.*, ms. 18863, fol. 79).

fief impérial, le roi n'en pourrait pas moins y exercer souveraineté et juridiction, puisque cette seigneurie est comprise dans les limites du royaume.

Ces droits souverains sont imprescriptibles et inaliénables et le roi lui-même ne pourrait les abandonner. Il n'y a donc pas à tenir compte des lettres de Charles V qui prétendent que Clermont est en terre d'Empire. Cette mention d'ailleurs ne se trouve que dans le préambule d'un acte et non pas dans son dispositif. A plus forte raison ne peut-on pas arguer de l'affirmation erronée du même genre faite par l'avocat général Barme en 1513. Il n'avait nulle mission pour la faire, et le roi lui-même n'aurait pas pu l'autoriser à reconnaître une aliénation des droits de la couronne.

Enfin, pour achever la réfutation des arguments lorrains, Cappel soutient que si le Clermontois paie les droits de haut passage, comme s'il était terre étrangère, c'est pour tenir lieu de la taille à laquelle les habitants avaient refusé de se soumettre.

Il n'y a donc, conclut-il, aucune raison pour autoriser le duc de Lorraine à exercer en ce pays les droits régaliens. Les princes du sang eux-mêmes ne jouissent pas de ces droits dans leurs apanages, et si certains vassaux de l'Empire usent en leurs terres des droits de régale, ce n'est pas une raison pour que pareil usage soit reconnu en France, qui « ne se règle pas selon les fiefs de l'Empire ».

Aux raisons historiques et juridiques qu'il avait invoquées, l'avocat général en joint d'autres qu'il ne

trouvait sans doute pas moins solides. « Plaira aussi
au dit Seigneur, poursuit-il, considérer que la ville
de Neufchatel est une belle et forte place située delà
la rivière de Meuse, en laquelle l'on dit être tout le passage et descente des Allemagnes; et aussi les autres
terres désignées ès lettres dudit don (fait par Louis XI)
sont belles et fortes places sur les frontières et lisières
de Lorraine, qui sont merveilleusement commodes et
bien séantes au dit Seigneur et à son royaume. »

Non moins séante était la place de Clermont, plantée
en tête des défilés d'Argonne, et le roi devait être en
effet bien tenté d'y attacher ses panonceaux. Il sut
cependant résister à la tentation, et, par des lettres
patentes datées de Romilly, près Troyes, au mois
d'avril 1539, il permit au duc de Lorraine de continuer à jouir de la terre et bailliage de Clermont, avec
les mêmes droits, prééminences et prérogatives
qu'avaient fait ses prédécesseurs, sans toutefois pour
cela préjudicier en rien aux droits de la couronne et
porter atteinte aux limites du royaume[1].

C'était, en somme, reconnaître le bien fondé des prétentions du duc de Lorraine, et la clause de non-préjudice jointe à cette reconnaissance n'avait pas d'autre
but que de perpétuer la ligne de conduite uniformément adoptée dans ces questions de frontière et consistant à ne jamais engager l'avenir par des solutions
trop précises.

Si l'équité et les convenances politiques ne permi-

---

[1] Pièces justific., n° XXI.

rent pas à François Ier de s'engager dans la voie où le poussaient les gens de son Parlement, il ne voulut pas du moins refroidir leur zèle pour les intérêts de la couronne et tint à récompenser Cappel de l'ardeur qu'il avait apportée en cette affaire. Le 7 février 1540, peu de mois après la séance du Conseil, de Romilly, il fit à l'avocat général un don de 4 000 livres « en considération des bons et agréables services qu'il lui avait faits par ci-devant et fait encore chacun jour en son estat et office [1] ».

Fort de la décision du roi, le duc de Lorraine ne se fit plus scrupule de disposer des biens qu'avait possédés dans le Clermontois Claude de La Vallée, et dont la confiscation avait été prononcée par la sentence rendue à Saint-Mihiel.

Le 8 avril 1540 on le voit abandonner aux habitants de Clermont un petit jardin ayant appartenu à Claude et situé le long de l'église et du cimetière de la ville [2],

[1] *Bibl. nat.*, Pièces originales, vol. 591, n° 13771, pièce 7 : Quittance donnée le 31 juillet 1540 par Jacques Cappel, conseiller et avocat général du roi, pour une somme de 4000 livres à lui assignée le 7 février 1539 (v. st.) sur la composition faite entre le roi et les héritiers de Gaillard Spifame, ancien général des finances, à la suite de la condamnation portée contre lui en la Tour carrée. — Cappel ne devait pas survivre longtemps à ses triomphes oratoires. Il mourut avant le 28 avril 1546, date à laquelle Marguerite Hemery, « veuve de Me Jacques Cappel, conseiller et avocat du roy en sa court de Parlement », rendit hommage pour le fief de Thibaud Boullain, sis en la paroisse de Vaudoy (*Ibid.*, pièce 8). Il faut sans doute voir son fils dans le Jacques Cappel, avocat au Parlement, sieur de Vaudoy, qui épousa, le 5 juillet 1565, suivant le rite de l'église réformée, Louise du Val, fille d'un conseiller au Parlement de Bretagne; après avoir succédé à la charge de son beau-père il dut s'en défaire, à cause de sa religion, en 1570.

[2] Pièces justific., n° XXII.

les bourgeois du lieu ayant sollicité l'autorisation de
consacrer ce terrain à l'agrandissement de l'église, qui
devenait trop petite pour la population. Quelques
jours plus tard, le 2 juin, c'est à Nicolas de Mauléon,
lieutenant du bailli de Clermont, que le duc Antoine
fait don d'une maison sise au château de Clermont et
provenant de la même confiscation [1]; Nicolas avait
autrefois vendu lui-même à Claude de La Vallée cet
immeuble, qui lui venait de son père, et il trouva
commode de rentrer ainsi sans bourse délier en possession de ce bien patrimonial.

En janvier 1542, Blaise Prudhomme, auditeur en
la Chambre des Comptes de Bar, achète au duc, pour
la somme de 1 700 francs, les héritages confisqués sur
La Vallée à Julvécourt et consistant en maisons,
granges, jardins, prés, chenevières, etc. [2].

Le prévôt de Clermont fut commis à lever et recouvrer les biens et revenus provenant de cette confiscation, dont il tint une comptabilité particulière. Pendant
de longues années figura dans les comptes du trésor
de Lorraine un chapitre spécial consacré aux deniers
procédant de la confiscation de Claude de La Vallée [3].

Les héritiers de l'ancien prévôt de Clermont ne se

[1] *Pièces justific.*, n° XXIII.

[2] *Pièces justific.*, n° XXIV.

[3] *Arch. des Affaires Étrangères*, Supplément de Lorraine, vol. III :
« Les deniers receus par Monsr le Trésorier général des finances de
Lorraine (1547)...
Du Receveur de Clermont...
De luy encor, des deniers procédens de la confiscation de Claude
de La Vallée : M fr. ».
Arch. de Meurthe-et-Moselle, B 4676 [Compte du prévôt de Cler-

découragèrent pas et poursuivirent les procédures engagées devant le Parlement, pour sauvegarder au moins leurs droits sur les biens paternels situés en terre française.

Nous avons déjà dit quels obstacles ils avaient rencontrés pour faire reconnaître ces droits à Ippécourt. Ces difficultés provenaient de ce que la seigneurie d'Ippécourt était divisée entre quatre co-seigneurs : le duc de Lorraine, le chapitre de Verdun, l'abbaye de Saint-Maur de la même ville et l'abbaye de Beaulieu, ce qui avait fourni aux officiers de Lorraine un prétexte pour troubler l'exécution de l'arrêt du Parlement.

Assignés devant la Cour, les coseigneurs d'Ippécourt furent condamnés, le 3 mars 1542, à donner mainlevée aux héritiers La Vallée des héritages qui leur revenaient en ce village, l'avocat du duc de Lorraine reconnaissant que sa partie ne prétendait point souveraineté sur ses coseigneurs ; en même temps, le procureur général fut autorisé à informer sur les excès commis contre les officiers royaux au cours de l'exécution de l'arrêt de 1538 [1].

Trois jours plus tard, par suite d'un accord entre

mont commis à lever et recouvrer les biens et revenus provenant de confiscation sur Claude de La Vallée, jadis aussi prévôt dudit Clermont (1548)].

Arch. d'Aubréville (Compte, qui semble appartenir au commencement du xviiᵉ siècle : « Autres cens deubz audict Clermont, venant de la confiscation de feu Claude de La Vallée »).

Archives de Chantilly, K 38, nᵒ 16 (Registre d'arrêts des obligations dues au duc de Lorraine par les débiteurs de Claude La Vallée, en raison de sa confiscation).

[1] Pièces justific., nᵒ XXV.

l'abbaye de Beaulieu et la veuve et les fils de Claude
de La Vallée, ceux-ci se virent attribuer par le Parlement la jouissance des biens de l'ancien prévôt à La
Vallée, « La Voix », Fleury et autres villages du comté
de Beaulieu [1].

Christophe et Claude de La Vallée requirent le
bailli de Vitry de faire exécuter cet arrêt et de les
mettre en même temps en possession des biens que
leur père avait aux villages du Petit-Louppy, de Rancourt, Génicourt, Amblaincourt, Beauzée, Montzéville,
Julvécourt, Jubécourt, Avocourt, Brocourt, Rembercourt, Nubécourt, Rampont, Ville-sur-Cousance,
Waly, Autrécourt, Neully, Dombasle, Montzéville,
La Vallée et Sorbey, situés sur la rive gauche de la
Meuse, et qui, d'après eux, faisaient partie du
royaume. Le duc de Lorraine, le chapitre de Verdun,
Henri de Moncel, seigneur de Beauzée, Claude de Nettancourt, seigneur d'Autrécourt, les religieux de Notre-
Dame de Lisle en Barrois, seigneurs de Jubécourt,
s'opposèrent à cette exécution, alléguant qu'Ippécourt,
Beauzée, Julvécourt, Rampont, Blercourt, Montzéville, Ville-sur-Cousance, pour le regard du Ban des
Écuyers de la vallée de Rarécourt, faisaient partie du
bailliage de Clermont et étaient, par conséquent, terre
d'Empire. Le bailli de Vitry passa outre pour Ippécourt,
au sujet duquel un arrêt avait déjà été rendu, et renvoya les parties devant le Parlement pour les autres
seigneuries en litige.

[1] Pièces justific., n° XXVI. Lavoye, canton de Triaucourt (Meuse).

Le duc de Lorraine appela de cette sentence, mais comme il vint à mourir, ainsi que son fils, l'appel ne fut pas relevé et les fils de La Vallée l'assignèrent en désertion d'appel, ainsi que les autres seigneurs subalternes. Tous ayant fait défaut, les héritiers La Vallée se firent, par arrêt du Parlement du 23 juin 1548, adjuger le profit du défaut et envoyer en possession du bien de leur père situé dans les différentes seigneuries susdites [1].

En même temps qu'ils épuisaient toutes les ressources de la procédure, les héritiers de Claude de La Vallée n'avaient pas renoncé à l'espoir de voir le roi revenir sur sa première décision et disputer au duc de Lorraine l'exercice des droits régaliens dans le Clermontois, ce qui eût permis de faire casser la sentence rendue à Saint-Mihiel contre le prévôt de Clermont. François Ier aurait fini par prêter une oreille favorable à ces sollicitations, s'il faut en croire un mémoire rédigé en 1564 par un des fils de La Vallée.

D'après ce document, le roi aurait promis à ce fils, nommé Claude comme son père, de lui faire rendre bonne justice, et lui aurait défendu d'entrer en composition avec le duc de Lorraine. Il l'avait également chargé de rechercher les titres relatifs à la souveraineté du roi en ces contrées, et même de dresser une carte « de toute la terre de Barrois et pays d'Argonne, depuis la source et commencement

---

[1] Pièces justific., n° XXVII.

de la rivière de Meuse jusqu'à la fin et conduite d'icelle hors du royaume », mais quand La Vallée revint avec ces documents, François Ier était malade à Rambouillet, où il ne tarda pas à mourir, « au grand préjudice et ruine totale dudit de La Vallée... ».

Au début de son règne, Henri II ne se montra pas soucieux de s'engager dans cette querelle avec son voisin de Lorraine et, le 22 juillet 1548, il confirma les lettres de Romilly et continua au duc la jouissance du Clermontois, avec les droits, usages, prééminences et prérogatives dont lui et ses prédécesseurs avaient usé jusque-là, sans porter atteinte toutefois aux limites du royaume[1].

L'année suivante, le vent avait tourné : Henri II commençait à s'éloigner de Charles-Quint. Aussi le voit-on, en dépit des remontrances du duc de Lorraine[2], reprendre, le 30 juillet 1549, le dernier arrêt rendu par le Parlement, qui était resté lettre morte, et commettre un conseiller pour veiller à son exécution[3].

L'Empereur s'émut de cette démarche, dans laquelle il vit une atteinte à la souveraineté du Saint-Empire. Le 27 août 1549, Charles-Quint adressa à Christine de Danemark et à Nicolas de Vaudémont, tuteurs du

---

[1] *Arch. Chantilly*, K 36, n° 7 : Lettres de Henri II accordant au duc de Lorraine de « jouir de la terre et bailliage de Clermont et ses deppendances en telz droits, usaiges, prééminences et prérogatives que luy et ses prédécesseurs en ont par ci-devant joy et usé, sans aucunement préjudicier aux droits de nostre couronne et souveraineté et aux fins et limites de nostre royaume, et sans pour ce les immuer, restraindre ou intervertir ».

[2] *Arch. nat.*, X[1a] 1565, fol. 1 (25 avril 1549).

[3] Pièces justific., n° XXVIII.

jeune duc de Lorraine, un mandement pressant pour les inviter à veiller à ce que le Parlement de Paris ne fît aucune entreprise dans le Clermontois, les menaçant de son ressentiment si par leur fait ou leur négligence quelque préjudice était porté aux droits impériaux [1].

La duchesse de Lorraine et Nicolas de Vaudémont se hâtèrent d'obéir aux ordres du puissant suzerain du Clermontois. Eustache Chambon, le conseiller au Parlement chargé de l'exécution de l'arrêt de 1548, s'étant présenté à Beauzée, l'un des villages compris dans cet arrêt, le bailli de Clermont lui remontra que ce lieu, ainsi que les autres villages mentionnés dans la sentence de la Cour, faisait partie du bailliage de Clermont, tenu en fief de l'évêque de Verdun par le duc de Lorraine, sous l'autorité de l'Empereur; que les tuteurs du duc de Lorraine avaient reçu de Charles-Quint mandement exprès de ne souffrir aucune entreprise de juridiction en ce bailliage, et que par conséquent il se voyait forcé de s'opposer par tous les moyens dont il disposait à l'exécution prétendue par Chambon. Celui-ci s'inclina devant la force et se retira à Châlons. La duchesse de Lorraine envoya alors à Paris son conseiller, le sieur de Florainville, qui reçut l'assurance que le roi était disposé à examiner les titres sur lesquels la Lorraine appuyait ses prétentions [2]. N'osant pas entreprendre cette

[1] Pièces justific., n° XXIX.

[2] Voyez le récit de ces faits dans l'instruction remise à Louis de La Mothe, envoyé à l'Empereur par la duchesse de Lorraine (Pièces justific., n° XXX).

négociation sans l'aveu de l'Empereur, et désireuse
de dégager entièrement sa responsabilité, Christine
de Danemark députa à Charles-Quint son secrétaire, Louis de La Mothe, avec mission d'exposer en
détail l'état des faits au ministre de l'Empereur,
Antoine de Granvelle, et de lui demander ses instructions (31 décembre 1549)[1].

Trois mois après, Louis de La Mothe rapportait la
réponse de l'évêque d'Arras, intéressante à lire pour
connaître son opinion sur la France[2]. La question,
selon lui, est fort délicate : Ceux à qui l'on a affaire
ne «veulent subir nulle part juridiction» et prétendent
se faire justice eux-mêmes, mais la Lorraine est
obligée de ménager ses puissants voisins. Le mieux
est donc de temporiser et d'agir avec la plus grande
modestie, en protestant qu'on n'a d'autre but, en
résistant à la France, que de respecter les droits
féodaux de l'Empire.

Lui-même a fait tout ce qu'il a pu pour venir en
aide à la Lorraine : il a chargé Kueuritz de faire une
enquête sur les limites de l'Empire et d'inciter
l'évêque de Verdun à se joindre à la Lorraine,
puisque c'est par lui que le Clermontois relève de
l'Empire ; enfin il en a écrit à l'ambassadeur d'Allemagne à Paris, afin qu'il agisse près du roi[3]. « Les
Français, dit-il, tirent la chose à la longue et, à

[1] Ibid.

[2] Pièces justific., n° XXXI.

[3] Les recherches faites pour nous, aux Archives Impériales d'Au-
triche, en vue de retrouver ces pièces, sont demeurées sans résultat.

leur accoustumé, gaignent temps et procurent de
mettre crainte pour faire cesser poursuyte, agrandir
leurs fins et joyr de ce qu'ilz prétendent » ; ce serait
les aigrir inutilement que de refuser la conférence
qu'ils proposent. Il faut, au contraire, tenir pour
maxime de témoigner toujours le désir de leur complaire, et l'Empereur ne saurait s'offenser d'une
négociation qui a pour but de faire reconnaître ses
droits. Mais la duchesse ne doit pas se flatter, comme
elle semblait le faire, de voir le gouvernement impérial se substituer à la Lorraine en cette occasion :
celle-ci n'échapperait pas pour cela au ressentiment
de la France, et l'intervention impériale resterait
sans effet, puisqu'elle devrait se borner à des représentations diplomatiques, auxquelles le roi répondrait
ce qu'il voudrait, car on sait assez qu'il « n'est pour
se laisser attirer devant la justice de l'Empire ». La
seule ressource serait de faire appel aux armes, or
personne ne voudrait conseiller un tel parti pour une
affaire concernant quelques misérables villages.
L'Empereur ne saurait rien faire avant la prochaine
diète, où sera examinée la question des frontières du
Saint-Empire. Les États pourront alors en écrire au
roi, et l'on verra ce qu'il y aura à répondre au conseiller que celui-ci ne manquera pas d'envoyer.

En attendant, la Lorraine n'a qu'une chose à faire,
c'est d'accepter les pourparlers demandés et de produire ses titres, s'ils sont suffisamment probants ; la
seule précaution à prendre est de bien spécifier que,
par cette communication de pièces, on n'entend pas

se soumettre à la juridiction française, mais simplement faire reconnaître dans une discussion loyale les droits de l'Empire.

Malgré la tournure aimable donnée à cette longue épître, la duchesse de Lorraine dut être peu satisfaite de la réponse que lui donnait le premier ministre de l'Empire.

Granvelle lui faisait, en somme, entendre que, si l'Empereur comptait sur sa fidélité à défendre un arrière-fief du Saint-Empire, il n'entendait nullement agir directement. L'évêque d'Arras ne cachait pas d'ailleurs à Christine de Danemark qu'il ne fondait aucun espoir sur le résultat des négociations dans lesquelles il l'engageait.

La duchesse de Lorraine eut beau revenir à la charge et demander à l'Empereur la conduite qu'elle devait tenir si les pourparlers n'aboutissaient pas, elle n'obtint que cette vague réponse : que l'Empereur « ne pouvait diviner ce qui se pourra conclure ». Par la même lettre, Christine avait sondé l'opinion de Charles-Quint sur le projet qu'on prêtait à Henri II de rechercher pour une fille de France l'alliance de l'héritier de Lorraine. L'Empereur se contenta de dire qu'il ne pouvait qu'approuver un mariage si avantageux pour la Lorraine, mais qu'à son avis on ne devait pas s'engager avant que les partis n'eussent atteint l'âge convenable [1].

Ce fut le 30 juin 1551 que les négociations s'ou-

---

[1] *Bibl. nat.*, ms. fr. 18843, fol. 66.

vrirent, à Sainte-Menehould, entre les envoyés de la France et ceux de la Lorraine. Comme le prévoyait Antoine de Granvelle, les députés des deux pays ne purent parvenir à s'entendre. Les procès-verbaux de ces conférences, dressés par Pierre Séguier, pour la France, et par Dominique Champenois, seigneur de Neuvelotte, pour la Lorraine[1], montrent que chaque parti se contenta de reproduire les arguments que nous avons déjà passés en revue, et, ainsi qu'il est d'usage en pareille occurrence, chacun demeura persuadé qu'il avait pleinement prouvé le bon droit de ses prétentions et victorieusement réfuté les objections de ses adversaires.

Tout projet d'accord cependant ne fut pas complètement abandonné, on se contenta de remettre la solution à une date ultérieure.

Le temps n'allait plus être aux négociations en cette région. L'année suivante, en 1552, Henri II concluait une ligue avec les princes de l'Empire contre Charles-Quint et occupait les villes impériales de Verdun, Toul et Metz, sous prétexte d'assurer leur indépendance vis-à-vis de l'Empire. Cette prise de possession ne put s'effectuer que moyennant une occupation temporaire de la Lorraine. Le duc de Nivernais, gouverneur de Champagne, vint camper à Clermont et força les habitants du bailliage à travailler à la restauration des fortifications. Ce fut en vain que Blaise Prudhomme, lieutenant général

[1] *Bibl. nat.*, ms. fr. 18888, et Collect. de Lorraine, vol. 53, fol. 207.

au bailliage de Clermont, lui représenta que « ledit bailliage, tant en chef que membre, étoit nûment hors le royaume de France, et n'y avoit le roi aucun droit de fief, juridiction, ressort ou autorité en quelconque manière que ce fût, ains compétoit et appartenoit à nostre souverain seigneur (le duc de Lorraine) en tous droits de ressort, juridiction, supériorité et souveraineté, sous l'Empire, duquel il mouvoit en fief ». Le duc de Nivernais repoussa assez cavalièrement ces réclamations et n'eut cure des protestations que Prudhomme fit rédiger par des notaires[1]. L'occupation de Clermont par les troupes françaises se prolongea pendant quatre ans, et ce fut seulement au mois de juin 1556 que le sieur de Tavannes, gouverneur de Verdun, reçut l'ordre de restituer la place de Clermont aux tuteurs du duc de Lorraine[2].

Les circonstances paraissaient alors de nature à favoriser une entente entre la Lorraine et la France. Un rapprochement s'opérait entre les deux familles régnantes, qui amenait en 1558 le mariage du duc de Lorraine avec Claude de France, fille du roi. L'année suivante, la mort inopinée de Henri II fit monter sur le trône François II, qui avait épousé Marie Stuart, fille d'une princesse lorraine.

Tout tendait donc à faire écarter les questions irritantes entre les deux souverains et à rendre plus problématique le triomphe de la cause de La Vallée.

Le fils de l'ancien prévôt cependant poursuivait,

---

[1] *Bibl. nat.*, ms. fr. 18863, fol. 105 (19 novembre 1552).

[2] *Bibl. nat.*, ms. fr. 18863, fol. 115.

sans se lasser, les procès engagés contre tous les déten-
teurs des biens de son père. Mais les juges avaient beau
lui donner raison, il n'en était guère plus avancé, dans
l'impossibilité où il se trouvait de faire exécuter leurs
sentences. Les officiers royaux se voyaient refuser
toute licence d'instrumenter dans les villages contestés
du Clermontois, et les essais d'intimidation échouaient
devant l'inertie des malheureux habitants de ces
villages, tiraillés ainsi entre la France et la Lorraine.

Rien de plus typique, à ce point de vue, que la
réponse de ceux de Lemmes : Claude de La Vallée
les menaçant de la prison, s'ils se refusaient à tolérer
l'exécution de l'arrêt obtenu par lui contre le chapitre de Verdun, ils se contentèrent d'observer avec
résignation « qu'ils n'y savoient que faire, et ne
pouvoient faillir d'avoir du mal et estre prisonniers,
fust d'une sorte ou d'autre, parce que leurs seigneurs
leur avoient dict que s'ils laissoient (le sergent)
exécuter de par le roy, ils les feroient emprisonner ».
Mais les difficultés ne venaient pas seulement de ce
côté, Claude de La Vallée se heurtait aussi aux lettres
de surséance émanées du roi.

Ayant voulu, malgré tout, poursuivre l'exécution
d'un arrêt relatif à Ippécourt, il s'attira, le 9 juin 1561,
une verte semonce du roi, qui lui reprochait dure-
ment cette démarche susceptible « d'allumer un feu
duquel il ne sauroit advenir que ung très grand
inconvénient [1] ».

---

[1] Pièces justific., n° XXXIII.

Claude de La Vallée ne fut pas découragé par une lettre aussi sévère. Il envoya aussitôt un mémoire aux gens du roi pour leur rappeler les entreprises que, selon lui, le duc de Lorraine faisait contre la France. Si l'on n'y met ordre, disait-il, « avant qu'il soit six ans, vous verrez que haultement on soustiendra et tiendra l'on pour vray l'Empire avoir ses bornes jusques dedans les portes de Chaalons[1] ». En même temps, il écrivait au roi lui-même, le pressant de terminer cette affaire dans n'importe quel sens, et protestant que c'était le seul dévouement à son service, et non pas son intérêt personnel, qui lui faisait poursuivre ce procès avec tant d'ardeur[2].

« S'il estoit ainsy, disait-il, que le bailliage de Clermont, duquel je suis natif, et plusieurs aultres terres de par deçà la rivière de Meuze fussent de l'Empire, comme ilz disent (ce qui jamais ne se trouvera), ausquelz feu mon père avoit de quatre à cinq mil frans de revenu, vous y auriez plus de dommage que moy pour vostre souverainneté, ce que je suis contrainct vous remonstrer et vous suplier très humblement ne prendre en mauvaise part : qui est que si vostre feu père n'eust désadvoué à subject, quitant sa souvrainneté, il y a longtemps que j'eusse pensé estre remy dedans mon bien par arrest des Chambres impérialles, principalement contre ceux de Verdun, lesquelz ne demoureroient impugniz audict Empire des entreprinses par eulx faictes sur

[1] *Arch. nat.*, J 760, nº 39.
[2] *Arch. nat.*, J 760, nº 40.

la jurisdiction et d'avoir aboly le ressort dudict Empire » (22 juin 1561).

Claude de La Vallée ne parlait, sans doute, avec tant d'assurance que parce qu'il se sentait soutenu par le Parlement. En cette même année 1561, la Cour lui avait en effet permis de se livrer à une vaste information, destinée à fournir tous les éléments nécessaires pour juger son procès, avec la question des frontières qui s'y trouvait mêlée.

Muni de ces lettres, il avait fait compulser, par le lieutenant du bailli de Vitry au siège de Châlons, les titres renfermés dans tous les chartriers ecclésiastiques ou civils de la région [1], et il avait commenté, dans un long mémoire les nombreuses copies de textes ainsi recueillies [2].

En vertu d'une décision du Parlement, du 14 mai 1561, il avait fait procéder à une enquête auprès des habitants du pays, destinée à faire connaître l'opinion commune sur la question de limites et à révéler les agissements lorrains [3].

Les dépositions recueillies par le sergent royal, commis à cet effet, n'apprennent rien de bien nouveau. Comme dans l'enquête de 1537, la plupart des témoins se réfèrent à l'opinion commune que les villages situés sur la rive gauche de la Meuse sont réputés français. Nous savons que cette affirmation,

---

[1] *Arch. nat.*, J 769.

[2] Voyez des extraits de ce mémoire aux Pièces justificatives, n° XXXIV.

[3] Les dépositions les plus importantes reçues dans l'enquête de 1561 ont été reproduites dans nos pièces justificatives (n° XXXII).

née des termes employés par le traité de Bruges et
vraie pour l'ensemble du Barrois mouvant, ne pouvait s'appliquer au Clermontois. Les déposants font
ensuite allusion au droit de garde qui appartient au
roi à Beaulieu et dans quelques villages voisins ; plusieurs d'entre eux ajoutent que, suivant eux, ce mot
garde doit s'interpréter par souveraineté. Ils font
remarquer que Clermont n'est éloigné de Beaulieu
que de deux lieues et que c'est « une mesme plaine et
frontière de pays » ; ils en concluent que la nationalité doit être la même.

La plupart font allusion à certaines bornes d'airain
qui, d'après la tradition, auraient été plantées au fond
de la Meuse pour marquer la séparation de la France
et de l'Empire, notamment à Saint-Mihiel et à Verdun.
Ces fameuses bornes avaient déjà été l'objet d'une
enquête en 1390[1], mais dès cette époque, comme en
1561, si tout le monde en avait entendu parler, personne ne les avait vues : on est donc en droit de considérer leur existence comme légendaire.

D'après le récit fait par les témoins entendus en
1390, cette fiction a dû naître de l'impression très
vive laissée dans l'imagination populaire par la conférence de Vaucouleurs, où Philippe le Bel et l'empereur Albert s'étaient réunis, en déployant beaucoup
d'apparat, pour préciser la limite des deux États en
ce point de la vallée de la Meuse.

---

[1] Le texte de cette enquête, dont l'original se trouve aux *Archives
nationales* (J 584, n° 17), a été publié par l'abbé Clouet (*Hist. de
Verdun*, III, 45).

L'enquête de 1564, enfin, montre la résistance
organisée par les gens du duc de Lorraine dans le
Clermontois pour empêcher le Parlement d'entreprendre sur la juridiction ducale. Ils « se dient nuement de l'Empire, ont en abomination le roy de
France et ses officiers, et journellement font nouvelles entreprises sur la souveraineté du roy, laquelle
et ses ordonnances, stats et coutumes ils méprisent,
réputent et mettent jusques à la fange ». Au moment
même où l'on procède à l'enquête, une grande effer-
vescence règne dans le pays : on a appris que Claude
de La Vallée y a fait son apparition avec des sergents
royaux, et, dans tous les villages, des troupes armées
s'amassent, sur l'ordre du bailli de Clermont, pour
repousser par la force les gens du roi. Plusieurs
témoins, en venant déposer, ont rencontré des groupes
nombreux, « embastonnez de harquebuses, javelines,
espées et aultres armes », et le bailli de Clermont a
déclaré hautement « qu'il falloit aller contre ledict de
La Vallée, et que le plus fort emporteroit ce dont
estoit question ; aussi que si ledict de La Vallée alloit
aux pays de Barrois avec les gens du roy, on les prendroit vifs ou morts ».

Aux yeux des Lorrains, en effet, Claude de La
Vallée personnifiait le parti de la domination française, et plusieurs témoignages recueillis dans
l'enquête montrent que l'on ne négligeait rien pour
l'atteindre, dans sa personne ou dans ses biens,
notamment à Génicourt, où le domaine qu'il possédait avait été pillé, « au contempt des procez

qu'il a contre M. le Duc et chapitre de Verdun »,
et où « l'on faisoit journellement des menasses à lui
et à ses gens, pour la haine que les officiers du duc
de Lorraine et chapitre de Verdun et aultres ont contre
lui ».

Après tout le bruit qui se faisait autour de Claude
de La Vallée et de ses revendications, en face de
l'amas énorme de matériaux qu'il avait recueillis
pour soutenir l'édifice de son procès : enquêtes, mémoires, transcriptions innombrables de chartes, de
cartulaires même tous entiers, on est surpris de voir
le silence se faire sur ce litige, et de n'en plus trouver
de traces au Parlement après cette année 1561. Faut-
il croire que Charles IX, persistant dans les senti-
ments que manifestait sa lettre du 9 juin, s'est abso-
lument opposé à la poursuite de toute procédure ?
Faut-il supposer, au contraire, que Claude de La
Vallée est mort au moment où il avait réuni toutes
ses armes pour la lutte ? Cette seconde hypothèse
nous paraît plus vraisemblable.

Le Parlement était trop jaloux d'agrandir le cercle
de sa juridiction pour ne pas fournir à un plaideur
aussi acharné quelque moyen de poursuivre une résistance qui entrait merveilleusement dans les vues de
la Cour. L'abandon de la cause ne semble pouvoir
s'expliquer que par la disparition du demandeur.
Quoi qu'il en soit, les procédures, qui nous ont été si
utiles à propos de l'affaire de La Vallée, pour suivre
l'histoire du Clermontois dans le courant du XVIe siècle,
nous font défaut à partir de la fin de l'année 1561 ;

c'est à d'autres sources qu'il faut puiser dès lors pour
achever d'étudier les destinées de cette petite province
et voir comment elle fut définitivement réunie à la
France.

CHAPITRE III

RÉUNION DU CLERMONTOIS A LA FRANCE

En même temps qu'on perd la trace du fils de
Claude de La Vallée, qui s'était fait le champion
ardent de la cause royale dans le Clermontois, on
constate un temps d'arrêt dans la discussion ouverte
entre la France et la Lorraine à propos de leurs
droits respectifs sur cette portion de l'Argonne. Le
duc de Lorraine cherche à faire rentrer dans l'oubli
une question si longtemps controversée, et les gens
du roi ne semblent pas plus disposés à la remettre
sur le tapis.

En effet, les pourparlers ayant été repris avec la
France en 1563, à propos de l'exercice des droits régaliens dans le Barrois mouvant, les députés envoyés
par le duc à la conférence de Paris reçurent pour
instructions d'éluder tout débat sur le bailliage de
Clermont et de feindre une ignorance complète à ce
sujet. S'ils étaient pressés trop vivement, ils devaient
en référer à leur souverain, avant d'entrer en communication sur les titres qu'ils avaient entre les
mains, relativement au Clermontois[1].

[1] *Bibl. nat.*, ms. fr. 18888, fol. 148. Instruction de la part de Char-

Ces précautions devaient être inutiles : la question redoutée ne fut pas touchée dans les conférences, et quelques années après, quand un accord survint, en 1571, avec le roi Charles IX, à propos des difficultés concernant la juridiction royale dans le Barrois, le traité de Boulogne ne fit aucune allusion à la possession du Clermontois, mais se borna à régler que le duc de Lorraine jouirait des droits de régale et souveraineté « ès terres du bailliage de Bar, prévotés de La Marche, Châtillon, Conflans et Gondrecourt », et que dans ces pays les appels seraient portés au Parlement de Paris [1].

Le duc de Lorraine tenait sans doute d'autant plus à faire le silence autour de Clermont que la nature des droits féodaux qu'il possédait sur cette ville venait de se modifier d'une façon grave et dans un sens qui devait être loin d'agréer au roi de France. Au lieu de tenir le Clermontois de l'évêque de Verdun, qui rendait hommage à l'Empereur, c'était désormais de

les II à ses députés en la conférence de Paris en l'an 1563 : « Il est à présumer, combien Monseigneur n'ait faict aucune mention par les articles envoyez de la querele de Clermont et des villages qui en dépendent, sur lesquels ceux de La Valée prétendent exécution, que les gens du Roy en voudront faire instance, et en cest article debvront lesdicts commis et envoyez dissimuler entièrement qu'ils en soient aucunement instruicts ny préparez, et qu'ils ayent charge d'en traicter, remonstrans qu'ils sont venus seulement pour communiquer amiablement des difficultez qu'ils avoyent faict remonstrer au Conseil privé du roy, et tascheront par toutes excuses honnestes de se deffaire du prétendu dudict Clermont, sinon et où ils seroyent contraincts d'y entrer et d'en respondre, en advertiront, pour après entrer en communication sur les titres qu'ils ont par devers eux touchant ledict Clermont ».

[1] 25 janvier 1571 (Dumont, *Corps Diplomatique*, t. V, 1re partie, p. 200).

celui-ci qu'il relevait sans aucun intermédiaire. De médiate qu'elle était, la suzeraineté impériale sur Clermont était devenue directe, par la cession que l'évêque de Verdun avait faite, en 1564, au duc de Lorraine de tous ses droits sur ce fief [1].

Nicolas Pseaume, qui était monté sur le siège épiscopal de Verdun en 1548, s'était vu aux prises avec des difficultés de toutes sortes en raison de ce fief de Clermont. Comme ses prédécesseurs, il avait dû en rendre hommage à Charles-Quint, mais, peu de temps après l'accomplissement de cette formalité, il avait été appelé à remplir ses devoirs féodaux vis-à-vis de son puissant suzerain d'une façon plus effective que par une prestation banale de foi et hommage. C'était le moment où s'élevaient entre le roi de France et le duc de Lorraine les discussions que nous savons, à propos de différents villages du Clermontois.

Les frontières du saint-empire étaient contestées précisément à l'occasion des territoires pour lesquels l'évêque avait juré fidélité à l'Empereur, et tout naturellement, en vertu des institutions féodales, le prélat fut requis à la fois par son suzerain et par son vassal de travailler à garantir l'intégrité de ces frontières.

Il tâcha de traîner les choses en longueur, quand Antoine de Granvelle lui fit des représentations dans ce sens de la part de la Cour impériale [2], mais il se

---

[1] *Arch. nat.*, J 913, nº 9ª (10 septembre 1564; original de l'échange). Voy. Roussel, *Hist. de Verdun*, p. 454.

[2] Pièces justific., nº XXXI (Lettre de Granvelle).

trouva fort empêché devant les sommations que lui adressèrent en 1549 les tuteurs du duc de Lorraine, afin d'obtenir son assistance, en qualité de seigneur féodal, dans leur lutte contre le Parlement. Il répondit qu'il en avait référé à l'Empereur, que n'ayant pas la jouissance du temporel de l'évêché, alors aux mains du cardinal de Guise, il n'avait pas les ressources nécessaires pour participer au procès. A quoi l'envoyé de Lorraine répliqua naturellement que, puisque l'évêque ne pouvait pas remplir ses devoirs de suzerain, le duc se considérait comme délié de sa fidélité envers lui[1].

D'un autre côté, Nicolas Pseaume allait bientôt se trouver pressé par la France, qui peu après s'établissait à Verdun. Les officiers royaux ne se firent pas faute, à l'instigation de Claude de La Vallée, de lui reprocher amèrement l'hommage qu'il avait rendu à l'Empereur pour Clermont, et de lui « bailler à ce sujet un beau bonjour »[2]. Le malheureux prélat ne savait plus où donner de la tête ; le seul moyen qu'il imagina pour échapper à cette situation sans issue fut de renoncer à ses droits sur le Clermontois en faveur du duc de Lorraine.

Cette cession, faite sans l'intervention du roi de France, à une date où il avait déjà assis d'une façon sérieuse ses prétentions sur Verdun, devait avoir dans l'avenir de graves conséquences. Sur le moment,

---

[1] *Bibl. nat.*, ms. fr. 18863, fol. 95.

[2] Pièces justific., n° XXXII (Enquête de 1561, déposition de Jean Pierreau).

le roi se contenta de protester et de proclamer, en sa
qualité de protecteur, la nullité de cette cession[1],
et l'on ne voit pas qu'il ait alors cherché à profiter
de cet acte pour appuyer ses revendications sur le
Clermontois.

Au contraire, le duc de Lorraine, pendant la dernière partie du XVIe siècle et au commencement du
siècle suivant, paraît avoir joui paisiblement des droits
souverains sur ce pays. En 1571, il réunit les États
du bailliage et les invita à rédiger leurs coutumes, ce
qu'ils firent sans les soumettre à l'homologation du
Parlement, contrairement à ce qui avait lieu pour les
territoires français. Les rédacteurs se regardaient si
bien comme uniquement sujets du duc, que le chapitre
par lequel s'ouvre leur œuvre est destiné à régler
leurs rapports avec lui, sous le titre suivant : « Des
droits appartenantz à nostre souverain seigneur[2] ».

L'enquête faite par le commissaire Le Bret, dont
nous allons parler tout à l'heure, montre également
que le duc continuait à considérer le bailliage de Clermont comme étranger à la France, et à interdire par
exemple aux habitants du Barrois mouvant ou de
Verdun de recueillir des successions dans le Clermontois[3].

Cet état de choses se prolongea jusqu'en 1625,
mais à cette époque Richelieu entreprit de faire revi-

---

[1] Roussel, *Hist. de Verdun*, p. 454.

[2] *Arch. nat.*, K 878, nos 6 et 7 (Texte des coutumes et procès-verbal
de convocation des États).

[3] *Bibl. nat.*, ms. fr. 18903 (Enquête faite par Le Bret en 1625).

vre les prétentions françaises et le jour était proche désormais où elles devaient définitivement triompher. Il voulut d'abord suivre la voie pacifique et chercha à renouer le fil si longtemps rompu de l'action judiciaire.

Dès la fin de l'année 1624, Cardin Le Bret, sieur de Flacourt, conseiller au Conseil privé, fut chargé avec le sieur de Lorme, trésorier de France à Châlons, et Robert Le Gros, prévôt de Passavant, de rechercher les usurpations commises au préjudice de la France sur les confins du royaume, du côté de la Meuse, et de régler avec les commissaires que nommeraient le roi d'Espagne et le duc de Lorraine « les encongneures et enclaves des finages des bourgs et villages de la frontière [1] ».

Le Bret parcourut les Trois Évêchés, écoutant les réclamations des procureurs royaux, inspectant les titres des différents chartriers, écoutant des témoins, dressant des procès-verbaux de toutes ces opérations. Le procureur du roi au comté et gouvernement de Verdun présenta des remontrances où était réunie, dans un curieux amalgame, une partie des anciens arguments qu'au cours du XVIᵉ siècle nous avons vu développer devant le Parlement ou devant le Conseil du roi, et de nouvelles raisons que les avocats généraux d'alors se seraient bien gardés d'invoquer,

---

[1] Haussonville (*Hist. de la réunion de la Lorraine à la France*, 2ᵉ édit., I, 144) parle de cette mission de Le Bret et cite le procès-verbal qu'il a dressé de ses opérations, conservé aux Archives des affaires étrangères. Une copie de ce procès-verbal existe à la Bibliothèque nationale dans le ms. fr. 18903.

mais que les circonstances présentes permettaient de
faire valoir.

On voit réapparaître dans ce réquisitoire les fameux
aveux de Clefmont-en-Bassigny, présentés comme
aveux de Clermont-en-Argonne, l'histoire de la saisie
de Clermont pratiquée sur Yolande de Cassel et qui
n'aurait soi-disant pris fin que moyennant un hommage rendu à Charles V. Puis, sentant la faiblesse
de ces arguments, le procureur s'attacha avec beaucoup plus de raison aux droits que l'évêque de Verdun possédait sur le Clermontois. Les gens du Parlement en contestaient jadis la légitimité, quand Verdun était étranger au royaume [1], mais à présent
que la domination française était solidement établie
dans cette ville, il n'y avait plus lieu d'hésiter à
reconnaître dans Clermont un fief de l'église de Verdun ; la France au contraire se trouvait en droit de
protester contre l'aliénation que l'évêque avait faite
de sa souveraineté, à une époque où le protectorat
français était déjà organisé depuis plus de dix ans.

Richelieu ne donna pas immédiatement suite aux
revendications dont Le Bret avait réuni les éléments,
mais les agissements du duc Charles IV, dont on con-
naît l'imprudence et les vues ambitieuses, lui fournirent bientôt le prétexte dont il avait besoin pour
s'emparer des territoires contestés depuis si longtemps.
Le duc de Lorraine avait plusieurs fois donné asile
au duc d'Orléans et favorisé ses menées contre le car-

[1] Pièces justific., nº XVIII (Remontrances de Cappel en 1539).

dinal ; il s'attachait au parti de l'Empire, malgré les
engagements que Richelieu lui avait arrachés au traité de Vic ; il faisait, d'accord avec l'Empereur, des
armements qui inquiétaient la France. En 1632,
Louis XIII, cédant aux instances de son premier
ministre, résolut d'envahir la Lorraine : une armée
puissante, jetée à l'improviste dans le Barrois, s'empara en peu de jours des places les plus importantes.
Surpris par cette brusque attaque, le duc se vit obligé
de faire une soumission complète, mais Louis XIII
ne consentit à retirer ses troupes que moyennant la
mise en gage, pour quatre ans, des places de Stenay
et Jametz, et la cession complète de Clermont. « Le
Duc, porte le traité conclu à Liverdun le 26 juin 1632[1],
déposera aussy entre les mains de Sa Majesté la ville
et la forteresse de Clermont dans trois jours, avec-
que ceste différence que, parce que *Sa Majesté prétend
que ledict comté de Clermont lui appartient et relève
de sa couronne, dont il a procès pendant en sa cour
de Parlement de Paris*, au lieu que les deux autres
places doibvent estre restituées audit sieur Duc dès
ceste heure, il est convenu entre Sa Majesté et luy
par le présent traicté que ladicte ville, forteresse et
comté de Clermont et tout ce qui en dépend demeureront en pleine propriété au roy, comme Sa Majesté
le désire, moyennant le prix qui en sera payé par Sa
Majesté audict sieur Duc, à raison du denier cinquante,
sur le pied du revenu de la terre, dont estimation sera

[1] Haussonville. *Histoire de la réunion de la Lorraine*, I, 382-385 ;
Traité de Liverdun.

faicte par commissaires qui seront depputez de part et d'autre..... »

Cette solution radicale donnée aux débats juridiques, dont le traité de Liverdun rappelle le souvenir, combla de joie Louis XIII. La lettre qu'il écrivit quelques jours après au comte de Soissons montre le prix qu'il attachait à cette conquête : « La ville de Clermont et son territoire fait maintenant part du royaume, sans laquelle il étoit difficile de défendre celles qui sont le plus avancées : ce qui me faisoit la désirer avec raison, puisqu'elle me donne cet avantage d'aller à Verdun sans passer sur les frontières du duc, et que de cette ville en hors il est aisé de gagner Metz et ensuite les autres places que je possède [1] .»

La paix rétablie entre la France et la Lorraine ne devait pas être de longue durée. Le duc ne prit aucun souci des promesses faites à la France, et Richelieu résolut bientôt de recommencer la lutte contre lui. Le 30 juillet 1633 il fit déclarer, par arrêt du Parlement, le Barrois saisi au profit du roi, faute de la prestation d'hommage à laquelle Charles IV s'était engagé [2], et quelques jours après les troupes françaises se répandaient de nouveau en Lorraine. La guerre cette fois dura plus longtemps, infligeant aux malheureuses populations de ce pays les plus dures souffrances [3]. Interrompue un instant par le traité de

[1] D. Calmet, *Histoire de Lorraine*, III, 221.

[2] Digot, *Histoire de Lorraine*, V, 197. Une copie du procès-verbal de la prise de possession du Barrois par le sieur de La Nawe, commissaire du Parlement, se trouve aux *Archives nationales*, KK 1180.

[3] On sait que la détresse des populations lorraines toucha la charité de

Paris (2 avril 1641), qui confirmait la cession de Clermont aux conditions précédemment stipulées [1], la lutte fut bientôt rallumée par l'inconstant duc de Lorraine, et ses États occupés de nouveau par les armées françaises.

La mort de Richelieu et de Louis XIII, en faisant passer le pouvoir aux mains de Mazarin, n'amena pas l'apaisement qu'on avait espéré : bientôt au contraire la guerre étrangère se compliqua de la guerre civile. Le désir de récompenser le prince de Condé des victoires qu'il avait remportées, et en même temps de s'assurer son appui contre la Fronde, porta Mazarin à lui abandonner, en décembre 1648, « pour en jouir souverainement comme jouissait Sa Majesté elle-même », le comté de Clermont et les places de Jametz, Dun et Stenay, récemment conquises sur la Lorraine. Par cette mesure le cardinal voulait sans doute consolider la possession de ces territoires et transformer plus sûrement en fait acquis une cession contre laquelle le duc de Lorraine n'avait pas renoncé à protester.

Malgré l'opposition que la duchesse Nicole fit à l'enregistrement de ces lettres de donation, Condé entra en possession de cette souveraineté [2], mais les calculs de Mazarin furent déjoués par la défection du

---

saint Vincent de Paul qui, s'il ne réussit pas à obtenir de Richelieu la cessation des hostilités, contribua efficacement, par l'envoi de nombreux secours, à adoucir les misères causées par la guerre. Voy. Haussonville. *Hist. de la réunion de la Lorraine*, II, 62-66.

[1] Digot, *Hist. de Lorraine*, V, 298.

[2] Haussonville, II, 211-212.

prince qui, passant dans le parti espagnol, fit perdre momentanément au roi de France ses terres du Clermontois, dont l'acquisition avait été si laborieuse. Il fallut en entreprendre de nouveau la conquête et Turenne livra à Clermont, en 1654, un siège à la suite duquel la place fut rasée [1].

Le traité des Pyrénées, en 1659, confirma solennellement à la France la possession du Clermontois [2] que Louis XIV, sur les instances de l'Espagne, s'engageait à remettre au prince de Condé avec les droits que celui-ci y possédait avant de prendre les armes contre sa patrie. Ce traité reconnaissait en même temps la légitimité de la saisie du duché de Bar, qu'on laissait entre les mains du roi de France. Deux ans après, Mazarin, presque à la veille de sa mort, consentit à conclure avec le duc de Lorraine une convention par laquelle le duché de Bar lui était restitué à charge d'en faire hommage au roi (Vincennes, 28 février 1661), mais de cette restitution était excepté le Clermontois qui, conformément aux traités de 1632, de 1641 et de 1659, restait définitivement terre française [3].

Une protestation, bien tardive, devait s'élever encore

[1] D. Calmet, III, 512.

[2] Traité des Pyrénées. « Art. 64. Les conté, prévôté, terres et domaines de Clermont, Stenay, Dun et Jametz, avec leurs appartenances, dépendances et annexes, demeureront à jamais unis et incorporez à la couronne de France. — Art. 65. Le duc de Lorraine ne pourra réclamer l'indemnité qui avoit été stipulée en 1632 » (Dumont, *Corps diplomatique*, VI, 2ᵉ partie, p. 273).

[3] D. Calmet, III, 582.

contre cette réunion ; ainsi qu'on pouvait s'y attendre, elle resta sans écho.

En disposant d'une partie des États du duc de Lorraine, par le traité des Pyrénées, les ministres de France et d'Espagne avaient réservé en principe les droits impériaux et stipulé que le roi Catholique emploierait ses bons offices pour assurer à Sa Majesté Très Chrétienne l'investiture dont elle pourrait avoir besoin pour les terres qui seraient fiefs d'Empire [1]. En fait, Louis XIV n'avait jamais songé à réclamer cette investiture pour le Clermontois, et la cour de Vienne résolut d'exprimer des plaintes à ce sujet. Profitant, en 1670, de l'appel que le duc de Lorraine lui avait adressé en voyant son duché envahi à l'improviste par les troupes françaises, elle députa à Versailles le comte de Windischgraetz, avec mission non seulement de proposer l'intervention de l'Empereur entre le roi et le duc de Lorraine, mais aussi de présenter des réclamations sur le fait du Clermontois. Après quelques conférences tenues avec

[1] Traité des Pyrénées : « Art. 78. Sa Majesté catholique consent à ce que Sa Majesté très chrétienne ne soit obligée au rétablissement ci-dessus du sieur duc de Lorraine qu'après que l'Empereur aura approuvé et ratifié par un acte authentique, qui sera livré à Sa Majesté très chrétienne, tous les articles stipulés à l'égard dudit sieur duc de Lorraine dans le présent traité, sans nul excepter... comme aussi, en cas qu'il se trouve que des États, pays, villes, terres ou seigneuries, qui demeurent à Sa Majesté très chrétienne en propre par le présent traité, de ceux ou celles qui appartenoient ci devant au duc de Lorraine, il y en eût qui fussent fiefs et relevassent de l'Empire, par raison de quoi Sa Majesté eût besoin et désirât d'en être investie, Sa Majesté catholique promet de s'employer sincèrement et de bonne foi auprès de l'Empereur pour faire accorder ladite investiture au Roi très chrétien ».

Lionne, Windischgraetz fut reçu par le roi lui-même qui repoussa hautement toute entremise entre Charles de Lorraine et lui. La réponse de Louis XIV était conçue en termes si absolus que l'envoyé impérial sentit l'inutilité d'insister et renonça à parler de Clermont [1].

Dès lors les droits de la France sur ce territoire ne furent plus contestés par personne. Les traités qui, au cours du règne de Louis XIV, réglèrent à diverses reprises les intérêts des nations de l'Europe respectèrent les dispositions prises par Mazarin et Louis de Haro, sans chercher à revenir sur une annexion confirmée par quatre traités successifs et consacrée par le temps.

Jusque vers la fin de l'ancien régime, le Clermontois demeura le domaine exclusif de la maison de Condé qui non seulement y exerçait les droits habituels des seigneurs féodaux, mais percevait encore les impositions publiques réservées d'ordinaire au roi. Un échange survenu en 1784 rattacha au domaine cette perception des impôts. Peu d'années après, en 1791, cet acte fut annulé par l'Assemblée Nationale qui révoqua en même temps la donation de 1648 et fit rentrer purement et simplement le Clermontois dans le domaine de la nation.

Telle est l'histoire de la réunion, à la France, de cette contrée qui par sa situation physique, ses mœurs,

[1] D. Calmet, III, 684. — Haussonville, III, 190.

son langage, avait toujours été appelée à en faire naturellement partie, mais qui en resta si longtemps séparée par suite d'une division politique arbitraire, dont le poids a porté sur le moyen âge tout entier. Ce n'est qu'une courte page de l'histoire générale des efforts que la royauté française a poursuivis pendant de longs siècles, pour réformer une délimitation qui remontait à la dislocation de l'ancien empire de Charlemagne, et pour rendre à notre pays les limites naturelles dans lesquelles se renfermait autrefois la Gaule ; mais cette page reflète fidèlement les différentes phases de ce travail lent et persévérant, poursuivi sur tous les points de la frontière française.

Pendant quatre siècles, les forces du pouvoir royal, absorbées par la lutte qu'il doit soutenir pour asseoir sa domination sur les grands vassaux, ne peuvent se faire sentir au dehors, mais après les règnes glorieux de Philippe-Auguste et de saint Louis, après les importantes annexions territoriales, préparées de longue main et effectuées sous Philippe III, la première dynastie capétienne arrive à l'apogée de sa puissance avec Philippe le Bel, et celui-ci profite de la turbulence du comte de Bar pour tâcher de reculer la frontière jusqu'à la Meuse. Cependant, une partie du Barrois cis-meusien lui échappe, grâce aux liens de vassalité qui la rattachent à l'évêché de Verdun et à l'Empire, et le roi, pour établir peu à peu son influence dans cette région, n'a pas d'autre moyen que d'offrir sa protection à quelques-unes des communautés situées sur les confins du royaume : c'est en quelque sorte des jalons qu'il plante pour tracer à un moment donné une nouvelle ligne frontière. Arrêtée pendant la guerre de Cent ans, détournée ensuite de son vrai but par les folles expéditions d'Italie, cette politique d'extension reprend son cours au XVIe siècle et fait de rapides progrès. Grâce au zèle infatigable des officiers royaux, qui ne perdent pas une occasion d'étendre le rayon de l'influence française, les esprits s'habituent à admettre que le royaume s'étend au moins jusqu'à la Meuse, et à donner au droit de garde exercé par le roi sur certaines localités du Clermontois le caractère de la souveraineté. Le Parlement soutient cette théorie avec vigueur et l'occupation des Trois-Évêchés fournit à la France les points d'appui nécessaires pour élargir sa domination vers l'Est. Dès lors l'annexion du Clermontois n'est plus qu'une affaire de temps. La conduite imprudente de Charles IV de Lorraine ne tarde pas à procurer au cardinal de Richelieu l'occasion de soutenir par la force les revendications royales, et Clermont, la clef des défilés d'Argonne, tombe entre les mains du roi, en attendant que le traité de Vienne amène la réunion de la Lorraine elle-même. Il avait fallu neuf siècles d'efforts persévérants pour détruire les effets de l'antique partage de Verdun, pour permettre à la France de reprendre, lambeaux par lambeaux, le territoire du royaume parasite qu'on avait attaché à ses flancs, et pour rendre à notre patrie ses bornes traditionnelles.

DEUXIÈME PARTIE

DOCUMENTS ET PIÈCES JUSTIFICATIVES

I

AVRIL 1345

EXEMPTION DU DROIT D'AUBAINE ACCORDÉE PAR PHILIPPE VI A
JEAN CHARLES, ORIGINAIRE D'AUBRÉVILLE.

Philippe, etc. Savoir faisons à touz presenz et à venir que
nous avons ottroié et ottroyons, de nostre autorité royal et grace
especial, à Jehan Charles, d'Aubreville, selier demorant à Reins,
personne de franche condition et nez en loyal mariage et *hors
de nostre royaume*, en la contée de Bar, que il puisse ordener
de touz ses biens meubles et heritaiges acquis et [à] acquerre
par testament ou autrement et que ses hoirs puissent succeder
à ses diz biens senz empeschement, tout aussi et en la maniere
que s'il feust nez en nostredit royaume, non obstant que soit
nez dehors ycelui, comme dit est, se autre cause n'i a pour quoy
empeschement li doie estre mis. Si mandons, etc. Ce fu fait à
Poissy, l'an de grace mil ccc quarante et cinc ou mois d'avril.

(*Archives nationales*, JJ 75, n° 306.)

II

REMISSIO PRO DOMINO JOHANNE DE LA LOGE, MILITE, ET
JOHANNE DE MONCELZ, SCUTIFERO.

Charles, ainsné filz et lieutenant du roy de France, duc de
Normandie et Dalphin de Viennois, savoir faisons à touz présens et à venir que nous avons receue l'umble supplicacion de
nostre très chière et amée cousine la contesse de Bar, de Lon-
gueville, et dame de Cassel, contenant que, comme pour le
temps qu'il avoit guerre entre nostre oncle, le duc de Lucem-
bourc et de Brebant, elle et nostre cousin le duc de Bar, d'une
part, son filz, et l'évesque de Verdun, son éveschié, la cité de
Verdun, d'autre, ladite contesse eust et tenist son cappitaine et
ses gens d'armes en sa forteresse de Clermont, *hors du royaume*,
pour contrester et résister à son povoir à sesdiz ennemis, lesquelz ennemis prenoient hommes, subgiez, bestes et autres
biens, et dommageoient de tout leur povoir ladite contesse,
sondit filz et leur terre, tant ou royaume comme dehors, et
aucune fois menoient leurs bestes à reffuge oudit réaume, et
une fois entre les autres il avint que leursdiz ennemis en feissent amener plusieurs grosses bestes ou bailliage de Vitry, ledit
cappitaine le sceust et commanda aux gens d'armes de ladite
guernison de Clermont, avecques lesquelz estoient pour lors
messire Jehan de la Loge, chevalier, et Jehan de Moncelz,
escuier, hommes, genz et familiers de ladite contesse, et aler
après lesdites bestes, lesquelz y alerent avecques ledit cappitaine
et tant les poursuirent à chaude chace qu'il trouvèrent lesdites
bestes et les prindrent oudit bailliage de Vitry, près de la fin
dudit royaume, entre la Nuefville au bos et Poussesse; en
laquelle prise faisent par cas d'aventure, par aucuns des pages

ou mesmes desdites gens d'armes, fu mort Jehan le Berger, fil
Colin Le Malade, de ladite ville de Nuefville au bos, sans ce que
lesdis chevalier et escuier y meissent oncques les mains ne
eussent volenté et cuer de mehaigner aucune personne, mais
seulement estoient en la compagnie de ceulz qui aloient prendre et amener lesdites bestes qui furent transportées du
royaume, où elles furent trouvées, en l'Empire, à Clermont, ou
dit chastel. Pour occasion desquelz fais le bailli de Vitry en Per-
toys, qui pour le temps estoit, a la requeste de messire d'Orne,
chevalier, qui disoit lesdites bestes à lui appartenir, et du procureur de Monseigneur ou dit bailliage, fist lesdiz chevalier et
escuier appeller à ban au chastel de Saintte Manehoust, aus
quelz appeaulz sur les fais dessusdiz se rendirent prisonniers, et
après ce furent eslargis et recreuz d'assise en assise, par baillent
bons hostages, corps pour corps, avoir pour avoir, de comparoir
à chascune assise, et tous jours s'i soient suffisamment compa-
rus, jusques ad ce que à ceste derraine assise de Saintte Manehoust, qui commança le second jour de janvier de cest an présent, que iceulx chevalier et escuier se firent essonnier et
excuser pour cause de maladie : néentmoins le bailli dudict
Vitry qui est à présent a fait prendre, depuis ladite essoinne
envoyée par iceulz, les corps desdiz hostages, et avecques ce saisir et mettre en la main de mondit segneur touz leurs biens, et
s'efforce de procéder contre lesdis chevalier et escuier, se par
nous ne leur est sur ce pourveu de gracieux remède et convenable. Pour quoy nous, considérans les choses dessusdites, vou-
lans en ce modérer rigueur de justice ; considérans aussi que
lesdis chevalier et escuier sont et ont esté touzjours de bonne
conversacion et renommée, bienveillans du royaume, et que les
choses dessusdites furent faites non pas principalement par lesdiz chevalier et escuier, jasoit ce que il feussent en la compagnie, comme dit est, et aient esté faites en guerre ouverte et
sans avoir entencion, de par lesdiz chevalier et escuier, de faire
omicide ne autre mauvais fait, mais que en entention de domma-
ger leurs dis ennemis, et aussi que oncques ne furent attains ne
convaincus d'aucuns autres mauvaiz fais; pour contemplacion
de nostredite cousine qui touzjours a esté et est bienveillant,
ardent et confortant audit royaume de tout son povoir, de
nostre certaine science, plainne puissance, grace espécial et auc-

torité dont nous usons, à iceulz et à leurs diz hostages et à chascun d'eulz ou cas dessusdit avons remis et pardonné, remettons, quittons et pardonnons, par la teneur de ces présentes, les fais dessus diz, avecques toute pene et amende corporele, criminele et civile, que eulz et chascun d'eulz ont ou pourroient avoir encouru envers mon Seigneur et nous pour cause des fais devant diz, et les restituons à leur bonne fame et renommée, à leur pais et à leurs biens, sauf et réservé à partie adverse à poursuir les fais dessus diz tant seulement. Si donnons en mandement au bailli de Vitry et à touz autres, etc., que de nostre présente grace facent et lessent joïr lesdiz chevalier et escuier, etc. Donné à Paris, ou mois de janvier l'an mil CCCLXII.

Ainssi signé : Par monseigneur le Duc, N. de Veires.

(*Archives nationales*, JJ 92, n° 170. — *Copie*. Bibl. nat., fonds français, n° 23408, fol. 311.)

III

7 SEPTEMBRE 1378

LETTRES DE RÉMISSION ACCORDÉES PAR CHARLES V AUX HABI-
TANTS DE LA VILLE DE VARENNES, « LAQUELLE L'EN DIST
ESTRE ASSISE EN L'EMPIRE », QUI AVAIENT BRULÉ DES BOIS
COUPÉS PAR JEAN DE MONLAINCOURT EN UN TERRITOIRE SUR
LEQUEL ILS PRÉTENDAIENT DROIT D'USAGE.

Charles, etc. Savoir faisons à tous présens et à venir que,
comme ja pieça Jehan de Monlaincourt, escuier, eust fait cooper
certains bois en certains lieux près de la ville de Varennes,
laquelle l'en dit estre *assise en l'ampire*, en la terre de nostre
tres chier frere le duc de Bar, esquelz bois coopez les habitans
de la ville de Varennes eussent bouté le feu en yceulx et ars, et
pour ce, entre ledit escuier d'une part et yceulx habitans d'autre
part, eust esté meu grant débat pour cause de ce que le dit
escuier disoit lezdiz bois ainsi coopez et ars estre assiz en nostre
royaume et de ce nous avoir fait hommage, et les diz habitans
disoient que lesdiz bois estoient assiz en l'ampire et que en
yceulx avoient et devoient avoir leur usaige, et ainsi en avoient
joy et usé ou temps passé, et pour ce nostre procureur en la
prevosté de Sainte Manehoust se feust efforcié de mener et tenir
en procez lesdiz habitans par devant nostre bailli de Vitry,
pour quoy yceulx habitans n'osoient entrer en nostre royaume,
et combien que ilz offrissent audit bailli de monstrer bien et
souffisamment que lesdiz bois contencieux estoient de leur héri-
tage et que ilz avoient usé de leur droit, que ilz requissent que
sur ce par nostre dit bailli leur feussent baillez commissaires
qui se transportassent sur le lieu et s'enformassent des choses
dessusdites, néanmoins ilz ne peurent estre receuz à ce et pour
ce se trairent par devers nous, en exposant les choses dessus

dites. Ausquelx nous octroyasmes nos lettres, par lesquelles nous mandions, en commettant, à nostre amé et féal chevalier et conseiller le sire de Louppi et audit bailly de Vitry, qu'ilz s'enformassent des choses dessusdites, et se par information il leur apparroit les diz habitanz avoir commis ledit fait sur leur bois, et que yceulx bois contencieux ne feussent situez ne assiz en nostredit royaume, yceulx habitans pour la cause dessus dite ilz ne molestassent et empeschassent, mais les feissent tenir quittes et paisibles doresenavant. Laquelle informacion a esté commenciée à faire, et pour ce ont esté plusieurs tesmoings produiz et examinez d'une part et d'autre. Et afin que lesdites parties soient mises hors de touz proces sanz plus procéder avant et que elles ne soient pour ce plus travaillées ne dommagées, de leur consentement a esté traitté et accordé par noz diz commissaires en la manière qui s'ensuit : C'est assavoir que lesdiz bois dont contens est entre lesdites parties seront et demouront et appartendront perpetuelment et héréditablement au dit escuier, [sans] aucun empeschement. Et si lui paieront ce que il y a despendu raisonnablement, pour l'empeschement qu'il lui ont fait et par l'ordenance desdiz commissaires. Et par ce les diz habitans demouront quittes et paisibles envers nous ou autres quiexconques, parmi ce que il nous feront seulement amende honorable par devant noz diz commissaires. Lequel traittié et accord lesdites parties accepteroient, tendroient et garderoient volentiers pour bien de paix. Si nous [ont] fait supplier que à ce voulsissions consentir. Et nous inclinans à leur supplicacion, considéré ce que dit est, les diz traittié et accort loons et approuvons et, se mestier est, confermons par ces présentes, de nostre auttorité royale et grace espécial, en quittant, remettant et pardonnant ausdiz habitans toute et (sic) offense que ilz pourroient estre diz encouruz envers nous pour les causes dessusdites, et en imposant sur ce silence perpétuel à nostre dit procureur. Si donnons en mandement par ces présentes au dit bailli de Vitry et à touz noz autres justiciers et officiers ou à leurs lieuxtenans, présens et à venir, et à chascun d'eulx, si comme à lui appartendra, que ledit traittié et accort facent tenir et garder par lesdites parties, sanz les travailler doresenavant ni les tenir en procès, mais les délivrent et mettent hors de touz procès faiz et commenciez pour ce, et de nostre présente quittance, rémission et pardon, laissent et facent joir et user les dites parties sans les molester ou travailler, ne faire ou souffrir estre molestez ou travailliez en aucune manière au contraire. Et pour ce que ce soit chose ferme et estable à tous jours mes, nous avons fait mettre nostre seel en ces présentes, sauf en autres choses nostre droit et l'autrui en toutes. Donné à Paris, le viie jour de septembre l'an de grace mil ccc soixante dix huit, et le xve de nostre règne.

Par le Roy, L. Blanchet.

(*Archives nationales*, JJ 113, fol. 168 v°, n° 347).

IV

20 SEPTEMBRE 1386

ARRÊT DU PARLEMENT, RENDU ENTRE LES HABITANTS DE FLO-
RENT ET LA COMTESSE DE BAR, AU SUJET DE BOIS SITUÉS
DANS LES ENVIRONS DE VARENNES.

Cum pro parte habitancium nove ville a Florans expositum
nobis extiterit quod, cum dudum ad instanciam carissime con-
sanguinee nostre comitissime Barrensis, domine de Cassello, et
carissimi avunculi nostri ducis Barrensis, ejus filii, in predicta
instantia actorum, dicti habitantes in processu positi et in causam tracti fuissent de et super eo quod comitissa et dux predicti dicere et manutenere volebant quod certi bosci seu nemora
vulgaliter « Bastis » nuncupati seu nuncupata, in regno nostro,
in territorio dicti loci de Florans et in loco qui dicitur inter
Putimusse et Grangiam aux Bos situati vel situata, et in qui-
busquidem « batis » dicti habitantes usagia et pasturagia sua se
habere dicebant, absque eo quod alias aliquod impedimentum
sibi appositum fuisset in premissis, in imperio et extra regnum
nostrum erant situati vel situata, et quod dicti habitantes in eisdem boscis vel nemoribus quicquam videre vel cognoscere non
habebant. In qua quidem causa in tantum processum extiterat
quod certe informationes, certi etiam processus et littere penes
dictam curiam nostram in causa predicta positi fuerant, dicto
vero processu pendente qui in casu petitorio censeri debebat,
dicti habitantes qui defensores existunt in hac causa, et cum
quibus procurator noster pro jure et interesse nostro observando
adjunctus existet, ut dicebant, dicti habitantes predictis usagio
et pasturagiis usi et gavisi fuissent ac uti et gaudere deberent
quemadmodum ante dictum processum uti consueverant.
Nichilominus Johannes du Bouchon, castri de Vienne pro dicta

comitissa castellanus, Watrinus Fusoe, Hussonus Brocuria et
nonnulli alii eorum complices, gentes et officiarii comitisse et
ducis predictorum, circa festum Nativitatis Domini novissime
transactum, Johannem Pinchot et Benninum Beaujen, dicte ville
de Florans habitatores, in dictis boscis seu nemoribus, ut eisdem,
prout antea fecerant, uterentur existentes cum suis securibus et
aliis suis instrumentis circa hec necessariis ceperant, ipsosque
violenter velut prisionarios ad dictum castrum de Vienne, quod
dicta comitissa in imperio et extra regnum nostrum situari
pretendit, duxerant, ac ipsos ibidem per decem dies vel circiter
mancipatos detinuerant, absque eo quod. ad mandatum seu pre-
ceptum baillivi nostri Vitriaci, prenominati officiarii dicte comitisse dictos mancipatos deliberare vellent et ipsos usque ad festum Pasche tunc proxime futurum duntaxat obligaverant, hoc
tamen mediante quod dicti mancipati ad dictam diem Pasche
in predictum castrum de Vienne reverterentur et eorum quilibet
sexaginta solidos solveret, pro emenda que facte fuerant, contra
dictum processum attemptando et alias multipliciter contra nos
delinquendo, ac in ipsorum habitantium prejudicium non
modicum et gravamen, ut dicebant, et ob hoc a nobis certas
litteras obtinuerant, quarum virtute dicta comitissa, necnon
dicti du Busson, Watrinus et Hussonus, de premissis reperti
culpabiles, fuerant ad certum diem lapsum in dicta curia
adjornati, procuratori nostro generali et dictis habitantibus
prout quemlibet eorum tangere poterat de et super premissis
responsuri, ac ulterius processuri et facturi quod esset rationis,
prout hec et alia ex tenore dictarum litterarum nostra[rum]
et relatione dicti servientis dicebantur lacius apparere. Et quia
dicti du Bousson, Waterinus et Hussonus non comparuerant,
nec alius pro eisdem, ob hoc positi fuerunt in deffectu.

Constitutis igitur in eadem curia nostra dictis habitantibus
et procuratore nostro, prout quemlibet eorum tangere poterat,
ex una parte, et dicta comitissa ex altera, dicti procurator noster et habitantes, prout quemlibet tangere poterat, contra dictam comitissam concludebant et requirebant quatinus dicta
comitissa compelleretur, aut saltem condempnaretur et compelleretur ad adnullandum seu adnullari faciendum processum in
sua curia contra dictum Johannem Pinchot et Benninum Beaujen factum, ad reddendum etiam et restituendum eisdem Pin-

chot et Bennino bona sua per gentes et officiarios dicte comitisse
capta, et ad dimittendum seu permittendum dictos habitantes
uti et gaudere usagiis et pasturagiis predictis, amoto abinde
impedimento per dictam comitissam ac ejus gentes vel officiarios in premissis apposito, ut in casu dilationis quod dicti
habitantes statum dictorum usagiorum et pasturagiorum
habuerint, lite presenti durante, et quod dicta comitissa in
dampno interesse et expensis dictorum habitantium condempnaretur.

Pro parte vero dicte comitisse propositum extitit ex adverso
quod ipsa plures terras et castra in regno nostro et extra possi-
debat et habebat, et presertim erat domina castrorum de Claromonte in Argona et de Vienne, quod quidem castrum de Vienna
dicta comitissa ab imperatore tenebat in feudum et sibi fidem
ac homagium prestiterat, et super hoc se dicebat habere litteras
a defuncto imperatore Frederico, sigillo aureo sigillatas ; quodque circa dictum castrum de Vienne dicti bosci seu nemora,
bos bastidas de Vienna vulgaliter nuncupati seu nuncupata,
situantur et sunt de pertinentiis dicti castri de Vienna et de
domanio comitisse predicte, in dictisque « Batis » predicta comitissa omnimodam jurisdictionem habebat ac ipsos bastidos
libere tenebat, absque eo quod dicti habitantes de Florans usagia
vel pasturagia haberent in eisdem ; in dictis etiam bastidis
nunquam habueramus vel habebamus gruerium, sed dicte comitisse in eisdem habere gruerium et venare competebat, et de
premissis, nec non capiendi et incarcerandi ac puniendi et ad
emendam trahendi omnes et singulos nemora scindentes in eisdem, dicta comitissa fuerat et erat in possessione et saisina, ut
dicebat. Preterea dicebat quod dudum ad requestam procuratoris nostri et habitancium predictorum dicto baillivo Vittriaci
per certas litteras nostras mandatum extiterat quatinus, cum
consilio procuratoris nostri et ceterorum de consilio nostro, dictus baillivus ex parte nostra certam personam ydoneam et suf-
ficientem comitterat et deputaret cum altero consiliariorum
comitisse et ducis predictorum, quos ad hoc committerent, ad
se informandum et veritatem inquirendam de et super premissis, et quicquid super hoc reperiretur penes eamdem curiam
nostram parlamenti remitteretur, et super hoc dicta curia deter-
minaret prout esset rationis.

Quarum litterarum nostrarum virtute Johannes Phalterii, tunc dicti baillivi locum tenens, et Johannes Le Begue, predicte comitisse baillivus, certam informationem que inquestam valere debebat in hac parte fecerant, et super hiis plures testes examinaverant, contra quos dicte partes reprobationes et deinde contradictiones et salvationes contra litteras hinc inde productas tradiderant, quare dicebat dicta comitissa quod dicti habitantes et procurator noster premature agebant et non erant admittendi, et quod inquesta predicta primitus recipi et indicari debebat. Dicebat insuper quod dicti Pinchot et Beaujen in dictis boscis seu nemoribus dictis « Batis » nemora scindentes repperti, capti et incarcerati, prout eidem comitisse ac ejus gentibus et officiariis licebat, fuerant, et deinde offensam per ipsos in hac parte factam voluntarie emendaverant; et cum dicti bosci seu nemora extra regnum nostrum essent situati vel situata, dicebat quod hujusmodi debatum amicabiliter, sine strepitu et figura judicii, terminari deberet. Et si causa hujusmodi dilationem haberet, dicebat alterius quod, attentis premissis et quod dicti habitantes in alio processu erant et sunt actores, dicta curia nostra de hujusmodi causa cognoscere non debebat, quodque dicta comitissa statum habere debebat, lite presenti durante, et quod nullathenus attemptaverat in hac parte.

Ex quibus et aliis per ipsam latius propositis concludebat quatinus dicta curia de hujus [modi] causa cognitionem minime retineret, et quod ipsa comitissa congedium et expansas haberet in hac causa, jure vero super hoc primitus habito quod diceretur dictos habitantes et procuratorem nostrum premature agere, et quod ipsi non essent ad sua proposita admittendi, quodque dicta informatio, quam dicta comitissa valere dicebat inquestam, reciperetur et judicaretur, et si dicti procurator noster et habitantes essent admittendi, quod ipsi causam vel actionem non haberent faciendi suas conclusiones et demandas supradictas; et si causam vel actionem haberent, quod dicta comitissa ab eisdem absolveretur, et quod dicti habitantes in expensis hujus cause condempnarentur, lite presenti durante.

Dictis habitantibus et procuratore nostro, prout quemlibet eorum tangere poterat, inter cetera replicantibus et dicentibus quod dictum castrum de Vienna ac etiam dicti bosci seu ne-

mora dicti « Batis » erant et sunt de feudo nostro et in dicto regno
nostro situati vel situata; in dictisque boscis seu nemoribus
predicti habitantes usagia sua et pasturagia, ut premittitur,
habebant, et de hoc usi et gavisi fuerant ab antiquo; et cum
dicti habitantes essent defensores in alia causa, et cum ipsis
dictus procurator noster, qui deppunctatus litigare non con-
suevit, esset adjunctus, attenta etiam materia presenti usagiorum et pasturagiorum in qua statum habere consueverant, dicta
usagia et pasturagia requirentes, dicebant dicti procurator noster et habitantes quod ipsi habitantes statum habere debebant
hujusmodi, lite durante. Dicebant insuper quod dicta informatio, quam predicta comitissa inquestam appellabat, facta fuerat
procuratore nostro non consentiente et nobis in etate minore
constitutis, sicque recipi vel judicari quod dicta comitissa congedium et expensas per ipsum supra petitas non habere dicta-
que informatio non reciperetur, alias prout supra conclu-
dendo.

Dicta comitissa duplicante et dicente quod dicti habitantes
in primo processu erant et sunt actores, erantque dicti bosci
seu nemora dicti « Bastiz », dicte comitisse domanium, extra
regnum nostrum situati vel situata.

Et istis rationibus cum aliis per ipsum latius propositis, dicebat quod ipsa statum habere debebat et ad hoc et alias prout
supra concludebat.

Tandem, auditis partibus antedictis in omnibus que circa
premissa dicere et proponere voluerunt; visis insuper certis
litteris, actis et munimentis partium predictarum, considera-
tisque et attentis diligenter omnibus circa hec attendendis, et
que dictam curiam nostram in hac parte movere poterant et
debebant, per arrestum ejusdem curie dictum fuit quod dicti
habitantes statum dictorum pasturagiorum pro suis animalibus
et dictorum boscorum seu nemorum, ut eisdem pro usagio suo
duntaxat scindant aut scindi facere possint, habebunt, lite presenti durante, absque tamen litis prejudicio et partium predictarum, et quoad ceteras conclusiones dicta curia alias ordinabit,
ut fuerit rationis. Pronuntiatum XX* die septembri, anno Domini M°ccc° octogesimo sexto.

(Archives nationales, X¹ᴬ 33, fol. 405 v°.)

V

14 OCTOBRE 1446

ASSIGNATION FAITE PAR LE LIEUTENANT DU PRÉVÔT DE SAINTE-
MENEHOULD AU DUC DE LORRAINE ET A SES OFFICIERS, DE
COMPARAITRE AU PARLEMENT POUR RÉPONDRE DE LA VIOLA-
TION DES PRIVILÈGES DE RARÉCOURT.

Rescription d'un sergent royal touchant Rarécourt.

Donné par coppie soubz le seel et saing manuel de moy Jehan
Charlot, lieutenant du prévost de Sainte Manehoult, le quatorziesme jour du mois d'octobre l'an mil quatre cens quarante et
six, en la manière qui s'ensuit :

A mes très honorez et redoubtez seigneurs Messeigneurs les
gens qui tendront le prochain Parlement à venir du roy nostre
Sire en son palaiz à Paris, Jehan Charlot, lieutenant du prévost
de Saincte Manehoult, le tout vostre honneur, service et recré-
ance, avec toute obéissance à vos commandemens.

Mez tres honnorez et redoubtez seigneurs, plaise vous savoir
que par vertu des lettres du roy nostre Sire à moy présentées
par lez habitans et demourans en la ville de Rarécourt, appellans, impétrans desd. lettres royaulx, pour icelles mettre à exécution selon leur forme et teneur, desquelles la teneur s'ensuit :

Charles, par la grâce de Dieu roy de France, au bailli de Vittry et aux prévostz de Vittry, de Sainte Manehoult et de Passavant ou à leurs lieuxtenans salut. Receu avons l'umble supplication des manans et habitans de la ville ou village de Rarécourt,
en nostre dicte prévosté de Passavant, contenant que jà soit ce
que de toute ancienneté led. villaige de Rarécourt, qui est es ex-
tremitez de nostre royaulme et de l'Empire, à deux lieues ou

environ prés dud. Passavant, soit en nostre garde et soient les
demourans en icelui village noz francs bourgeois, et à ceste cause,
en nous payant par chacun an certaine somme de deniers pour
leur bourgoisie soient francs, quittes et exemps de tous impostz,
charges et exactions quelzconques, jà soit ce aussi que, en
payant par eulx aux religieux de Saint Venne de Verdun, seigneurs demainiers d'icelle ville, les drois de demaine qu'ilz
leur ont acoustumé de payer, ne soit licite à aucun, de quelque
estat qu'il soit, de mettre ou imposer sur iceulx supplians
aucunes charges ou sommes de deniers, soit par impost, taille
ou autre exaction, et en cas de ressort soient de nostred. prévosté de Passavant, et à cause de lad. bourgeoisie soyons tenuz,
ou nostre bailli de Vittry pour nous, de lez garder envers et
contre tous ceulx qui par force de violence indeue et oultre les
termes de raison leur vouldroient et veulent aucune chose
demander, et ainsi en ont joy et usé et esté tenuz et gardez par
lez bailliz de Vittry, qui ont esté ou temps passé, par tel et si
long temps qu'il n'est mémoire du contraire, tant à l'encontre
de nostre très cher et très aimé frère le roy de Secile duc de
Bar, comme de sez prédécesseurs ducz de Bar et autres plusieurs
grans seigneurs, des tors et griefz qu'ilz leur ont voullu faire;
néantmoins depuis nagaires le duc de Calabre, soy disant seigneur ou ayant le gouvernement de la ville de Clermont en
Argonne, *qui est hors de nostre royaume*, a puis nagaires, comme
on dit, fait mettre et asseoir certaine somme de deniers sur
lesd. supplians, par forme de taille ou impost, contre raison de
la teneur de leurs usaiges et franchises, et à ceste cause se
soient lesdiz supplians trais par devers nostre bailli de Vittry,
lequel en a rescript et envoié par devers ledict duc de Calabre
ad fin de soy cesser et depporter desd. impostz et exactions; ce
nonobstant, ung appellé Jehan Thierion, soy disant prévost de
Bar le Duc, accompaignié d'un nommé Colin d'Esrise, soy disant
sergent dud. lieu, et autres leurs complices, le IIIIe jour de ce
présent mois se transportèrent en la dicte ville de Rarécourt, et
illec de leur vonlenté indeue prindrent deux chevaulx, l'un appartenant à Jehan de Cuillery et l'autre à Perignon Haymart, qu'ils
emmenèrent aud. lieu de Clermont en Argonne, *hors de nostre
royaume*, et illec les vendirent sans garder quelque sollempnité
de justice, et, non comptens de ce, le dict jour mesme, icelui Colin

d'Esrise, Jehan d'Aspremont, Jehan Marchant, Jehan Thiebault, Jehannin Poise, eulx disans sergens dud. lieu de Clermont, vinrent audict village de Rarécourt, et illec, comme gens de guerre, par force et manière d'ostilité, commencèrent à prendre le bestail et autres biens qu'ilz trouvèrent par ledict village, et battre et frapper aucuns bons hommes et femmes qu'ilz y trouvèrent, lesquelz, véant l'oultraige et excès, leur remonstrèrent qu'ilz faisoient mal, en leur requérant que se voulsissent cesser et déporter, mais ilz n'en tindrent compte, et pour ce lesd. supplians ou aucun d'eulx pour eulx, dont ilz ont eu et ont le fait pour agréable, eussent lesd. exploix, prise de biens et autres tors, griefz, refus et denée de droit, à déclairer plus applain en temps et en lieu, appellé à nous ou à nostre court de parlement d'iceulx sergens et prévost et de leur puissance et commission, s'aucune en avoient, comme de nulle, nul ou nulz, et s'aucune, aucun ou aucuns estoient comme de faulx ou mauvais, torçonniers et desraisonnables. Nous vous mandons et commettons par ces présentes, et à chacun de vous sur ce requis, que lesd. prévost de Bar et sergens de Clermont, et autres qui seront à adjourner, vous adjournez ou faites adjourner en cause d'appel à estre et comparroir en nostred. court à certain et compettant jour ordinaire ou extraordinaire de nostre prochain Parlement à venir, non obstant que par adventure lez parties ne soient pas dez jours dont l'en plaidera lors, pour venir soustenir et deffendre les exécution, prise de biens et autres exploiz, tors et griefz dessus dis; iceulx veoir corriger et réparer, annuller et mettre au néant, se par raison y doivent estre mis, et pour procéder et aler avant en oultre selon raison; et intimez ou faictes intimer et savoir à parties adverses qu'elles soient ausd. jour et lieu nonobstant comme dessus, s'elles cuident que bon soit et que lad. cause d'appel leur touche ou appartiengne en aucune manière, en faisant ou faisant faire inhibicions et deffenses de par nous, sur bien grosses peines à nous à appliquer, aud. duc de Calabre, prévost, sergens, parties adverses et à tous autres qu'ilz appartendra, et dont requis serés, que pendant lad. cause d'appel ilz ne attemptent ou innovent, ne facent ou sueffrent aucune chose estre faicte, attemptée ou innovée en aucune manière contre ne ou préjudice desd. appellations et appellans, ainçois tout ce que fait, attempté ou innové auroit esté ou seroit au contraire, le réparent et mettent, ou le faittes réparer et mettre au premier estat et deu.

Et pour ce que depuis led. appel, en comptent et hayne d'icelui, et en attemptant folement et temerement et contempnant nous et nostred. court, le landemain dudict appel, au point du jour, un nommé Olivier de Rececourt, soy disant lieutenant du bailly de Clermont, Nicolas le Maignien, clerc dudict bailliage, les cinq sergens dessus nommez et plusieurs autres, tant à pié que à cheval, jusques au nombre de quatre vins à cent personnes, armez et embastonnez, vindrent aud. lieu de Rarécourt, et illec par manière d'ostilité et de guerre firent grans crix et clameurs, et de fait et par force et violence publique rumpirent portes et fenestres de maisons, prindrent les corps desdictz suppliants, leur bestail et biens, et les emmenèrent vilainement et tous prisonniers audict lieu de Clermont, où ils les détiennent en prison fermée et en grant misère et nécessité, sans les avoir voulu ne vouloir délivrer, qui sont choses de grant entreprise et esclandre contre nostre auctorité royal et de nostre dicte cour de Parlement, en commettant port d'armes, force de violence publique, roberie, prise de corps et biens desdicts suppliants par dessus ledict appel, et en les transportant audict lieu de Clermont hors de nostre dict royaume, qui sont grands excez et entreprises contre nous et nostre auctorité royal, et ou grant préjudice et dommage desdicts appellans qui sur ce nous ont requis nostre provision. Pour quoy nous, ces choses considérées que ne voulons telles entreprises sur et contre nous et nos subjects, faictes à force et port d'armes, tolérer ne souffrir, mais voulons bonne justice et réparation en estre faicte à l'exemple de tous, vous mandons et commettons par ces présentes, et à chacun de vous sur ce requis, que de et sur lesdictz attemptatz, entreprises, excez, force et violence publicques et autres choses dessusdictes, leurs circonstances et dépendances, vous vous informez bien, diligemment et secrètement. Et se par ladicte information ou autrement deuement il vous apert ou de tant que suffire doye, et que lesdictz habitants aient esté ainsi emmenez et soient détenus prisonniers par la manière susdicte, et pour ledict impost, qui est cas civil, leur pourveez de telle provision que verrez au cas appartenir, en contraignant lesdictz officiers de Clermont

et autres qu'il appartiendra à les vous bailler, rendre et restituer avec leurs dictz biens par toutes voyes convenables et à
vous possibles, et en mettant et levant tous leurs biens et héritages qu'ilz ont en nostre royaume en nostre main, et soubs
icelle les exploictant à nostre profit tellement et jusques à ce
qu'ils ayent obéy; et avec ce adjournez ou faites adjourner lesdictz facteurs et délinquants des entreprises et choses dessus
dictes, c'est à sçavoir jusques au nombre de cent des plus
coulpables, à comparoir en personne, et les autres simplement,
audict jour et lieu, ou à autre certain et compétant, en nostre
dicte court nonobstant comme dessus, pour respondre à nostre
procureur général, à tels fins qu'il voudra eslire, et auxdicts appellans à fin civil seulement, sur lesdictz attemptats, entreprises, force et violence publique, et autres choses dessusdictes, leurs
circonstances et dépendances, procéder et aller avant en outre
selon raison. Et pour ce que lesdictz officiers, délinquants, parties adverses, sont et se tiennent audict Clermont et ailleurs,
hors de nostredict royaume, où ils ne pourroient bonnement
estre appréhandez, nous voulons et auxdicts suppliants avons
octroyé et octroyons que tous les adjournements, intimations,
commandements, significations et autres exploicts qui sont et
seront nécessaires d'estre faiz en ceste partie et matière et ez
dépendances soient fais aux personnes des dictes parties, officiers et délinquants, se trouvez et appréhandez peuvent estre en
nostre royaume, en lieu de seur accez, ou en leurs hostelz ou
domiciles, s'aucuns en ont en nostredict royaume, en lieu du
dict seur accez, et si non audict lieu de Rarécourt, où lesdictes
entreprises et violences ont esté faictes, et en la plus prochaine
ville de seur accez, estant en nostre dict royaume, de ladicte ville
de Clermont, à haulte voix et à la porte de l'église parrochial
d'icelle, à jours de feste et à yssue de grant messe. Et lesquels
adjournements, intimations, commandements, inhibitions,
deffenses, signiffications et autres exploicts qui ainsi seront
faicts comme dict est, nous voulons valoir et sortir effect, et
par vertu d'iceux estre procédé tout ainsi et par la forme et
manière que se fais avoient esté ou estoient aux personnes desdicts officiers et délinquantz. En certiffiant sur tous souffisamment audict jour ou jours noz amez et féaulx conseillers les
gens qui tendront nostre prouchain Parlement à venir, et en

leur renvoyant ladicte information préalablement close et seellée, auxquels nous mandons que aux parties, icelles oyes, facent
bon et brief droict et acomplissement de justice. Car ainsi le
voulons et nous plaist estre faict par ces présentes, nonobstant
usage ou rigueur de justice et lettres subreptices à ce contraires.
Mandons aussi et commandons à tous noz justiciers, officiers et
subjectz que à vous et chacun de vous et à voz commis et deputez
en ce faisant obéissent et entendent diligemment, et vous
prestent et donnent conseil, confort et ayde, si besoing en avez
et vous les en requerez. Donné à Paris le xxiie jour de septembre l'an de grace mil quatre cents quarante six, et de nostre
règne le xxiiiie, ainsi soubsescript : Par le conseil lay, et signées :
Valangelier.

(Suit le procès-verbal de l'assignation faite par ledit Charlot,
en vertu desdites lettres royaux, en la ville de Lavoye, qui
est la ville du royaume plus prochaine de la dicte ville de Clermont-en-Argonne, et en la ville de Rarécourt, à l'issue de la
grandmesse. Après avoir relaté le nom des personnes assignées
et le but de l'ajournement, il ajoute :)

Et autrement n'y a peu avoir esté pourveu par moy, pour ce
que lesdictz adjournez sont demeurans hors dudict royaume et
qu'ils n'ont en icelluy aucuns héritages ne biens meubles dont
j'ay pu avoir la congnoissance ; lesquels exploits, adjournements, intimations et commandements furent par moy fais en
ladicte ville de Rarécourt, et à ce faire estoit présent ledict Nicolas Maignen, lequel je adjournay à sa personne.

Item et afin que lesdictz seigneurs et autres adjournez par la
manière que dict est ne peussent de ce prétendre cause
d'ignorance, je, ledict neufviesme jour d'octobre, me transportay
en ladicte ville de Clermont par devers un nommé Lemaljehan,
prévost d'illec.

Et le quatorziesme d'icelluy mois d'octobre, en ladicte ville de
Bar le Duc, par devers noble homme Louis de Florainville,
bailly dudict Bar, François de Revigny, son lieutenant, le procureur et autres plusieurs officiers d'illec, auxquelz je requis, de
par le roy nostre sire, qu'il leur pleust lesdictz adjournementz
et autres exploicts dessusdicts par moy estre fais ez dictes villes.
Par lequel prevost de Clermont me fut dit et respondu que
ladicte ville estoit hors de ce royaume, assise en l'Empire, et

qu'en icelle n'oseroit souffrir iceux exploicts y estre fais ; et par lesdictz bailly et autres officiers dudict Bar, après ce qu'ils orent veues et visitées lesdictes lettres royaulx, me fut respondu que je fisse les adjournements et autres exploictz en ladite ville selon le contenu ez dictes lettres royaulx, au regart et en tant qu'il touchoit lesdicts seigneurs et autres demourans audict bailliage de Bar.

Et pour ce, après la lecture des dictes lettres royaulx par moy faicte tout haut en la présence et aux personnes des dicts officiers, adjournay audict jour et lieu lesdicts seigneurs roy de Sicile et Monsieur le duc de Calabre, et lesdictz Jehan Thierion et Colin de Suse en leurs hostelz et domiciles, aux personnes de leurs femmes, familles et maignies. Auxquels seigneurs roy de Sicile et Monsieur le duc de Calabre et lesdictz Jehan Thierion et Colin de Suse je feis les intimations, inhibitions, deffenses et commandementz ainsi et par la forme et manière que fais les avoye ez dictes villes de La Voix et Rarécourt et que cy dessus est dict, et tout selon le contenu ez dictes lettres royaulx.

Et tout ce, mes très honnorez et redoubtez seigneurs, vous certiffie je par ceste moye présente rescription, seellée de mon seel et signée de mon seing manuel, estre vray et ainsi par moy avoir esté en la présence desdicts sergens et jurez, les jours et an dessus dicts.

Ainsi signé : J. Charlot. Donné comme dessus, signé : J. Charlot et seellé.

> (*Musée Condé*, à Chantilly, E 5, n° 8. — Une copie de cet
> acte se trouve dans les manuscrits Séguier. *Bibl. nat.*, ms.
> fr. 18863, fol. 53.)

VI

26 JANVIER 1512 (n. st.)

ATTESTATION PORTÉE DEVANT LA PRÉVÔTÉ DE SAINTE-MENEHOULD PAR DIFFÉRENTS HABITANTS DU CLERMONTOIS, RELATIVEMENT AUX DROITS DU DUC DE BAR SUR LE BAILLIAGE DE CLERMONT ET AUX PLAIDS INTERNATIONAUX DITS « JOURNÉES D'ESTAULX OU DE MARCHE ».

A tous ceulx qui ces présentes lettres verront et orront, Jehan Hebert, escuyer, garde de par le roy nostre sire des seaux de la prévosté de Saincte Manehoult, salut. Sçavoir faisons que le vingt sixiesme jour du mois de janvier l'an mil cinq cens unze, pardevant Jehan Lietard et Jean Julpin, jurez d'iceluy seigneur en ladite prevosté et proprement establis à ce faire, comparurent en leurs personnes discrette personne messire Jaques Gilles, prestre, curé de Barecourt, aagé de cinquante trois ans ou environ ; messire Pierre Deulx, aussi prestre, curé de Vraincourt, aagé de soixante et quatre ans ou environ ; noble homme Regnaut de Charisy, escuyer, seigneur en partye dudict lieu, aagé de quarante ans ou environ ; Nicolas de Jaitly, aussi escuyer, seigneur en partye d'Aisne, aagé de 25 ans ou environ ; Didier de Grievrere, aussi escuyer, clerc juré de Charny, eveschée de Verdun, aagé de cinquante deux ans ou environ ; Jehan Villon, aussi escuyer, seigneur en partie de la Petite Soubaisme, aagé de trente ans ou environ ; Milles de Loustre, aussi escuyer, seigneur en partye dudict lieu, aagé de quarante ans ou environ ; François de Loustre, aussi escuyer, demourant à Gibecourt, aagé de cinquante six ans ou environ ; noble homme Wauchier Gervaise, clerc juré de Varenne, aagé de cinquante ans ou environ ; Warin Estienne, lieutenant du gruyer dudict lieu, demourant illec, aagé de soixante deux ans ou environ ; Nicolas Oury, escuyer, demourant à Domballe, aagé de quarante huict ans ou environ ; Jehan Nicolas, maieur de Clermont, aagé de soixante ans ou environ ; Collin Fourault, laboureur, aagé de soixante et huict ans ou environ ; Louis Ysart, aussi laboureur, aagé de cinquante deux ans ou environ, demeurans à Aubreyville ; Jaquemin Fourault, procureur de messieurs les Vénérables de Chappitre de Verdun, aagé de trente ans ou environ ; Pierre Douyn, maieur, aagé de cinquante huict ans ou environ, demeurant à Nevilly ; Pierre Wiart, sergent ou bailliage de Clermont, aagé de soixante et unze ans ou environ ; Pierre Pasquier, marchand, aagé de soixante ans ou environ ; Jehan Willans, laboureur, aagé de soixante dix huict ans ou environ ; Symon de Blerecourt, aagé de soixante dix ans ou environ, demourant audict Clermont ; Alardin Lerminat, laboureur, aagé de cinquante ans ou environ, demourant à Nesteville ; Didier de Sainct Venne, sergent en la prévosté de Charny, aagé de cinquante ans ou environ, hommes de corps de révérend pere en Dieu monsieur l'evesque et comte de Verdun ; Didier Baguet, laboureur, aagé de soixante ans ou environ ; Collesson Baguet, aussi laboureur, aagé de quarante ans ou environ, demourant à Rarécourt ; Jehan Pierron, mayeur d'Auseville, aagé de soixante dix ans ou environ ; Jehan Bosnet, laboureur, demeurant audict Auseville, aagé de cinquante ans ou environ ; Jehan Aubert, laboureur, aagé de soixante huict ans ou environ ; Mengin Robert, aussi laboureur, aagé de cinquante six ans ou environ, demourant à Rempont ; Jean Jannin, laboureur, aagé de cinquante ans ou environ ; Jehan Le Naerat, aussi laboureur, aagé de soixante quatre ans ou environ ; Toussains Perignon, aussi laboureur, aagé de soixante ans ou environ ; Collin Le Naerat, aussi laboureur, aagé de cinquante ans ou environ, demourans audict Domballe ; Jacquemin de La Vallée, escuyer, aagé de quatre vingts ans ou environ ; Jehan Caillon, notaire tabellion, aagé de cinquante ans ou environ ; Claude Caillon, marchand, aagé de quatre vingts ans ou environ ; Symonnet Caillon, cordonnier, aagé de quarante cinq ans ou environ ; Pernet Bernard, sergent, aagé de quarante ans ou environ, et Fransquin de La Canne, marchand, aagé de cinquante ans ou environ, demourans audict Clermont ; Beuvelet Dumont, laboureur, aagé de cinquante cinq ans ou environ ;

Jaquemin Husson, maieur de Ville sur Cousance, aagé de trente
cinq ans ou environ ; Jean Willaume, laboureur, aagé de quarante huict ans ou environ ; Willaume Pierson, aussi laboureur,
aagé de trente sept ans ou environ ; Willaume Charlemaigne,
aussi laboureur, aagé de soixante ans ou environ ; Colas Le
Loyeux, laboureur, aagé de quarante ans ou environ ; George Bertrand, drapier, aagé de trente ans ou environ, demourant audict
Ville sur Cousance ; Didier le Ronyet, laboureur, aagé de cinquante ans ou environ ; Guillaume du Mont, vigneron, aagé de
trente cinq ans ou environ, demourans audict Gibecourt, et
Humbert Charlemaigne, aagé de cinquante cinq ans ou environ,
demourant audict Rempont ; lesquels concordemment ensemble
ont dict, attesté, certeflié et pour vérité affermé en leurs loyaul-
tés et consciences, que hault et puissant seigneur monseigneur
le duc de Bar est seigneur souverain seul et pour le tout du
bailliage dudict Clermont en Argonne, sans que d'iceluy il soit
tenu en recongnoistre aucun supérieur ; sur les demourans
auquel bailliage il a tous droicts de régalles, comme d'imposer
aydes extraordinaires et gabelles, donner cours de sel et des
monnoyes, les augmenter et diminuer, droict de faire et forger
monnoye, bailler graces et rémissions, amortissemens, anoblissemens, donner reliefs et saufconduicts, et généralement de
faire et exploicter tous droicts concernans droicts de regales et
souveraineté toutes fois que bon luy semble ; et en est ledict
seigneur duc de Bar en bonne et deue possession, tant par luy
que par ses prédécesseurs, ducs de Bar, mesmes par temps
immémorial.

Dient encores les dicts attestans que le bailliage de Clermont
est circuit et environné des prévostez de Saincte Manehoust,
Passavant et la terre de Beaulieu, d'une part, des duchez de
Luxembourg, la comté de Verdun appartenant à révérend père
en Dieu monsieur l'evesque de Verdun, dont il est souverain,
les terres et seigneuries de Chapitre de l'église cathédralle dudict Verdun divisées de celle dudict révérend père et dont ils
sont souverains, d'aultre part.

Dient oultre lesdicts attestans que l'usaige et observance est
telle gardée et par temps immémorial que, quand l'un des seigneurs des seigneuries cy devant nommées ou ses officiers font
aucunes entreprises sur les subjects des autres seigneuries,

comme de prendre ou arrester corps humains, bestes ou autres choses mobiliaires et immobiliaires, et iceux transporter hors de leurs dictes juridictions et souverainetez, les seigneurs ou seigneur de tels corps ou choses arrestées et transportées, font requeste par escript au seigneur ou officiers détempteurs d'icelles choses arrestées et transportées, et après trois requestes et responses sur icelles faictes, si tant estoit et il advenoit que lesdictes choses ainsi arrestées et transportées ne fussent rendues à caution et sur les armes et verge du sergent, faisant et portant lesdictes requestes, en venant à journée à lieu neutre, qui est vulgairement appelée JOURNÉE D'ESTAULX et de MARCHE, *alias* dicte REPRESSAILLES, les seigneurs ou seigneur ainsi despouillé faire (*sic*) et peult contregagier ; et ce fait, on a accoustumé rendre les gaiges et contregaiges en les ramenant, par ledict sergent, caution à la journée acceptée entre lesdicts seigneurs ou leurs officiers, et en sont plusieurs cas advenus et adviennent de jour en jour, tant sur le royaume et enclave audict bailliage de Clermont que sur lesdits autres seigneurs.

Dient de rechef et d'abondant lesdicts messire Gilles, messire Pierre Deulx, Milles de Loustre, François de Loustre, Jehan Pillon, Jacquemin de La Vallée, Pierre Pasquier, Jean Aubert, Mengin Robert, Claude Caillon, Jean Caillon, Simonnet Caillon, Pernet Bernard, Fransquin de La Canne, Beuvelet du Mont, Jaquemin Husson, Jehan Willaume, Willaume Pierson, Willaume Charlemaigne, Colas Le Loyeux, George Bertrand, drappier, Didier le Rouyet, Guillaume du Mont, que au lieu de Ville sur Cousance y a une ancienne seigneurie appellée de tout temps passé la Vicomté, en laquelle y a encores de présent une place où soulloit avoir une forte maison, fossillée et close d'eau, comme elle démonstre par le siège et lesdicts fossez ; aussi y a une autre place et siège de moulin en la rivière et une place de four à icelle ville, ensemble un beau bois ou finaige d'icelle et plusieurs belles rentes et revenues, tant en chappons, poulles, cire, que deniers, avec une grande quantité de pretz et terres arrables et non arrables, appartenant icelle seigneurie de la Vicomté à Nicolas de Barécourt, Jacquemin Gabe, escuyers, et aultres leurs consors, et le tout tenu en fief de mondict seigneur le duc de Bar à cause de ses chastel et chastellenie dudict Clermont ; lesquels seigneurs d'icelle Vicomté ont droict, et de ce

sont en usaige, de tenir une fois l'an leurs plais bannaux audict
Ville sur Cousance. Ausquels plais bannaulx les demourans en
icelle et tous aultres fourains qui y ont maisons et héritages,
soient à mondict seigneur le duc de Bar, au trésorier de Beaulieu ou autres, sont tenus comparoir, sur peue de cinq sols à
applicquer aux seigneurs de la Vicomté. Et sur les deffaillans ou
empeschans les chemins par toute ladicte ville de Ville sur
Cousance, et il est apparu, ont ce droict de prendre leurs huys
et mettre hors les gons et laisser sur lesdicts chemins, par leur
sergent qu'ils ont audict lieu. Lesquels huis ainsi prins et des-
pendus iceulx deffaillans ou empeschans chemins ne peullent
rellever ou faire relever, sur peyne de soixante sols à applicquer
audict seigneur le duc de Bar et non à aultre. Et de ce en sont
en bonne possession et si en ont plusieurs cas et exploicts advenus du passé. Et si dient encores lesdicts attestans que audict
Ville sur Cousance ledict seigneur duc de Bar a plusieurs
hommes et femmes ses subjects et hommes de corps, lesquels
payent audict seigneur duc ou à son receveur dudict Clermont,
chascun an, toutes leurs droictures, ensemble toutes aydes ordi-
naires et extraordinaires et impositions, et non à aultres. Et si
usent les demourans en icelle de sel des salines dudict seigneur
le duc et non d'aultres sels gabelez. Et si a son maieur audict
Ville sur Cousance, par devant lequel lesdicts hommes et subjects sont distrigibles, ressortissables et justiciables en première
instance et cas civils et criminels, et non devant aultre, et de
là par appel et reformation en seconde instance par devant son
bailly dudict Clermont, et dudict bailly pour la dernière fois par
appel à ses haults jours à Sainct Mihel, qui est court souveraine
et où toutes causes venans de son dict duchié de Bar sont ter-
minées, sopies et arrestées par ses arrests, sans pouvoir de là
aultre part appeller.

Dient oultre plus lesdicts Jacquemin Husson, maieur du dict
Ville sur Cousance, Beufvelet du Mont, Jean Willaume, Willaume Charlemaigne, Colas le Loyeux et George Bertrand,
qu'ils ont tout leur temps demeuré audict Ville sur Cousance
et demeurent encores de présent, et que Marguerite Cavey dict
Regnault, à l'heure de sa prinse elle estoit demourante audict
Ville sur Cousance, femme et subjecte dudict seigneur duc
de Bar et non d'aultre, à luy payable de ses droictures et rede-

vances, ressortissable et justiciable en tous cas civils et criminels par devant le maieur que le dict seigneur duc a audict lieu
et non par devant aultres; laquelle Marguerite, peult avoir deux
ans, fut prise par les officiers du trésorier dudict Beaulieu, et
icelle bientost après fut requestée par les officiers du dict Clermont et à eulx rendue par les officiers dudict trésorier et procureur dudict Beaulieu. Néantmoins derechef l'an présent cinq
cents et unze lesdicts procureur et officiers du trésorier dudict
Beaulieu nuictamment ont reprins et transporté ladicte Marguerite, dudict Ville sur Cousance ez prisons dudict Beaulieu, ouquel
lieu la détiennent encores de présent, contre les requestes pour
elle faictes par lesdicts officiers dudict Clermont et contre
l'usaige desdictes terres et seigneuries en souveraineté en tels
cas accoustumez, selon lesquels et à l'occasion du reffuz faict
de rendre ladicte Marguerite, lesdicts officiers dudict Clermont
ont contregaigié et prins un nommé Didier Robert, dudict Ville
sur Cousance, homme dudict trésorier, et mené audict Clermont
où il est encores de présent, nonobstant qu'ils ayent toujours
offert le rendre audict trésorier et officiers dudict Beaulieu,
en rendant ladicte Marguerite et venant à jour de marche et en
lieu neutre, comme en tel cas. De quoy faire ont toujours ledict
trésorier et officiers dudict Beaulieu esté reffusans. Et si dient
encores lesdicts Jaquemin Husson et Pernet Bernard particulièrement qu'ils ont porté les requestes à eulx baillées par les
officiers dudict Clermont et icelles présentées audict trésorier
et officiers dudict Beaulieu pour ravoir ladicte Marguerite, de
quoy faire ont esté reffusans. Dont et desquelles choses honneste
homme M⁸ Andrien Chabrault, bachelier en chacun droict, procureur général dudict seigneur duc en son dict bailliage de
Clermont, nous en a requis avoir lettres d'attestation, que luy
avons octroyé en cette forme pour servir et valoir audict seigneur
en temps et lieu, ainsi que raison donra. En tesmoing de ce,
nous garde dessusnommé, au rapport et relation desdicts jurez
et par leurs sceaux seings manuels mis et pendans à ces présentes lettres, icelles avons seellées des seel et contreseel de
ladicte prévosté, sauf tous droicts. Ce fut faict les jours et
an dessus dicts. JULFIX et LIÉTART. Ainsi signé, avec apparence
d'avoir esté seellé sur double queue de parchemin.

(*Bibl. nat.*, fonds français, n° 18863, fol. 61.)

VII

13 DÉCEMBRE 1513

PLAIDOIRIE DE L'AVOCAT GÉNÉRAL DU ROI, DANS UN PROCÈS PORTÉ
AU PARLEMENT SUR LA JURIDICTION DE L'ABBAYE DE BEAULIEU,
OÙ CLERMONT EST DIT « HORS LE ROYAUME ».

Mardi xiiie jour de décembre l'an mil v^e xiii.

Entre le procureur général du roy, appellant des officiers du
duc de Lorraine et de Bar, au lieu de Clermont en Argonne,
d'une part, et Claude de La Vallée, prévost dudict Clermont, Jehan
du Donjon, son lieutenant, Andrien Chambrault, procureur,
Roiger Errard, substitud, Estienne Pintolle et Thibault Ravigny,
sergens, tous officiers dudict duc de Lorraine et de Bar audict
lieu de Clermont en Argonne, adjournez et instituez, d'autre.

Barme, pour le procureur général du roy appellant, dit qu'il
est ycy question d'une grant emprinse faicte par les officiers du
duc de Bar sur l'auctorité du roy, touchant la seigneurie de
Beaulieu qui notoirement compette aux religieux soubz le ressort
du bailly de Vermendois, car lesdictz officiers ont usé de marque
et représailles sur les subgectz desdictz religieux et du roy.

Pour venir à la matière, dit que la terre de Beaulieu et ledict
monastère est de fondacion royal, en la garde du roy, subgectz
par appel et reformation du bailly de Vermendois et de la céans.
Mais ce n'est de luy, *ymo* y a plus de vi^{xx} ans, que le duc de Bar
s'est efforcé tirer à soy et à sa juridiction ladicte terre de
Beaulieu et subgectz d'icelle, ensemble de dix ou xii villages
appartenans ausdicts religieux soubz le ressort de céans, tellement que, dès l'an mil iii^c un, le duc de Bar qui lors estoit print
infiniz pouvres gens desdictz xii villaiges, s'efforçant à relever
leurs appellacions par devant ses officiers à Clermont de
Argonne, hors le royaume, mais *tandem* toutes lesdictes entre-

prinses sont réparées de réparation condigne, car ledict duc de
Bar fut contrainct à bailler au roy recongnoissance de la plus
grant partie de son duché de Bar, qu'il recongnust tenir du roy
en foy et hommaige, ressort et souvrainté du roy, et si fut dit
que pour lesdictz excès ledict duc de Bar, par certain temps,
seroit confiné *in regno Cypri et usque ad beneplacitum regis Phi-
lippi*, et offrit ledict duc x^m francs ou autre somme, *judicio cer-
torum virorum* nommez en ladicte recongnoissance, pour la
récompense des intérestz desdictz subgects, et en ladicte recongnoissance est entre autres villaiges nommé la Ville Soubz Cousouance, dont est de présent question.

Depuis ledict temps et paravant le roy a joy *inconcusse* desdictz
droiz, et en Champaigne, ou bailliage de Victry, il a droit de
jurie et bourgeoisie, qui est que le roy prent sur ses bourgeois
et audict villaige de Ville Soubz Couzouance ledict droit de
bourgeoisie et la taille, ainsi qu'il monstrera par les extraictz
des comptes; lesdict bourgeois du roy sont tenuz prendre sel à
son grenier et luy payer la taille.

Or, pour venir au cas particulier, dit que puis certain temps
une femme pouvre qui a commis quelque crime en la juridiction desdictz religieux à Ville Soubz Cousouance, pour raison
d'icelluy crime a esté par les officiers desdictz religieux consti-
tuë prisonnière, et, son procès fait, a esté bannie de ladicte
terre, dont elle n'a appellé. Aussi l'appel viendroit devant le
bailly de Vermendois et de là céans. Or, combien que ledict duc
de Bar ne ses officiers n'y eussent que veoir, ne que congnoistre,
ne aucune juridiction ne superiorité, néantmoins lesdictz officiers
de Bar à Clermont viennent rappeller ladicte femme et la
remectent en sa maison oudict villoige de Ville Soubz Couzouance, et contraignent les subgectz dudict lieu de la souffrir,
nonobstant ledict ban. Et par ce que les officiers desdictz religieux
ne la veullent souffrir, les officiers de Clermont prenent prisonnier un nommé Robert et le menent audict Clermont hors le
royaume, où il est détenu par longtemps. Volans *captata occa-
sione* d'entreprendre sur la juridiction du roy et acquérir acte
de juridiction es terres desdictz religieux de Beaulieu estans en
ce ressort, ilz viennent constituer prisonnier ung nommé Colin
Maignen, estant audict lieu de Ville Soubz Cousouance, et
l'emmenent audict Clermont de Argonne hors le royaume. Des-

quelz emprisonnemens et entreprinses le procureur général du roy *quam primum* il en est adverty, il en appelle, a relevé et fait intimer tous les officiers dudict duc de Bar à Clermont. Et pour ce conclut pertinent à ce qu'il soit dit qu'il a esté mal et abusivement fait et procédé et entreprins par lesdictz officiers de Clermont, et bien appellé par ledict appellant, et oultre que la Cour voye les informacions sur ce faictes et qu'elle luy pourvoye d'adjournement personnel contre lesdictz officiers de Clermont, que ledict duc de Bar advoue ou desadvoue ses dicts officiers, car s'il les advoue, il prendra contre luy conclusions à ce qu'il soit condamné en L^M livres d'amende, et que tout ce qu'il tient en ce royaume soit saisy et mis à la main du roy.

Baudry, pour Chamberault intimé, dit qu'il n'a veu les exploicz de partie, requiert les veoir, et quant audict duc de Bar il n'est partie ne adjourné céans.

La Court a ordonné et ordonne que le procureur général du roy aura commission d'elle pour faire céans adjourner le duc de Lorraine et de Bar, pour venir advouer ou desadvouer ses officiers à Clermont en Argonne, à certain jour auquel ledict Chamberault viendra défendre aux causes d'appel dudict appellant.

(*Arch. nat.*, X^{1a} 4856, fol. 91).

VIII

30 AVRIL 1515

PROVISIONS DE L'OFFICE DE PRÉVÔT DE CLERMONT
POUR CLAUDE DE LA VALLÉE.

Anthoine, etc. A tous, etc., salut. Commè les offices de prévost, receveur et gruier de nostre ville de Clermont seroient à présent vaccans par le décez et trespas de feu Jehan de Faulx, en son vivant dernier détenteur desd. offices, esquelz nous soit de besoing présentement y pourveoir de personne ydoine et souffisante, savoir faisons que nous par expérience congnoissant les sens, discretion, prudence, loyaulté, preudommie et bonne dilligence estans en la personne de nostre cher et bien amé Claude de La Vallée, demourant audict Clermont; ayant meism[ement] regart et bonne considération à ce que depuis quatre ans ençà il a esté par nous commis à l'exerçitte desd. offices soubz led. feu Jehan de Faulx, qui n'y povoit aucunement vacquer à cause de la débilité de sa personne, lequel Claude s'en est très bien acquitté à nostre profflet et à son honneur et descharge; avecques ce, que sommes informez que ledict Claude est bien recrant audict Clermont et aussi entendu et congnoissant à l'exercice desd. offices, lui avons, pour ces causes et autres bien justes et raisonnables à ce nous mouvans, de nostre certainne science et grace especiale, donné et octroyé et [par] la teneur de ces présentes donnons et ottroyons lesd. offices de prévost, receveur et gruier dud. Clermont ainsi vaccans que dit est, pour doresnavant les avoir, porter et exercer bonnement, deuement et dilligemment, aux gages, droicz, proffiz, esmolumens, prééminences, prérogatives, franchises et libertez y appartenans et accoustumez, tout ainsi et par la forme et manière que les soulloit avoir et tenir led. feu Jehan de Faulx et aultres

ses prédécesseurs prévosts, receveurs et gruiers dud. Clermont,
tant et si longuement qu'il nous plaira.

Sy donnons en mandement à noz très chers et féaulx conseillers président et gens de nostre chambre des comptes estant a
Bar que, prins et receu dudict Claude de La Vallée le serment
pour ce deu et requiz, avec caution, ilz le mectent et instituent
en possession et saisine desd. offices de prévost, receveur et
gruier dud. Clermont et d'iceulx, ensemble desd. gages, droiz,
proffitz, esmolumens, prééminences, prérogatives, franchises et
libertez dessus dicts le facent, souffrent et laissent joyr et user, et
aussi lui obéyr en choses concernans et regardans lesd. offices,
leurs circonstances et deppendances, plainnement et paisiblement, sans en ce lui estre fait, mis ou donné aucun destourbier
ne empeschement au contraire; voulons en oultre et entendons
que led. Claude de La Vallée puisse retenir par ses mains, des
deniers de sa recepte, les gages appartenans esd. offices, aux
termes accoustumez, telz et semblables que ses prédécesseurs
prevosts, receveurs et gruiers dud. Clermont les ont accoustumé
avoir et prendre à cause desd. office, et qu'ilz lui soient allouez
chacune fois, en la despence de ses comptes, par les auditeurs
d'iceulx, ausquelz nous mandons ainsi faire sans difficulté ne
contredit. Car ainsi le voulons et tel est nostre plaisir. En tesmoin, etc. Donné en nostre ville de Lunéville le derrain jour
d'apvril l'an mil V^e et XV. Ainsi signé : Anthoine. Et sur le
reply : Par monseigneur le duc, les seneschaulx de Lorraine et
Barrois, seigneur de Soullers, grant maistre d'ostel et autres
présens. Pour secrete, Alexandre.

  (*Archives de Meurthe-et-Moselle*. B 13, fol. 47 v°; indiqué au
  folio 9 par l'inventaire.)

IX

29 OCTOBRE 1515

ATTESTATION SUR LA SITUATION DE L'ABBAYE DE LA CHALADE.

A tous ceulx qui ces présentes lettres verront et orront, Jehan
Bocart, escuyer, prevost en garde pour et de par le Roy nostre
sire de la prevosté de Saincte Manehoult, salut. Sachent tuit
que ce jourd'huy vingt neufiesme jour d'octobre, l'an mil cinq
cens et quinze, comparurent en jugement par devant nous Jehan
Julpin, nostre lieutenant, aagé de trente sept ans ou environ;
Jehan Liétart, lieutenant du maistre sergent audict Saincte
Manehoult, aagé de cinquante cinq ans ou environ; Nicolas
Maugarny, procureur et praticien, aagé de soixante deux ans ou
environ; Gilles du Val, aussy praticien, aagé de soixante ans
ou environ, Jehan Cochon, sergent des bois et forestz du roy
nostre Sire audict Saincte Manehoult, aagé de cinquante ans
ou environ; Jehan Mengin dit Colichart, aussy sergent desdicts
bois, aagé de quarante ans ou environ; Nicolas Chapperon, sergent du grenier à sel dudict Saincte Manehoult, aagé de soixante
six ans ou environ; Guillaume de Buissy, sergent royal au bailliage de Victry et prévosté dudict Saincte Manehoult et greffier
de Monseigneur le bailly de Victry audict Saincte Manehoult,
aagé de cinquante neuf ans ou environ; Guillaume Francon,
aussy sergent royal, aagé de quarante quatre ans ou environ; et
Remy Housset, aussy sergent royal, aagé de vingt cinq ans ou
environ, tous demourans audict Sainte Manehoult, appellez et
évocquez à la requeste et diligence de révérend père en Dieu
Damp Jehan de Monbleville, abbé de l'église et monastère de
La Challaide, diocèse de Verdun et ordre de Citiaulx, lesquels
concordemment ensemble ont dit, juré, affermé et attesté par
leurs sermens, et nous mesmes, prévost, attestons que ladicte

église et abbaye dudict lieu de La Challaide est assise es termes
et limites du duchié de Bar, bailliage et prévosté de Clermont,
hors les termes et limites de ce royaulme. Et le savent parceque
de tout le temps qu'ilz sont demourans audict Saincte Manehoult,
distant dudict lieu de La Chalaide à deux lieues ou environ, ilz
ont fréquenté ledict lieu de La Challaide, entre lequel et ledict
Saincte Manehoult y a ung ruisseau appellé communément le
ruisseau de Byemme, lequel ruisseau à l'endroit et au devant
dudict lieu de La Challaide fait la separacion et lymites du
royaulme de France et dudict duchié de Bar, et sortissant par
appel et reformation audit lieu de Clermont en Argonne. Et
ainsi l'ont tousjours veu tenir, clamer et repputer. Savent
aussy les dessusdictz Jehan Julpin, Jehan Liétart, Nicolas Maul-
garny, Gilles du Val, Jehan Cochon et Nicolas Chapperon, que
ledict bailliage de Clermont est ressortissant au lieu de Sainct
Mihiel, et que les appellations interjectées par devant le bailly
dudict Clermont se terminent et ressortissent aux haulx jours
dudict Sainct Mihiel oultre la Meuze; lesquelz haults jours sont
court souverainne, et sont les deux lieux de Clermont et de
Sainct Mihiel, et bailliage d'illecques, terres d'empire. Et ainsi en
ont veu joyr et user lesdicts attestans. Et si dient oultre que
ledict ruisseau de Byemme faict la separacion des bans et
finaiges de Clermont et dudict lieu de La Challaide à l'encontre
des bans et finaiges dudict Saincte Manehoult et Florent. Dont
et de toutes lesquelles choses ledit révérend nous a requis avoir
lettres et attestations, que luy avons octroyé en ceste forme,
pour luy servir et valloir ce que de raison. En tesmoing de ce
nous avons seellé ces présentes de nostre seel, qui furent faictes
et passées en jugement des plaitz par nous tenus audict
Saincte Manehoult les jour et au dessusdits. Ainsi signé :
Herbin.

    (*Bibl. nat.*, collection Dupuy, vol. 472, fol. 46).

X

8 MAI 1520

VENTE PAR JACQUES DE LA VALLÉE, ÉCUYER, A CLAUDE DE LA
VALLÉE ET A CLAUDON DE GÉNICOURT, SA FEMME, DE CE QUE
LEDIT JACQUES POSSÉDAIT A LA VALLÉE, PRÈS DE BARÉCOURT,
COMME HÉRITIER DE SON PÈRE, JACQUEMIN DE LA VALLÉE,
OU A TITRE D'ACHAT FAIT A SES FRÈRES ET SŒURS.

A tous ceulx qui ces présentes lettres verront, Andreu Chabrault, bachelier ez droiz, procureur général du bailliage de
Clermont, et garde du seel du tabellionnage de la prévosté
dudict lieu, salut. Sçavoir faisons que par devant Jehan Hardy
et Jehan Caillon, jurez aud. tabellionnage et proprement establiz
ad ce faire en icelluy, vint et comparut en sa personne espécia-
lement pour ceste chose faire Jacques de La Vallée, escuyer,
demourant à Morvaux leiz Sainct Mihiel, lequel a reconnu avoir
vendu, cédé, quicté et transporté, pour luy, ses hoirs, successeurs
et ayans cause, à noble homme Claude de La Vallée, prévost et
receveur dudict Clermont, et à damoiselle Claudon de Génicourt,
sa femme, pour eulx, leurs hoirs, successeurs et ayans cause
tenir héritablement, tout le droit, raison, action, propriété et
droit de chose que led. vendeur a et peult et doit avoir au lieu
dit et appellé La Vallée leiz Barécourt, ban, finage et confinage
d'icelluy lieu, et de Barécourt aussy, tant de succession à luy
obvenue et escheue par la mort et trespas de feu Jacquemin de
La Vallée, jadis escuyer, son père, comme d'acquestz par luy
fais à ses frères et seures, ses comparçonniers, et autres, comme
autrement ; voulant et consentant ledict vendeur que ceste
généralité vaille et soit de tel effect, force, vertu et puissance
comme sy tous lesd. héritaiges feussent dénommés pièce pour
pièce, lieu pour lieu, et les costières ; lesdicts héritaiges valli-

sans de présent la quantité de deux reiz de blez moitange,
mesure de Rarécourt, que tient à présent de luy par admodia-
cion et trescens ung nommé Pierrot Maulvarry, parmy ladicte
quantité de grainnes. Et a esté fait led. vendaige, ced et transport, pour et parmy le pris et la somme de sept vingtz francs,
monnoie de Barrois, que led. vendeur a eu et receu desd.
achepteurs, et dont il s'en est tenu pour contant et bien payé
tout à son gré. Et de ce qui est contenu en ce dit vendaige s'en
est led. vendeur devestu et dessaisy pour avestir et saisir lesd.
achapteurs, par la délivrance de ces présentes lectres, promettant
premièrement de tenir et avoir pour aggréable, ferme et estable
led. vendaige, d'icelluy garantir envers et contre tous jusques a
droit, sur peine de rendre tous coustz, frais, missions, dommaiges
et despens, qui par deffault de ce seroient fais, mis et encouruz,
soubz l'obligation de tous ses biens meubles et immeubles, présens et advenir, par tout où qu'ilz soient et puissent estre
trouvez et attains ; lesquelz quant ad ce il a soubzmis en la
jurisdiction et contraincte de nostre très redoubté et souverain
seigneur, de ses gens et officiers ; renunçans…, etc. Ce fut faict
et passé l'an de grace Nostre Seigneur mil cinq cens et vingt,
le huitiesme jour de may.

(*Musée Condé*, à Chantilly, E 2, n° 24 ; original sur parchemin,
paraissant avoir été scellé sur double queue.)

XI

9 JUIN 1534

DON PAR LE DUC DE LORRAINE A CLAUDE DE LA VALLÉE, SON
PRÉVÔT DE CLERMONT, D'UN CHEMIN SITUÉ PRÈS DU DONJON
DE LADITE VILLE.

Anthoine, par la grâce de Dieu, etc., à tous ceulx qui ces présentes lettres verront, salut. De la partie de nostre amé et féal Claude de La Vallée, prévost, recepveur de nostre prévosté de Clermont et gruyer de nostre bailliage dud. Clermont, nous a maintenant esté remonstré que pour estre logé tout au large, despieça avoit dezir et volunté de faire battir et edeffier à l'entour de sa maison, assise en nostre chastel dud. Clermont, où à présent il fait sa demourance, suiamment sur le derrière et du costé vers nostre dongeon dud. lieu, en une plaice à luy appertenant, joindant à lad. maison, ce que, au moyen d'ung chemin commun qui est entre le derrière de lad. maison et les granges et estables à chevaulx d'icelle, il a tous jours differré de ce faire, pour aultant, comme il dit, que ses biens ne sont et ne pourroyent estre en seureté, nous suppliant très humblement à ceste cause luy baillier led. chemin qui se prent depuis les murailles du chasteau dud. Clermont, où de présent sont les retraictz qu'il fault oster, en tirant entre ung sien meix et celluy d'ung nommé Adenet Thiery, dud. Clermont, et la grainge que avons aud. lieu, en tirant jusques à la maison de Andreu Herdy, à cause de demoiselle Jehanne de Faulx, sa femme, où ils demeurent de présent, pour icelluy chemin employer à édiffier et autrement à son plesir.

Savoir faisons que, pour bons, agréables et proffitables services à nous faitz par led. Claude de La Vallée, aussi le bon debvoir et acquest qu'il fait journellement à l'exercice desd.

offices, inclinans bénignement à sa supplication et requeste, luy avons de nostre certainne science et grace espécialle donné et octroyé, et par ces présentes donnons et octroyons pour luy, ses hoirs et ayans cause à tousjours, le chemin ainsi lymité et désiné qu'il est devant déclairé, pour le faire bastir, édiffier ou autrement en disposer et exploiter, comme de la sienne chose, moyennant toutes voyes qu'il sera tenu de seugner ung autre chemin pour aller ausdictes murailles, sur son héritaige, en éminant péril et en temps de guerre seulement, s'il est nécessité pour la deffense et tuition des chasteau et ville dud. Clermont, et non autrement. Lequel chemin dès maintenant led. Claude a assigné prendre, pour s'en ayder en temps de guerre, comme dit est, joindant des estables à luy appartenans et par luy acquestées à feu Jacques Marchant, pour aller sur icelles murailles, de pareille largeur comme l'autre chemin estoit, ce qu'avons consenty en considération qu'il y a autres chemins assez pour aller à nos dictes murailles en temps de guerre et de transquilité.

Si donnons en mandement par cesd. présentes à noz très chers et féaulx conseilliers président et gens de noz comptes de Barrois, bailly, procureurs et autres noz justiciers, officiers, hommes et subjets dud. Clermont, leurs lieutenants et chacun d'eulx, si comme à luy appertiendra, que de nostre présente grace, don et octroy dessusd. facent, seuffrent et laissent led. Claude de La Vallée, ensemble sesd. hoirs et ayans cause, joyr et user en la manière que dit est, plainnement et paisiblement, sans en ce luy faire, mettre ou donner, ne souffrir estre fait, mys ou donné aucun annuy, destourbier ou empeschement au contraire, car ainsi nous plaist. Voulons que ung vidimus autenticque de cesd. présentes soit mys en nostre Chambre des Comptes aud. Bar. En tesmoing de ce, nous avons à ces mesmes présentes, signées de nostre main, faict mettre et appendre nostre seel. Donné en nostre ville dud. Clermont, le neufveesme jour de juin, l'an mil cinq cens trente quatre. Ainsi signé : Anthoine, gratis. Et au reploit : Par monseigneur le duc, les abbé de Saint Remy, bailly de Clermont, et autres présens. Et pour secrette : R. Boudet.

(Archives de Meurthe-et-Moselle, B 21, fol. 247 v°.)

XII

7 JANVIER 1535 (n. st.)

PLAIDOIRIE PRONONCÉE PAR L'AVOCAT GÉNÉRAL DANS UN PRO-
CÈS ENTRE LE PROCUREUR DU ROI ET LE CHAPITRE DE TOUL,
A PROPOS DE LA CHATELLENIE DE « BRY ».

Entre le procureur général du roy, demandeur en matière
d'excès, rebellion, crime de felonnie, commission et reversion
de fief, d'une part, et les doyen, chanoines et chappitre de
l'église de Toul, defendeurs esdictz cas, d'autre.

De Montholon, pour le procureur général du roy, demandeur
en matière d'excès, rebellion, crime de felonnie, commission et
reversion de fief, dict que le différend qui s'offre concerne les
fins et limites du royaulme, qui est une question grande entre
les princes et *sepius dirimitur judicio gladiatorio. Lacon inter-
rogatus quousque se pretenderet Spartana ditio : « Quousque,
respondit, cuspis lancee protendi potest.* » Mais le roy, prince de
justice, n'a pas voulu prendre ceste voye : aussi *elephantus
non capit murem*, et en a laissé la décision à sa court souveraine, qui est sa court des pers.

Pour venir au faiet, les anciens limites du royaulme, du
costé de l'empire, s'estendent jusques à la rivière du Rhin, et
ainsi en ont joy Charles le Grant, roy et empereur, et Loys
Débonnaire, aussy roy et empereur, son filz, discretement de
l'empire; lequel Loys Débonnaire, pour mettre paix entre ses
enfans qui estoient Lothaire, Loys et Charles, qui depuis fut
dit le roy Charles le Chaulve, feit division de l'empire et du
royaulme de France, et autres terres et seigneuries qu'il avoit
et tenoit, et délaissa à ses deux enfans, c'est assavoir Lothaire
et Loys, l'empire qu'ilz diviseroient entre eulx, et quant au
royaulme de France, jusques à la dicte rivière de Rhin, il le

laisse à Charles le Chaulve. Or, apres le trespas dudict Loys
Débonnaire, les deux frères ayans l'empire pour leur partaige
conceurent grand haine à l'encontre du roy Charles le Chaulve
leur frère, disans qu'il estoit trop bien party et avoit trop plus
de la succession paternelle que eulx. Tellement qu'il se meut
grosse guerre contre eulx, et *tandem* au lieu de *Fontenay*, prés
Auxerre, furent les deux frères desconfietz. Néantmoins le roy
Charles le Chaulve fut content de leur délaisser quelque portion du royaulme, et, par le conseil des princes, leur délaissa
depuis la rivière de Meuze et quelque peu plus oultre jusques
en ung endroict où il y a une bourne en laquelle sont engravez
les armes de France, et ceste portion délaissée à Lothaire, ainsi
que dient les historiens, de son nom fut depuis appellée Lorraine. Or, depuis cette division ainsi faicte, les roys de France
inconcusse ont tousjours joy jusques à la rivière de Meuze, et
jamais l'empire entreprint aucun droict de souveraineté, quelqu'il soit, depuis ladicte rivière de Meuze en deça, et, qui plus
est, le cours de ladicte rivière de Meuze est en la souveraineté
du roy, tellement que les fermiers des haulx passaiges des bailliages de Sens et de Chaulmont exercent *inclusive* ceste ferme
jusques à la rivière de Meuze, et prennent lesdictz fermiers le
droict de ladicte ferme sur deux passaiges estans sur ladicte
rivière de Meuze, qui sont Charny et Pagny. Et depuis quelque
temps en ça les officiers du cardinal de Lorraine, qui est evesque
de Toul, a (*sic*) voulu faire ung moulin sur ladicte rivière de
Meuze, dont les officiers du roy à Chaumont advertiz, et que
c'estoit entreprins sur le roy, se transporterent audict moulin
et le démolirent ; dont fut appellé céans par ledict cardinal, et
par arrest fut dict mal appellé par ledict cardinal et ordonné
que ledict moulin demoureroit démoly, comme estant fait au
préjudice de la souveraineté du roy.

Or, deça la rivière de Meuze est située la chastellenie de Bry,
que parties adverses mettent de présent en difficulté de la souveraineté du roy.

Est ceste chastellenie de grande estendue, et combien que
pour monstrer qu'elle soit de la souveraineté du roy et que
l'empire ne autres quelconques ne se peuvent dire souverains
d'icelle chastellenie, suffist monstrer qu'elle est dedans les fins
et limites du royaulme, toutesfoix pour encores monstrer aux

parties leur grande ingratitude, et de présent *eriqunt cervices in benefactorem*, se trouve une chose au Trésor des Chartres du roy, estant à la Saincte Chappelle du palais en ceste ville, par laquelle il appert que le roy Charles le Chaulve, qui depuis fut empereur par le décès de son frère Lothaire, a donné, quoy que ce soit restitué à parties, ceste terre de Bry qu'ilz avoient perdue, et plusieurs autres terres et seigneuries dénommées en ladicte chartre, et cela fut longtemps depuis la division faicte, car elle est de l'an IIIe nonante (*sic*).

Et pour monstrer que ledict roy Charles le Chaulve a donné en qualité de roy et non d'empereur, est dit en la fin de la chartre que, *si quis impedimentum illis exhibere voluerit, adeat serenitatem nostram vel illius qui in regno nostro, divina clementia disponente, successerit*, qui démonstre bien que ladicte donation fut faicte en qualité de roy de France et non comme empereur.

Qui plus est, se monstrera que le premier droict que parties eurent jamais en ceste terre et chastellenie de Bry leur fut donné par le roy Dagobert régnant l'an VI[c]XX, et en icelle terre les roys de France, jusques à la contravention faicte par parties, ont exercé tout droict de souveraineté, tellement que audict lieu le fermier des haulx passaiges a eu son commis pour lever les droictz et a tousjours levé lesdictz droictz du roy et les a tousjours prins et levez jusques à puis trois ans que ledict fermier a esté empesché.

Et afin que encores l'on congnoisse ladicte chastellenie estre en la souveraineté du roy, il est tout notoire que ceulx d'icelle tousjours ont fourny et aydé aux victuailles de la garnison des gens de guerre estans en la ville de Vaucouleurs. D'avantaige, qui est ung péremptoire, a le roy tousjours eu en ladicte ville de Bry droict de bourgeoisie sur ceulx qui y venoient demourer, tout ainsi qu'il a es villes de Champaigne, ainsi qu'il est tout notoire. Et parties quelques foys ont voulu empescher le droict de bourgeoisie.....

[C'est à propos d'un de ces empêchements qu'a lieu le procès actuel.]

(*Arch. nat.*, X¹ᵃ 4897, fol. 225).

XIII

1537

EXTRAITS DE L'ENQUÊTE, FAITE A LA DEMANDE DE CLAUDE DE
LA VALLÉE, SUR LA FAÇON DONT LES OFFICIERS DU DUC DE
LORRAINE AVAIENT PROCÉDÉ CONTRE LUI.

Information faicte par moy Pierre Le Chaulve, sergent à
cheval du Roy nostre Sire ou Chastelet de Paris, présent et
appellé avec moy pour adjoinct Jehan Fallon, notaire royal ou
bailliage de Vermandois, demourant à Chaalons, à la requeste
de Claude de La Vallée, escuyer, naguerres demourant à Clermont en Argonne, appellant, en vertu de certaines letres de
commission par luy obtenues de la Court de Parlement à Paris
le cinquiesme jour du moys d'octobre l'an mil cinq cens trente
sept, signées Berruyer et seellées sur simple queue de cire
jaulne, à l'encontre de maistres Guillaume Roze, Jehan Varin,
eulx disans juges et commissaires [1] à faire le procès dudict
appellant, dont mencion est faite ès dictes lectres de commission ; Nicole Gervaix, soy disant procureur général de monsieur
le duc de Bar en la duchié dudict Bar ; maistre Loys du Puys,
greffier dudict Bar, et autres leurs consors et alliez, sur les abusives procédures, entreprinses et juridicion contre l'auctorité
du Roy nostre dict seigneur et de la dicte court de Parlement,
ressort et souveraineté d'icelle, et autres choses, dont mencion
est faicte esdictes lectres de commission et en certains articles
à moy [.....] et baillez de la part dudict appellant, que l'on dict

---

[1] Jean Varin, lieutenant du bailli de Saint-Mihiel, et Guillaume
Rose, avocat à Chaumont-en-Bassigny, président aux Grands Jours
de Saint-Mihiel, commissaires du duc de Lorraine, ennemis personnels de La Vallée.

avoir esté faictes et commises par lesdicts Roze et Warin, Gervaix et autres leurs consors.

En faisant laquelle, de la part dudict appellant, ont esté pro-[duictz] par devant moy plusieurs personnes et tesmoings qui ont, en la présence dudict Jehan Fallon, notaire, esté par moy oiz et examinez sur les contenuz esdictes lectres de commission et articles, et leurs noms, aages, dict[s et] deppositions mys et reddigez par escript en ceste présente informacion en la manière qui s'ensuyt. . . . .

. . . .

Maistre JEAN DIEU, maistre ès ars, licencié en décret, aagé de vingt-cinq ans ou environ. Après serment par luy faict de dire vérité sur le contenu ès lectres de commission émanées de la Court et articles à moy présentez de la part dudict de La Vallée, a dict et depposé :

Qu'il a eu bonne congnoissance de la personne dudict Claude de La Vallée puis huict ou neuf ans ença, et durant lequel temps ledict de La Vallée a tousjours faict sa continuelle résidance audict lieu avec sa femme et famille. Le scet parce que puis ledict temps il a eu l'administracion d'aucuns enffans dudict de La Vallée, et fréquenté en sa maison audict lieu de Clermont. Le quel lieu de Clermont est communément appelé Clermont en Argonne, duchié de Barrois et par deça la rivière de Meuze, notoirement tenu et repputé de la souveraineté du royaulme et ressort de France. Le scet par ce que le dict de La Vallée, lorsqu'il fut prins prisounier, l'an cinq cens trente cinq, estoit prévost, gruyer et recepveur dudict Clermont, et de l'entremise qu'il avoit s'en alloit rendre compte de sa recepte par devant les gens des comptes à Bar, chef de la dicte duchié..... Et fut illec arresté et contre luy procédé par aucunes journées ; finablement fut renvoyé en son hostel audict Clermont par lesdictes gens des Comptes. Le scet par ce que, luy estant lors en la ville de Paris, le dict de La Vallée lui escripvit de ses nouvelles telles que dessus et qu'il eust à radmener ses enffans estans ès collèges dudict Paris, pour le consoler. Auquel lieu de Clermont luy qui deppose arriva environ le commencement de Caresme, et ne trouva ledict de La Vallée, mais estoit transporté au lieu de Sainct Mihiel dès auparavant le jour de la Chandeleur précédant.

Et n'avoit lors la femme ny enffans dudict de La Vallée

aucune administracion des biens dudict de La Vallée, mais estoient saisiz et gardez par Jehan de La Vallée, Christofle de La Vallée, frères, Jaqués Forget, Thibaut et Remy, beaulx frères desdictz Jehan et Christofle de La Vallée qui ordinairement estoient, ou aucuns d'eulx, ou logis dudict de La Vallée audict Clermont, ayans les clefs et administracion des biens dudict de La Vallée, et n'eust sceu la femme dudict de La Vallée ny ses enffans avoir aucune chose desdictz biens sans le consentement desdictes gardes, qui disoient estre caucions dudict de La Vallée pour lesdictz biens...

Nicolas Chrestien, clerc et serviteur de prudent homme maistre Jehan Conort, licencié ès droictz, demourant à Chaalons, aagé de dix neuf ans ou environ, après serment par luy faict de dire vérité sur le contenu ès dictes lectres royaulx et articles, a dict et depposé que le lieu de Clermont est communément, et l'a tousjours pour le temps de sa congnoissance, oy appeller Clermont en Argonne, duché de Barrois. Et si a oy dire à plusieurs des officiers du bailliage de Sens que ledict duchié de Barrois, en ce qui est par deçà la rivière de Meuse, est de la souveraineté de France, et que les appellacions de juges dudict duchié de Barrois ressortissent immédiatement pardevant le bailly de Sens.

Dit plus que en l'an mil cinq cens trente cinq, environ le jour de Toussains, ledict maistre Jehan Conort son maistre fut mandé par Claude de La Vallée, lors prévost dudict Clermont, audict lieu, où ledict Conort se transporta, et ledict depposant avec luy, et eulx arrivez en l'hostel dudict de La Vallée trouvèrent icelluy de La Vallée à l'entrée de sa maison et avec luy deux archiers de monseigneur le duc de Lorraine, l'un d'iceulx nommé le Capitaine et l'autre le Fournier, austrement n'a sceu dire leurs noms. Ou quel lieu de Clermont ledict Conort et luy depposant furent par l'espace de huict jours ou environ, et pendant ce temps le dict de La Vallée ne peust oncques parler ne communiquer avec ledict Conort synon en la présence desdictz deux archiers, car lesdictz archiers ne le délaissoient, fust en disnant, buvant ou mangeant, que autrement, et toutes les nuytz iceulx archiers menoient le dict de La Vallée de sa maison au donjon du chasteau dudict Clermont coucher, et le lendemain le ramenoient en son dict hostel.

Dict oultre que, deux ou trois jours après que ledict Conort, son maistre, fut arrivé audict Clermont, arrivèrent au lieu de Clermont maistre Guillaume Roze, président des haulx jours de Sainct Mihiel, et maistre Jehan Varin, lieutenant audict lieu du bailly dudict Sainct Mihiel, et avec eulx maistre Guillaume Gervaix, que l'on disoit estre procureur général de Barroys ; aussi ung autre, nommé maistre Loys du Puys, greffier dudict Bar, accompaignez de plusieurs serviteurs qui s'en allèrent loger au donjon dudict chasteau de Clermont, où ilz furent durant le temps que ledict Conort y séjourna. Et pendant ce temps envoyèrent en l'hostel dudict de La Vallée leurs gens et serviteurs quérir et prendre blef, vin, avoyne et autres choses, pour le vivre d'eulx et de leurs chevaulx. Le scet parce que de jour en jour il les voyoit aller en l'hostel dudict de La Vallée et d'icelluy transporter lesditz vivres audict donjon. Mesme a veu tirer de la cave ung, deux ou trois poinssons de vin à une fois, et jusqu'au nombre de six. Aussi en transportèrent en channes, broctz et autres utancilz, ne scet de quelle ordonnance, synon que ung jour, luy estant audict donjon, où ledict Conord son maistre disnoit avec lesdictz maistre Guillaume Roze, Jehan Varin, Gervaix, Du Puis et autres, il vid ung nommé Errard, à présent prévost de Clermont, qui tenoit une faille et ordonnoit de aller quérir lesdictz vins et autres choses en l'hostel dudict de La Vallée. Et n'avoit ledict de La Vallée, sa femme ny autres de ses gens, aucune administracion de ses biens, et n'en eussent osé transporter aucune chose parce que Jehan, Cugny, Christofle de La Vallée, qui se disoient estre caucions dudict de La Vallée, empeschoient que on ne leur délivrast aucune chose que par ce qu'ilz disoient estre tous saisiz, inventoriez et mis en la main dudict Seigneur duc, et que on leur avoit baillé en garde, disans que s'il y avoit quelque chose perdu, que on s'en prendroit à eulx, et quant ledict Claude de La Vallée, ou sadicte femme, voulloient avoir ou prandre quelques menues choses, ils estoient contrainctz bailler requeste aux dictz Roze et Varin, et aultrement n'en eussent eu, synon par leur ordonnance. Le scet par l'avoir veu pendent le temps que ledict Conort son maistre et luy depposant furent audict Clermont, comme dict est.

A dict plus que pendant ledict temps lesdictz Roze et Varin, qui se disoient juges de par ledict seigneur duc de Bar à faire le procès dudict Claude de La Vallée, mandoient et envoyoient quérir ledict de La Vallée pour confronter aux tesmoings oys en l'informacion ou enqueste faicte contre luy à la requeste dudict Gervaix, procureur, où il estoit mené par lesdictz archiers ou gardes, et après avoir esté par eulx oy et confronté ausdictz tesmoings et autres qui par chascun jour survenoient, le renvoyoient soubz la garde desdictz archiers.

Dict oultre que depuis le retour dudict Conort, son maistre, dudict Clermont au dict Chaalons, et environ le commencement du moys de may cinq cens trente six, icelluy Conort son maistre fut de rechief mandé par ledict Claude de La Vallée pour luy bailler conseil de ce qu'il avoit affaire, luy estant lors prisonnier audict lieu de Sainct Mihiel, où l'on l'avoit transporté dudict lieu de Clermont, où ledict Conort alla accompaigné de maistre Jehan Colin et ledict depposant, et eulx illecq arrivez et logez en l'hostel d'un nommé Jehan Thierry, où pend pour enseigne le Signe, ledict Claude de La Vallée parla audict Conort de affaires en la présence dudict Fourier (sic) et d'un aultre archier, nommé Claude, qui estoient commis à la garde dudict de La Vallée…. Et depuis fut besoigné par lesdictz Roze et Varin à l'expédicion du procès dudict de La Vallée et de jour en jour baillé requeste ausdictz juges contre luy…… Et quand il survenoit aucun altercas ou contrariété ausdictes requestes et responces [par luy baillez], et que ledict de La Vallée voulloit incister au contraire desdictes requestes, lesdictz Roze et Varin l'injurioient luy disant par telz motz : « Commant, monsieur le Prévost, avez poinct de honte de ainsi avoir usurpé les biens de ces povres gens ? Si le contenu de leurs requestes estoient vrayes, vous ne seriez digne d'estre mangé aux chiens. » Et par ledict Gervaix, procureur, illecq présent, estoit appellé « meschant, larron, usurier » et autres parolles injurieuses…… Et quant aucuns de ses accusateurs baillans lesdictes requestes disoient aucunes choses d'injures contre luy, remonstroit ausdictz Roze, Varin et Gervaix qu'ilz eussent à leur deffendre de ne le injurier, leur disant qu'il estoit homme de bien et en justice, et qu'ilz ne debvoient souffrir de l'injurier, ilz respondoient audict de La Vallée que l'on luy feroit justice, et sembloit, à les veoir et à leur manière de faire, qu'ilz portassent faveur audict procureur, et aussi qu'ilz se monstrassent partie avec ledict procu-

reur, qui disoit en plain jugement que on ne povoit faire trop
de mal audict de La Vallée. Les quelles choses ledict depposant
sçet par les avoir veues et oyes par plusieurs et diverses foys et
pendant ledict temps de trois moys, ou environ, que ledict
Conort son maistre fut audict lieu de Sainct Mihiel. .   .   .

Dict encores que en faisant par lesdictz Roze et Varin le procès
dudict de La Vallée, ilz auroient faict emprisonner les serviteurs
dudict de La Vallée, mesmes ung nommé Johannes, ung autre
nommé Grantjehan, et ung autre nommé Guillaume; ne sçet
pour quoy, synon qu'il a oy dire que ce avoit esté pour ce qu'ilz
avoient passé aucuns contractz au prouffit dudict de La Vallée.
Bien dict que eulx, estans emprisonnez, comme dict est, au
chastel dudict Sainct Mihiel, furent appellez et confrontez à
plusieurs personnes contre lesquelz ilz avoient passé aucuns
contractz au dict de La Vallée, et, pour ce qu'ilz soutenoient et
maintenoient le contenu en leurs dictz contractz estre véritables,
lesdictz Roze et Varin les renvoyoient esdictes prisons en les
ménassant que, avant qu'ilz eschappassent, que on leur feroit
bien dire autre chose que ce qu'ilz avoient depposé.

Dict, avecq ce, que audict lieu de Sainct Mihiel arrivoient
journellement plusieurs personnes, tant hommes que femmes,
pour accuser ledict de La Vallée et depposer contre luy. Et
disoient que on avoit publiez ez halles de leurs demourances
que tous ceulx et celles qui avoient eu à faire audict de La Vallée eussent à eulx trouver audict lieu de Sainct Mihiel, pour
sçavoir si le dict de La Vallée leur avoit faict aucun tort, et
que l'on leur avoit baillé à entendre que on leur feroit rendre
les héritaiges et aultres choses par eulx vendues audict de La
Vallée. Le sçet pour avoir veu plus de soixante personnes pour
ung jour et leur avoir oy dire ou à aulcun d'eulx ce que dessus...
Et si a oy dire audict Gervaix, procureur, que si luy debvoit
couster dix mil francs, qu'il disoit avoir vaillant, qu'il mecteroit
ou feroit mectre ledict de La Vallée en tel lieu qu'il ne verroit
lune ne soleil, et qu'il n'estoit pas digne de manger aux chiens,
veu les meschanssetez qu'il disoit avoir esté faictes par ledict de
La Vallée.....

Du penultime jour du moys d'octobre, an dessusdict, en la
dicte ville de Chaalons.

Discrette personne maistre JEHAN MAUCORPS, curé de Wyu-
ranch, diocèse d'Amyens, et chappellain de la chappelle du Roy
nostredit seigneur fondée au chastel et donjon de Saincte
Manehoult, après serment par luy faict, a dict et depposé sur
le contenu ès dictes lettres de commission et articles qu'il a
bien congneu, comme il faict encores de présent, ledict de La
Vallée, par avoir hanté et fréquenté avec luy et en son hostel et
domicil audict lieu de Clermont dès cinq ans peult avoir, ou
environ, le du temps qu'il estoit encore prévost dudict Clermont;
lequel de La Vallée estoit lors tenu et repputé pour homme de
bien, bien famé et renommé en tout le pays, et ne luy vyd
jamais faire chose digne de repréhancion. Et lequel lieu de
Clermont est tenu et repputé de la souveraineté de royaulme de
France, comme estant de la duché de Bar. Le scet par ce que
environ l'année mil cinq cens vingt huit, luy estant escollyer
estudiant en l'Université de Paris, fit en vertu de sa protection
donner et assigner jour à ung nommé messire Pierre Cocquillart, prestre, chanoine de Montfaulcon, qui prétendoit droict
en la cure de Romagne et Banteville, assise en ladicte duché de
Bar, par devant le conservateur des previllèges royaulx de l'Université de Paris, pour ce que luy depposant prétendoit aussi
droit en ladicte cure. Et au jour de l'assignacion, ledict Cocquillart, ou son procureur pour luy, et le procureur dudict sieur
duc de Bar, qui se seroit joinct avec luy, auroient remonstré
audict conservateur que le dict lieu de Romagne estoit de la
duché de Bar, prévosté de Varanne ou de Clermont, ne scet
ledict depposant lequel, et que partant la congnoissance de
ladicte matière ne appartenoit audict conservateur, mais audict
prévost de Varanne ou de Clermont, et requis y estre renvoyé.
Et au contraire fut incisté par ledict depposant que ledict lieu
de Romagne estoit assis en ladicte duché de Bar et par deçà la
rivière de Meuze, et par ce moyen de la souveraineté de
royaulme de France et ressort d'icelluy, et que à ceste cause la
congnoissance d'icelle matière devoit appartenir audict conservateur. Et finablement fut dict et appoincté par ledict conservateur que les parties respondroient par devant luy pour raison
de ladicte matière; de laquelle sentence de appoinctement fut
appellé par lesdictz Cocquillart et procureur dudict sieur duc,
et depuis auroient relevé ledict appel en la court de Parlement.

Par laquelle Court fut ladicte sentence de appoinctement confirmée et, en ce faisant, renvoyé lesdictes parties pardevant ledict conservateur pour procéder au principal de ladicte matière.

..... Jehan Lorin, notaire royal ou bailliage de Vermandois, demourant à Chaalons..... a dict et depposé..... que, dès vingt ans sont et plus, il a bien congnu ledict Claude de La Vallée, qui dès lors étoit prévost dudict Clermont, possédoit et tenoit grans biens, et se tenoit et faisoit sa résidance audict Clermont; que le dict lieu de Clermont est scitué et assis au pays d'Argonne, et l'appelle l'on d'ancienneté Clermont en Argonne. Lequel lieu de Clermont est assis au deçà de la rivière de Meuze, ou duché de Barrois, et que tout le pays d'Argonne et ce qui est assis par deçà ladicte rivière de Meuze est notoirement tenu et reputé de la souveraineté de royaulme de France et ressort d'icelluy; les uns ressortissans immédiatement en Vermandois, comme Montfaulcon, la terre et conté de Beaulieu et autres lieux plus prochains de ladicte rivière de Meuze; les aulcuns du bailliage de Vietry, comme Barécourt, les autres à Sens, comme ledict Clermont et duché de Barroys, et médiatement en la court du Parlement à Paris. Et mesme scet ledict depposant que ung an et demy peult avoir, ou environ, luy estant audict lieu de Bar le Duc, il vid et fut présent où la femme et enffans dudict de La Vallée présentèrent certaine requeste audict sieur duc, lors estant audict lieu, affin d'avoir provision sur leurs dietz biens, ledict de La Vallée estant lors détenu prisonnier audict lieu de Sainct Mihiel. Et après ladicte requeste présentée audict seigneur duc, icelle femme, nommée Claude de Genicourt, en poursuyvant la response d'icelle requeste, parloit à plusieurs et recommandoit son dict affaire; les aulcuns desquelz luy respondoient rudement, et ne tenoient compte de son dire, et les aulcuns luy répondoient qu'ilz n'en oseroient parler. Et mesme fut dict à luy depposant, pour ce qu'il estoit présent avec ladicte Claude à la conduire, qu'il se détournast et n'eust à soy monstrer, aultrement y auroit danger de sa personne; mais ne congnoist le personnage qui luy dist lesdictes parolles : touttesfois scet que ce fut audict Bar le Duc, à l'entrée de l'hostel où lesdietz gens des Comptes tiennent leur estat. Et d'avantaige oyt et vyd lors ledict depposant les propres parans de ladicte Claude de Genicourt, qui n'eussent osé parler ne communiequer avec elle, de crainte d'encourir la malle grace dudict seigneur duc et de ses officiers.

Du second jour du dict moys de novembre, au dict Saincte Manehoult.

Jehan Placquart, tonnellier, demourant à Clermont en Argonne, aagé de trente six ans ou environ, après serment par luy faict de dire vérité sur le contenu des dictes lettres de commission émanées de la court et articles à moy présentez de la part dudict de La Vallée, dict et deppose qu'il est natif du village de Verriers, distant dudict Clermont de trois lieues, et que dix ans a, ou environ, il est à demourance avec sa femme et famille audict Clermont, et par ce scet que le dict lieu de Clermont est assiz an deça de la rivière de Meuze, au pays d'Argonne, aussy se nomme communément Clermont en Argonne, où il y a prévost, bailly, sergens et autres officiers pour l'exercice de la justice, qui ont congnoissance sur les demourans en la prévosté de tous cas, crimes et délictz. Ne scet où les appellacions intergectées des dictz prévost et bailly ressortissent. Bien scet que à l'environ dudict Clermont y a plusieurs villages comme Montfaulcon, Brieulles sur Meuze, Honcourt, Maloncourt, Dompneveu, Ville sur Cousance, Rampont, Ypécourt, Arnancourt, La Woix, Fleury, Barécourt, La Vallée et plusieurs autres villages qui sont enclouz et enclavez dedans la prévosté et bailliage dudict Clermont, tenuz et repputez de la souveraineté et ressort de France, non subgectz ne juridiciables audict Clermont. Le scet parceque aulcuns des dictz villaiges payent taille au roy et prennent sel par impost à Saincte Manehoult, distant dudict Clermont de trois petittes lieues, ou aussi que le roi est tenu et repputé souverain seigneur de tout ledict pays d'Argonne....

Honorable homme Denys Aubertin, marchant, demourant à Saincte Manehoult, commis du recepveur ordinaire audict lieu, aagé de quarante sept ans ou environ, après serment par luy faict, a dict et depposé..... qu'il a bien congneu ledict Claude de La Vallée dès auparavant qu'il fust marié et qu'il a esté pourveu de l'office de prévost, gruyer et recepveur dudict Clermont. Esquelz offices il s'est tousjours bien et honnestement conduict et gouverné, sans aulcun blasme ou reproche, et si a faict plaisir à toutes gens de bien à qui il avoit affaire, ainsi que ledict depposant a veu et congneu. Et si a bien congneu ung nommé Jehan de La Vallée, dict Nicolas, père dudict Claude, qui estoit riche et opullant en biens, duquel ledict Claude a esté héritier; dont il a eu plusieurs biens. Et si a ledict Claude esté marié en premières nopces avec une femme vefve qui semblablement estoit riche et oppulante en biens, de laquelle femme icelluy de La Vallée auroit eu plusieurs biens tant meubles comme héritaiges. Et si c'est ledict Claude remarié en secondes nopces à une nommée Claude de Genicourt, à présent sa femme, fille de maistre Macé de Genicourt, demourant à Bar, de laquelle il a eu pareillement beaucoup de biens, et n'a du tout gangné les biens qu'il avoit lors de son emprisonnement à l'exercice de ses dietz offices, mais luy sont venuz tant à la cause que dessus que au moyen du train de marchandise qu'il démenoit tant en blef, porcs que autres choses.....

Discrette personne Messire NICOLE HORGNOT, prestre, chapellain de la cure de Verrières, près Saincte Manehoult, lequel, après serment par luy faict, a dict et depposé par ses sainctes ordres que trente six ou trente sept ans a, luy estant recteur des escolles du village de Dombasle en Barroys, assiz à une lieue et demye de Clermont, il a hanté et fréquanté audict Clermont, que l'on appelle communément Clermont en Argonne, assiz deçà la rivière de Meuze, tenu et réputé notoirement de la souveraineté et ressort de royaulme de France..... Il a bien congneu feu Jehan de La Vallée, dict Nicollas, père dudict Claude, qui estoit homme de bien et avoit beaucoup de biens. Lequel Claude de La Vallée en premières nopces se scroit marié avec une vefve femme, vefve d'un nommé Errard, en son vivant prévost dudict Clermont, de laquelle il a eu aussi beaucoup de biens. Aussi qu'il s'est remarié en secondes nopces à Claude de Genicourt, fille de feu maistre Macé de Genicourt, en son vivant conseillier et maistre des comptes à Bar et lieutenant audict Clermont, dont il a eu aussi beaucoup de biens. Et si a esté pourveu des offices de prévost, gruyer et recepveur dudict Clermont, esquelles il s'est bien et honnestement conduict et gouverné en tout et par tout, en manière que luy depposant ne luy vid jamais faire chose qu'il fust digne de reprehencion; a faict service et plaisir à toutes gens de bien qui de luy ont eu affaire, mesmes, au cher temps dernier, à recouvrer plusieurs povres gens, tant dudict village de Verrières que des villages circumvoisins, de blefz. Et, n'eust esté la recouvrance qu'il faisoit, plusieurs povres gens eussent eu plusieurs grosses nécessitez, parce qu'ilz ne trouvoient gens qui les voulust recouvrer ne [de] blefs ny d'autres vivres. Le sçet par l'avoir ouy dire aux habitans du dict Verrières, ses paroissiens, qui de luy disoient du bien et de l'honneur beaucoup, et aussi par avoir fréquenté en sa maison, où journellement arrivoient gros nombre de gens qui demandoient du grain, du lard et autres vivres, qui ne s'en alloient sans obtenir leur demande, et encores leur faisoit il bonne chére à sa table et estoit le plus privé et humain homme que l'on eust sçeu trouver, à ce qu'il en a veu.....

Jehan Varin, escuyer, demourant au Neuffour, près le Four Abignois lez Clermont, aagé de soixante deux ans ou environ, après serment par luy faict de dire vérité sur le contenu esdictes lettres royaulx émanées de la court et articles par moy présentez de la part dudict Claude de La Vallée impétrant, a dict et depposé que, quarante deux ans peult avoir, il a eu congnoissance de la personne de Jehan de La Vallée, dict Nicolas, pére dudict Claude, qui estoit homme de bien et avoit beaucoup de biens, et valloient à l'heure de sa mort plus de dix mil francs.....

Dict oultre que deux ans peult avoir, luy estant en l'hostel dudict Claude de La Vallée, où estoient aussi le seigneur de Pierrefort, bailly dudict Clermont, maistre Nicole Gervaix, procureur général de Barrois, maistre Robert de La Mothe, auditeur de la Chambre des Comptes à Bar, ung aultre nommé Wanault, et, comme il luy semble, ung nommé maistre Loys Dupuys, greffier dudict Bar, affin de avoir main levée par ledict de La Vallée de ses biens, qui auparavant avoient esté saisiz et inventoriez, bailla pour caucion Christofle de La Vallée, Jehan de La Vallée dict Cuny, Thibault de Recicourt et ung autre, nommé Guillaume, qui le caucionnèrent és mains desdictz maistre Robert de La Mothe et Gervaix, procureur, jusques à la somme de dix huict mil francs. En quoi faisant, la femme dudict de La Vallée survint, qui se plaindoit et tormentoit, disant aux dessus dictz que on lui avoit rompu son cabinet et inventorié avec les autres biens, afforé trois poinssons de vin pour une fois, et si chantoient les serviteurs des dessusdictz, par manière de mocquerie : « Le vin d'Ay est beu, le vin d'Ay est beu !... »

Nicolas Le Hérat, clerc juré du bailliage et comté de Beaulieu en Argonne, aagé de cinquante ans ou environ... Dict que par la fréquentacion qu'il a faicte durant ledict temps de vingt quatre ans ou environ, et encores auparavant, audict Clermont, il scet que le dict Clermont est assiz au deçà de la rivière de Meuze, tenu et repputé du duchié de Bar ; le scet par ce qu'il a esté avec ledict de La Vallée et autres officiers dudict Clermont en la chambre des Comptes, audict Bar, pour communicquer de plusieurs différendz estans entre les trésoriers de ladicte abbaye de Beaulieu, dont ledict depposant est clerc juré et tabellion, avec lesdicts officiers de Clermont, pour raison desdictes terres de Ville sur Cousance et Ypécourt ; et a ouy dire à plusieurs desdictz lieux que lesditz lieux de Ville sur Cousance et Ypécourt sont tenuz du bailliage de Vermendois comme les autres lieux de la terre dudict Beaulieu, dont ladicte trésorerye en est ung membre deppendant, et les autres villages à l'environ, dont il a congnoissance, comme Rarécourt et Barbant, sont du bailliage de Victry, tous lesquelz villages sont tous enclavez, aussi Montfaulcon, Brieulles sur Meuze, Montiers et ledict Beaulieu à l'environ et à l'entour dudict duchié de Bar, dont le Roy est souverain. Et est ledict Clermont distant de Saincte Manehoult de trois petittes lieues seullement.....

Honnorable homme Laurens Pannier, recepveur de Passavant pour le Roy nostre sire,... a dict qu'il ne vid jamais faire tort audict de La Vallée à homme qu'il soit, mais l'a tousjours veu tenir et repputer homme de bien, bien famé et renommé, riche et oppulant en biens. Le scet par ce que, dès auparavant qu'il fust marié, il succéda à feu Jehan Nicolas, son père, qui estoit hault et riche homme, luy seul et en eust beaucoup de biens. Depuis fut marié en premières nopces avec la vefve de M° Jehan Errard, en son vivant prévost dudict Clermont, de laquelle pareillement ledict de La Vallée eust grands biens parce qu'elle estoit grandement riche, et eust les biens meubles et acquestz, comme on disoit, par ce qu'il estoit noble personne. Et depuis s'est remarié à la fille de M° Max de Genicourt, de Bar, à présent sa femme, de laquelle il a eu pareillement grans biens. Et à l'heure de sa prinse estoit estimé le plus riche du pays.

(Original, papier, Archives nationales, J 760, n° 23. — Édité
dans les Titres de la maison de Harécourt, p. 364-371.)

XIV

LETTRE DU PROCUREUR GÉNÉRAL AU ROI POUR SAVOIR SA VOLONTÉ
A PROPOS DU PROCÈS DE CLAUDE DE LA VALLÉE.

Sire et nostre souverain Seigneur, j'ay eu dés pieça charge de
playder pour vous en certaine cause d'entre les enfans et héritiers de feu Claude de La Vallée, vostre subgect, appellants de
l'entreprise de jurisdition et condampnacion sur luy faicte par
les officiers de Monsieur le Duc de Lorraine d'une part, et ledit
duc prenant la cause pour lesdits officiers d'autre. Laquelle
cause concerne grandement vostre auctorité, droitz et prééminances de vous et de vostre couronne : car il est question des
fins et limites de vostre Royaulme, du costé de la rivière de
Meuse, et du ressort et souveraineté du duché de Bar et de certains lieux d'icelluy, que ledit duc prétend n'estre de vostre
royaulme ne subgect au ressort de vostre court de Parlement,
ainsy que a en ycelle vostre court récité ung président des
Comptes dudit duc à Nancy, qui est venu de par son maistre
requérir ung bon délay, comme de troys ou quatre moys, pour
charcher ses tiltres, chartres et lettres par lesquelles il prétend
en faire apparoir. Et combien, Sire, que je pense estre seur que
en cela il a tres mauvaise cause, et que soyez tres bien fondé en
seigneurie directe, ressort et souverainneté en tout ledit duché
de Bar, à cause duquel ledit duc de Lorrayne est vostre homme
vassal et subgect, et que ledit de La Vallée estoyt demourant à
Clermont en Argonne, duché de Bar, lequel Clermont est deça
ladicte rivière de Meuse, l'ung des anciens limites de vostre dit
royaulme; combien aussy que je soye sollicité et pressé de
ladicte playdoyrie par les pauvres enfans dudit défunct qui
vous demandent justice, comme à leur souverain et naturel sei-

gneur, toutes foys pour ne mescontenter sans vostre sceu et vouloir ledit duc, je n'y voulu toucher sans premièrement vous en advertir et entendre ce que vous plaira commander y estre faict, et si vous voulez que l'on diffère quelque temps ou que je poursuyve à toute diligence l'expédition de ladicte cause...

(Suit une consultation sur une autre affaire.)

Nostre souverain seigneur, je prye le Créateur vous conserver et garder en très bonne et très longue vie, santé et prospérité. A Paris, ce XXIII° mars v°XXXVII.

Vostre tres humble et tres obéyssant serviteur et subgect.

(Signé :) Jacques CAPPEL.

> (*Archives nationales*, J 581, n° 12. — La signature est seule originale.)

XV

16 JUILLET 1538

EXTRAITS DES PLAIDOIRIES PRONONCÉES DEVANT LE PARLEMENT
DE PARIS, DANS LE PROCÈS DE CLAUDE DE LA VALLÉE CONTRE
LE DUC DE LORRAINE.

XVIᵉ juillet 1538.

Entre Christofle et Claude de La Valée, frères, enfans et héritiers de feu Claude de La Valée et reprenant le procès dudict
défunct, en son vivant appellant de l'octroy de certaine commission donnée par le duc de Lorraine et de Bar à Mᵉ Guillaume
Roze et Jehan Warin, transport de jurisdiction abusive, procédure, emprisonnement de la personne dudict défunct de La
Valée, et sentence contre luy donnée par lesdicts Warin et
Roze, eulx disans juges déléguez par ledict duc de Lorraine et
de Bar, d'une part, — et lesdictz Roze et Warin adjournez en
cas d'appel et ledict duc de Lorraine et de Bar intimez, d'autre
part.

1° Plaidoirie de l'avocat général.

Cappel, pour le procureur général du Roy, dit que la cause qui
s'offre est de grande conséquence et importance merveilleuse
parce qu'il est en icelle question des sacrez fins, limites et
bornes de ce royaulme, et de l'auctorité et souveraîoneté du
Roy, laquelle souverainneté et puissance supreme les docteurs
de droict, en plusieurs passaiges, appellent *sacrum sacrorum*...,
et partant mérite bien ceste cose estre favorablement oye, et est
de celles qui peuvent bien porter quelque apparat et préface,
mesmement en ceste court qui doit avoir, comme elle a, gardant justice, telles matières et semblables causes en singulière

recommandation, car si la court de céans et les officiers et gens
du roy en icelle sont, comme ilz doivent estre, soigneux d'une
petite aliénation du domaine ou patrimoine de la couronne
d'héritaige estant *in visceribus regni*, par plus forte raison quant
il est question des lisières et limites insignes d'icelluy, qui sont
si frians et dangereulx à oultrepasser et enjamber, que cela ne
se peult entreprendre sans grand hazard et péril, et fauldroit
que ceulx qui le voulroient faire usassent de ce mot dont usa
César au passage de Rubicon : *Jacta est alea*, ce qu'il ne croit
que le duc de Lorraine, qui est bon et vertueux prince, vassal et
subject du roy à cause de son duché de Bar et seigneurie de
Clermont en Argonne, *alioquin* grand amy et confédéré dudict
seigneur, voulsist faire.

Pour entrer en la matière, dit qu'il commencera par ung
dict semblable à celluy d'Alexandre le Grand escripvant à
Daire, roy d'Asie, que récite Plutarque au livre de ses apo-
phtegmes : *Sicut terra duos soles, sic Francia duos reges ferre
non potest*. Sur lequel apophtegme dit qu'il veult fonder sa
première maxime qui est que en tout ce très grand, très
noble et très puissant royaulme, et au dedans des fins et limites
d'icelluy, il n'y a que ung souverain, il n'y a que ung soleil, et
que tous autres seigneurs sont planètes qui prenent lumière de
luy... Lequel seigneur, *eo ipso* qu'il est Roy, est fondé en toute
jurisdiction et souveraineté, ainsi que dict Hostiense *in capite
Minus de jurejurando*, etc...

Pour venir à sa majeur, dit que après le trespas de Loys premier de ce nom, dict le Débonnaire, Roy de France et Empereur
de Rome, filz de Charles le Grand, ses enfans, assavoir
Charles IIe, surnommé le Chaulve, Lothaire et Loys, après
grandes guerres feirent accord ensemble et partaige des grands
royaulme, pays, terres et seigneuries délaissées par le décès de
leur père. Lequel appoinctement et partaige fut faict en une
isle sur la rivière de Rosne [1], en laquelle de chacun des deux
costez convindrent quarente grands seigneurs, et fut ledict partaige confirmé par le pape Sergius [2], qui lors présidoit au siège

[1] C'est à Verdun, en 843, que fut accompli le partage définitif de
l'empire que Charlemagne avait laissé à son fils Louis le Débonnaire.

[2] Sergius, pape de 844 au commencement de l'année 847.

apostolique. Et par ledict partaige escheut audict Charles IIe, dict le Chaulve, le Royaulme de France, et fut dict qu'il se termineroit par la mer océane, rivière de Meuze et monts Pirénées, qui furent baillez pour limites et bornes insignes dudict Royaulme; Loys eut toute Germanie et Alemaigne, et Lothaire l'Empire et une portion de France qui est entre l'Escau et le Rhein, *que hodie, a dicto Lothario, Lotharingia dicitur,* ainsi que tout ce que dicts et tesmoignent les anciennes chroniques, histoires et annales de France, mesmement ceulx qui modernement les ont compilées, entre lesquelz sont Gaguin, Paule Émille, et Me Nicole Gilles qui a recueilly les annales de France; et non seullement le tesmoignent les historiens françoys, mais les Alemans, Italians et autres chroniqueurs de nations estranges et non suspectes, qu'il dict estre preuve suffisante et receue de droict *per ea que not[antur] in capite : Cum causam, de probationibus et in capite : Inter dilectos, de fide instrumentorum...*

Dict que lesdictes chroniques passent oultre en ung autre passaige qui sert à son propos, et dient que en l'an m^ciii^{xx}xix le Roy Philippe IIIIe, dict le Bel, et Albert empereur d'Alemaigne s'assemblèrent ensemble en la ville de Vaucouleur, feirent appoinctement et confermèrent les anciennes alliances qui autreffois avoient esté faictes entre leurs pays, royaulmes et seigneuries; et ledict Albert, empereur, du consentement de ses barons, octroya audict Roy Philippes le Bel que les fins, termes et limites, puissance et dition du Royaulme de France, qui lors, et depuis ledict partaige de Charles le Chaulve, ne s'extendoient que jusques à ladicte rivière de Meuse, s'extendissent plus oultre, aucuns dient jusques au fleuve du Rhein, et les autres jusques à une borne d'arain *que adhuc extat,* en laquelle sont empraintes les armes de France; tellement que jusques à la rivière de Meuze indubitablement s'extendent les limites de France, et encores par de là, mais de deçà *non est dubium.* Lesquelles fins et limites n'ont jamais esté, depuis les traictez et appoinctemens dessusdicts, *neque presumuntur fuisse mutati,* si partie ne le monstre...

Dit, pour sa mineur, que la ville, terre et seigneurie de Clermont en Argonne est située et assise en ce royaulme bien loing et plus de douze ou quinze lieues deçà la rivière de Meuse, est des appartenances et dépendences du duché de Bar, lequel duché

est notoirement du royaulme, tenu en foy et hommaige du roy,
et du bailliage de Sens, soubz le ressort de la court de céans.
Et conséquemment a le Roy audit lieu et sur tous les habitans
d'icelluy, mesmes sur ledit duc de Bar et seigneur de Clermont,
comme estans lesdictes terres de son royaulme et feudalité, tout
droict de jurisdiction, ressort et souverainneté.

Pour plus particulièrement le monstrer, oultre le général
fondement qui est sur lesdites anciennes et insignes limites
dedans lesquelz l'on ne peult nyer Clermont en Argonne estre
situé, dit que l'an mil II°XLV ung nommé Simon, seigneur de
Clermont, feist foy et hommaige et bailla adveu de ladicte terre
et seigneurie de Clermont à Thibault, Roy de Navarre, comte
de Brie et Champaigne, qui est en la Chambre des Comptes,
dont il a l'extraict en son sac. Dict que au Trésor des chartres
du Roy se trouvent lettres d'adveu ou reprise commançans et
intitulez en ceste manière : « Ce sont les terres, villes, chasteaulx et chastellenies, possessions, droictz et seigneuries desquelz Henry conte de Bar feist hommaige lige au Roy Philippes
le Bel, pour luy et ses successeurs roys de France ». En la fin
duquel adveu ou déclaracion y a ces motz : « Item de tout ce
entièrement qu'il tenoit en franc alleu, en quelque lieu que ce
soit, et en quelque chose que ce soit, par deçà la Meuse », etc.
En l'an III° XXIII, le lundi après la Trinité, le conte de Bar re-
print et recongneut tenir en fief et hommaige du Roy le conté
de Bar en tout ce que le conte Henry, son père, tenoit par de
çà la Meuse, et y a ces motz : « Et sont du bailliage de Sens »,
comme appert par lettres autentiques qui sont signées dudit
conte et scellées du seel de son secret, lesquelles sont au Trésor des chartres du Roy et dont il a l'extraict.

L'an mil III°LXXIII les villes, chasteaulx, terres et seigneuries
de Clermont en Argonne, Vienne et Quemenière feurent mis en
la main du Roy, et en print possession ung nommé Raoul, sire
de Boursault et de Louppy, pour et au nom du Roy, comme
appert par lettres qui sont au Trésor des chartres dudict seigneur, dont pareillement il a l'extraict.

L'an mil III°IIII°XX et XI le duc de Bar feist foy et hommaige
au Roy Charles le Quint du duché de Bar et de plusieurs autres
terres dénommées ès lettres dudict hommaige, situées deçà la
rivière de Meuze, et y sont nommément ces motz : « deçà la

rivière de Meuze; » lesquelles lettres d'hommaige sont pareillement en la Chambre des Comptes, dont il a l'extraict.

L'an mil III°xxII, le roy de Cecille, duc d'Anjou, feist foy et hommaige au Roy Loys XI° dudict duché de Bar, et plusieurs autres terres, mesmement de la tierce partie de Beaulmont en Argonne, qui est et sert pour montrer que Argonne est de la souverainneté du Roy.

Dit qu'il trouve que és assises tenues à Clermont en Argonne n'y a jamais eu autre procureur de la seigneurie, ny autre qui ayt comparu pour le seigneur de Clermont, fors le procureur du duché de Bar, et se trouve és expéditions et registres ou actes desdictes assises ceste qualité, quant il est question des droictz et causes de ladite seigneurie : « Entre le procureur général du duché de Bar, etc. », qui monstre que ladicte ville de Clermont est dudict duché de Bar, lequel est notoirement tenu du Roy en foy et hommaige lige.

Dit qu'il y a arrest, de l'an v°xIII, donné sur l'appel interjeté céans par le procureur général du roy, qui lors estoit, des officiers de Clermont en Argonne. Y en a ung autre de l'an v°xxxIII donné sur certaine appellation interjetée par ung nommé Nicolas Davennes et deux autres, ses complices, des officiers du duc de Lorraine à Clermont en Argonne, par lequel appert que la court en print congnoissance. Dit qu'il y a eu plusieurs autres reliefz d'appellations et procédures par lesquelles appert clairement que ledict Clermont est du ressort de la court de céans. Or dit que combien que par les moyens dessusdicts le duc de Lorraine soit, à cause du duché de Bar et de la seigneurie de Clermont en Argonne et de toute autre terre ou seigneurie qu'il tient deça la Meuse, non seullement vassal mais subject du Roy soubz la souverainneté dudit seigneur et ressort de sa court de céans, lequel en tout son royaume est *judex judicum*..., néantmoins ledict duc de Lorraine et de Bar ou ses officiers ont voulu faire acte de souverain, et pour raison de certaines malversations qu'ilz ont voulu prétendre avoir esté commises par ung nommé Claude de La Valée, en l'exercice de l'administration qu'il a par cydevant eu de la recepte et gruerie ou autre office de ladicte seigneurie de Clermont, ilz ont aucunement encommancé à procéder à l'encontre dudict de La Valée, subject du Roy, régnicole, habitant et domiciliaire dudict lieu et ville de

Clermont en Argonne... (*Ici se place le résumé des faits, que l'avocat des La Vallée donnera plus en détail.*)

... En l'une desquelles appellations de la cause le procureur dudict duc de Lorraine et son advocat auroient déclairé qu'ilz estoient delibérez et avoient mémoires de tendre à fin de non procéder en la court de céans, et qu'ilz n'estoient d'accort que Clermont en Argonne fust du royaulme ny de la souverainneté du roy et ressort de la court de céans. Quoy oyant ledict procureur général, et congnoissant l'entreprise que ledict duc ou ses officiers avoient faicte et vouloient faire sur l'auctorité, droictz, prééminences et souverainneté du Roy, se seroit porté pour appellant de ladicte procédure, transport, jugement et exécution, et de toutes lesdictes entreprises, et auroit requis estre tenu pour bien relevé, et que ledict duc et sesdictz officiers viensissent défendre à ses causes d'appel, ce qui auroit esté ordonné, et est la matière. Si, conclud à mal et abusivement procédé, délégué, entrepris, transporté, jugé et exécuté par ledict duc de Lorraine et sesdictz officiers, et bien appellé par luy, réservant le surplus de ses conclusions après avoir oy le plaidoyé des intimez.

2° Plaidoirie de l'avocat des héritiers de La Vallée.

Favier, pour les appellans, dit qu'ilz ont faict intimer plusieurs parties, mais par nécessité ont esté contrainetz de faire intimer le duc de Lorraine et de Bar, dont il leur desplaist, par ce qu'ilz l'estiment si bon prince que de luy il n'eust souffert faire la poursuytte, s'il eust esté bien instruict de l'affaire du défunct Claude de La Valée, qui a esté son serviteur longtemps et s'est employé de son povoir à conserver ses droictz, et a si bien rendu ses comptes par devant les officiers et auditeurs dudict seigneur duc à Bar, qu'il ne se trouva oncques une année en arrière. Mais aucuns des serviteurs et officiers dudict seigneur duc de Bar, envieulx du bien du dict défunct, n'ont peu contenir qu'ilz n'ayent machiné contre luy sa destruction; et en ce n'avoit le défunct plus grant ennemy que la bonne diligence et parcymonye d'avoir amassé et espargné grans biens. Mais *opum furiosa libido et radix malorum cupiditas induxit quorumdam animos ad id facinus: illis fuere opes irritamenta malorum;* et si le défunct n'eust esté homme de bien et d'espargne, il n'eust esté si envyé par aucuns des serviteurs dudict seigneur duc. Et a tousjours icelluy seigneur duc esté de telle réputation qu'il n'a pas voulu apauvrir ses serviteurs par telz moyens.

Or, pour parvenir à ses moyens d'appel, présuppose, sans répéter, ce qui a esté déduict par les gens du Roy en ce qu'ilz ont déduict et monstré que Clermont en Argonne est notoirement du pays et conté de Champaigne, et fief dépendant tant en justice que teneures féodales, et les y demourans vrays subjectz naturelz du roy.

Et aussi faict à noter que ledict lieu de Clermont en Argonne est voisin et prochain de deux ou troys lieues de Saincte Manehoult, et n'y a aucun signe, séparation ne limite entre iceulx lieux pour faire distinction ou séparation des limites du Royaulme. Et si a plus, car ledict pays d'Argonne, qui est ung membre du conté de Champaigne, est pour la plus grant part possédé par le Roy en première instance, et mesmes l'abbaye de Montiers en Argonne, le conté de Beaulieu en Argonne et plusieurs aultres lieux et terres tant à costé, sà et là, que oultre ledict Clermont, comme Montfaulcon qui est oultre ledict lieu de Clermont, entre Clermont et la Meuze, duquel lieu de Montfaulcon en Argonne le Roy joyst paisiblement; aussi de Briolle sur Meuze, Rarécourt qui est aussi oultre Clermont, et les dépendences desdicts lieux, qui recongnoissent le Roy seul à seigneur souverain et qui sont tenuz par le Roy, et néantmoins ilz sont au delà dudict lieu de Clermont, entre ledict lieu de Clermont et la Meuze, et ne se trouvera entre ledit conté de Clermont et le reste du pays d'Argonne possédé par le roy, et ce qui est du duché de Bar possédé par ledict duc de Bar, qu'il y ait aucun limite, marque ou séparation.

Il y a plus, car il y a plusieurs fiefz, terres et seigneuries entre le dict Clermont et la Meuze qui sont possédez par gentilz hommes de ce royaulme, et autres qui sont tenuz et mouvant en fief dudict conté de Clermont, comme est le fief et seigneurie de Sainct Lyémont possédé par le seigneur d'Estoges, Han qui est possédé par la contesse d'Aspremont, Chaterenges et autres plusieurs terres qui sont au conte de Grant Pré, dont les subjectz ressortissent en ce royaulme par appel ; et plusieurs autres fiefz en cas semblables, qui tiennent leur justice et seigneurie du conte de Clermont, et néantmoins ilz sont subjectz naturelz du royaulme, et si Clermont estoit exempt, ledict seigneur de Sainct Lyémont et autres qui tiennent fiefz du conte de Clermont ne ressortiroient en ce royaulme, car il fault que le fief dominant et *feudum serviens* recongnoissent ung mesme souverain, et n'y a couleur ou apparence de ce vouloir dényer : et pour ce que par l'advocat du roy a esté assez déduict et remonstré *limites nostri regni et imperii Francorum* estre imprescriptibles, s'en remettent lesdictz appellans à ce qui a esté déduict et ce qui est de droict.

Aussi faict à noter que ledict de La Valée estoit pourveu audict Clermont par ledict duc de Bar de l'estat de prévost et receveur, et aussi de l'estat de gruyer, pour raison desquelz il estoit responsable et justiciable, et a tousjours rendu ses comptes tant de sa recepte que de la grurie audict lieu de Bar, comme estant ledict lieu de Clermont subject ou membre de Bar, qui notoirement est du ressert de ce royaulme. Aussi les auditeurs et officiers de Bar ont acoustomé d'exercer jurisdiction ordinaire en ce lieu de Clermont; et mesmes le procureur général du duché de Bar a exercé et faict tous actes de procureur général du duc de Bar en ce lieu de Clermont; et partant fault tenir *pro constanti* que ledict lieu de Clermont est notoirement de ce royaulme.

Ce présupposé et pour parvenir aux moyens d'appel des appelans, dit que aucuns envieulx, mesmement aucuns demourans audict lieu de Bar, ont suscité plusieurs particuliers, qui avoient contracté ou vendu héritaiges audict de La Valée, de eulx plaindre que *minus justo precio* il avoit acquis leurs héritaiges, et, à l'induction du procureur général dudict seigneur duc de Bar, plusieurs se sont complainctz et présentées leurs requestes, lesquelles pour leur faire droict ont esté renvoyées à Bar, comme le lieu et siège auquel ledict défunct estoit subject. Pareillement lesdicts officiers de Bar ont mis en avant, au conseil dudict seigneur duc, qu'il estoit expédient d'envoyer par les provinces, sièges et ressors de Bar informer des abuz que commectoient aucuns des officiers subjectz audit Bar, et signamment audict lieu de Clermont, dont ledict de La Valée estoit prévost, receveur, et gruyer ou maistre des forestz. Et pour de ce informer et sur plusieurs autres cas, dont le procureur général dudict duché de Bar et autres ennemys dudict défunct l'entendoient

charger, sont commis et déléguez, c'est assavoir Jehan Preudhomme, receveur et conseiller dudict duc de Bar en sa Chambre
des comptes à Bar, et maistre Didier du Puys, greffier de la
justice de Bar ; lesquelz se transportèrent audict lieu de Clermont et es prévostez et ressort dudict conté de Clermont en
Argonne ; et illec ledict Preudhomme, ennemy capital, allant
de villaige en villaige, en faisant estat de juge solliciteur et
partie, alloit en toutes les maisons de ceulx qu'il pensoit avoir
eu affaire audict de La Valée et, *privatim et publice*, les incitoit
et suscitoit à eulx plaindre et venir déposer contre ledict de La
Valée, et que pour solliciteur et juge inquisiteur estoit ledict
Preudhomme, qui malicieusement ès lieux publiques concitoit
le peuple à mal dire dudict de La Valée.

Et depuis, avec ledict Baron, comme porte le mémoire, s'effor-
cèrent de leur povoir de practiquer ou gangner tesmoings.

Et après ce, fut encores envoyé maistre Jehan de La Mothe,
l'ung des officiers de Bar, qui de sa part n'en feist pas moins.
Et conjurèrent ensemble ledict Preudhomme, receveur, et ledict
de La Mothe qu'il leur cousteroit plus tost dix mil escuz qu'ilz
ne vinsent au bout de leur intention. Sont lesdictes informations et plainctes rapportées à Bar et, icelles veues, est enjoinct
audict de La Valée de comparoir à Bar à certain jour de vendredi, ce qu'il faict et y compare ; et respond à plusieurs
demandes de plusieurs particuliers ; ce faict, est renvoyé et se
retire à Clermont, et depuis est mandé avecques le clerc juré
dudict Clermont, qui est autant que contrerolleur, de comparoir audict lieu de Bar ; lesquelz comparent audict Bar et sont
interrogez chacun à part et séparément sur le contenu de leurs
charges. Et pour ce que tout ce dont on le chargeoit concernoit
le faict des contractz par luy faictz avecques plusieurs privez,
dont ledict de La Valée respondoit pertinemment, demanda
son renvoy audict Clermont, disant que tous telz cas n'estoient
que causes civiles, dont il se défendroit très bien en cas de réci-
sion ou cassation, mais depuis, ou moys d'aoust ensuyvant, fut
mandé pour venir audict Bar vers les officiers et conseil, ce
qu'il feist et compare. Et de rechef est illec oy et interrogé sur
aucuns poinctz. Et fault entendre que cependant ses ennemys,
cognoissans que si son procès luy estoit parachevé à Bar qu'il
pourroit avoir recours par appel en la court de céans et au roy

son souverain seigneur, trouvèrent sesdicts ennemys moyen
d'obtenir commission dudict seigneur duc de Bar, pour lui faire
et parfaire son procès, nonobstant oppositions ou appellations
quelzconques, et sont déléguez et commis deux des plus grands
ennemys dudict de La Valée, dont l'ung est ledict maistre
Jehan Varin, lieutenant de Sainct Mihiel, et demourant audict
Sainct Mihiel, qui estoit l'ung de ceulx qui avoit suscité et
produictz tesmoingz contre ledict de La Valée ; et l'autre est
maistre Guillaume Roze, advocat, lors demourant à Chaumont
en Bassigny, qui est aussi président ausdictz haults jours de
Sainct Mihiel, grant ennemy et malveillant dudict défunct,
comme porte le mémoire.

Ceste délégation faicte, est ledict de La Valée, le jour sainct
Remy, arresté prisonnier entre les mains du seigneur de Pierrefort, bailly dudict Clermont, qui audict lieu de Bar le faict et
constitue prisonnier et luy faict commandement de se rendre
prisonnier à Clermont. Et *sic apparet* que le premier emprisonnement est faict audict lieu de Bar, et, ledict arrest de sa personne faict, lesdictz officiers de Bar le renvoyent à Clermont
et avecques luy ledict seigneur de Pierrefort, lequel avant que
partir de Bar avoit charge de l'arrester prisonnier.

Si tost qu'ilz sont à Clermont, ledict de La Valée est arresté
prisonnier et baillé à deux archers de la garde et tous ses biens
saisiz et arrestez, et faict tel quel inventaire d'iceulx, sans lui
vouloir monstrer ny faire apparoir de commission ou mandement ; prindrent et emportèrent tout son or et argent et vaisselle,
qui montoit plus de douze ou quinze mil livres, combien que
plusieurs fois il eust requis veoir ledict mandement ou commission desdictz officiers de Bar.

Et ne faict à obmettre que toute ladicte poursuytte se faisoit
à la requeste du procureur de Bar, qui estoit sa partie. Et
depuis se retirent ledict procureur et officiers audict Bar et
laissèrent ledict de La Valée en garde ausdictz archers. Et le
lendemain fut mandé par lesdictz Roze et Varin. Par la
bouche dudict Roze fut exposé la teneur de la commission par
laquelle ledict seigneur de Bar déléguoit lesdictz Roze et Varin
pour luy faire et parfaire son procès, nonobstant oppositions ou
appellacions quelzconques et plusieurs autres clauses dont
ledict de La Valée demanda copie, qui luy fut refusée. Et pour

ce que lesdictz Roze et Varin estoient ses ennemys capitaulx, les vouloit récuser, et bailler et proposer causes de récusation. Mais ilz lui déclarèrent qu'il ne serait à ce receu et qu'il estoit mandé procéder nonobstant oppositions, récusations ou appellations quelzconques ; le menassant très fort que s'il ne obéissoit on le feroit obéir, et par craincte n'osa proposer ses causes de récusation, craingnant, ce qu'il luy est advenu, d'estre transporté à Sainct Mihiel. Et pareillement luy fut baillé pour greffier ledict Dupuys, greffier de Bar, qui estoit par luy récusable.

Et furent présentées plusieurs requestes contenans les récusations contre ledict greffier, et entre autres qu'il estoit debteur de plusieurs grandes sommes de deniers envers ledict de La Valée, espérant que, si les biens d'icelluy de La Valée estoient confisquez, qu'il seroit quicte et ne payeroit rien audict de La Valée de son deu, mais lesdicts déléguez luy déclairèrent qu'ils passeroient oultre, en vertu de ladicte commission, sans avoir regard à oppositions, récusations ne appellations quelzconques. Laquelle commission est pure abusive : *primo* en ce que par ladicte commission luy est osté et est privé de son juge ordinaire ; *secundo* en ce que ledict Varin délègue, qui est demourant hors du royaulme et son lieutenant à Sainct Mihiel ; *tercio* en ce qu'il délègue pour congnoistre et juger nonobstant oppositions ou appellations quelzconques, ce qu'il ne povoit faire contre ung subject du roy.

Et ce fait, ledict procureur général dudict duché de Bar se transporta par les villaiges, feist crier et proclamer que tous ceulx qui vouldroient venir déposer contre ledict de La Valée comparussent audict Clermont.

Et quant icelluy procureur de Bar communiquoit avecques les témoingtz, s'il en trouvoit aucuns qui disent bien de luy, il les rejectoit, et les juges pareillement. Et quant ilz avoient esté practiquez par ledict procureur de Bar et qu'il avoit tiré d'eulx quelzques parolles en la présence les ungs des autres, affin qu'ilz fussent pris par leur bouche, les présentoit dix ou donze ensemble et sans que jamais ilz eussent esté examinez, ny le prisonnier sur leur dire interrogé. Ilz estoient confrontez tous ensemble en la présence dudict procureur de Bar, de sorte qu'ilz estoient contrainctz de dire tout ce qu'il plaisoit de dire audict procureur de Bar.

Et si la forme de justice eust esté gardée et observée, ledict de La Valée se fust trouvé pur, innocent, et avoit très justes causes de défenses.

Et après avoir tenu longuement ledict de La Valée prisonnier, jusques au jour de Noël, se retirent en leurs maisons lesdictz juges jusques après les Roys. Et après continuèrent de confronter quelques tesmoingtz, *ordine non servato*, en commectant plusieurs faultes et abuz, comme il est contenu au mémoire, qui seroit long à réciter selon le contenu d'icelluy.

Et après lesdictes procédures lesdictz Roze et Varin, à la requeste dudict procureur de Bar, font transporter ledict de La Valée delà la Meuze jusques au lieu de Sainct Mihiel, qu'ilz dient estre terre d'empire. Et illec luy parfont ung tel procès criminel, et *tandem* donnent leur sentence par laquelle ilz le condamnent en trente mil livres d'amende, à faire amende honorable, la corde au col, en la place publique ; à quoy il est contrainct d'obéyr sur peine d'estre réputé contumax et de la vie.

Et de faict est exécutée ladicte sentence publiquement, scandaleusement et injurieusement, et ses biens déclairez confisquez, dont ledict défunct n'eust osé appeller ne reclamer. Et que s'il eust appellé, on luy eust faict comme on dit avoir esté faict à ung nommé Lescossoys, qui fut prisonnier à Bar, et, au moyen d'ung appel par luy interjecté en la court de Parlement à Paris, fut mené à Sainct Mihiel et illec pendu et estranglé, ne scet autrement les causes ; et depuis fut dépendu et mis en terre saincte. Et craingnant celle yssue, n'auroit ledict de La Valée osé appeller.

Et depuis, après avoir souffert telles injures et infamye, trouve façon de se retirer en France pour avoir justice de son souverain seigneur ; obtient son relief en cas d'appel, tant de la saisie faicte de ses biens par auctorité et commission verbale et ordonnance des officiers de Bar, sans cause ny raison suffisante, et aussi de l'octroy de la commission et délégation ainsi faicte, transport de jurisdiction, procédure, sentence donnée par lesdictz Roze et Varin audict Sainct Mihiel, exécution d'icelle et de tout ce qui s'en est ensuivy.

Et pour ce qu'il n'a esté possible d'avoir ne recouvrer la commission des officiers de Bar, *quorum auctoritate* la saisie des biens qui sont au duché de Bar et conté de Clermont, pays dudict duc de Lorraine, a esté faicte, uy pareillement la copie de la commission et délégation, procès et procédure, tant celle faicte premièrement à Bar par les officiers de Bar, que celle faicte à Clermont, et ce qui s'en est ensuivy, les appellans ont présenté plusieurs requestes, et ont esté faictz plusieurs commandemens à parties adverses de les exhiber. A ce moyen requièrent qu'ilz soient tenuz de monstrer et exhiber les commission et exploict de saisie faicte par auctorité des juges de Bar, la procédure faicte par lesd. officiers de Bar, la commission et délégation desd. Roze et Varin et procédure par eulx faicte, qu'ilz requièrent estre exhibée.

Et au surplus ont baillé requeste ladicte vefve et enfans affin d'avoir provision sur les biens, tant or, argent que blez, qui ont esté saisiz par autorieté des officiers des pays dudict duc de Bar. Sur lesquelz supplient à la Court leur faire bonne provision en attendant la plaine mainlevée et délivrance de leurs biens où la cause prendroit plus long traict. Fault aussi entendre qu'il y a d'autres biens qui n'ont esté saisy, qui sont au royaulme et conté de Champaigne, qui ne sont au ressort dudict duché de Bar, mais combien que sur iceulx biens n'y ait aucune saisie, néantmoins aucuns gentilzhommes ou autres qui ont intelligence ou congnoissance audict duc de Bar ou ses officiers s'efforcent d'empescher ladicte vefve et héritiers, combien qu'ilz doivent estre saisiz par la coustume.

A ceste cause, quant à iceulx biens et autres qui sont en ce ressort, requièrent que défenses soient faictes à tous de ne les troubler ou empescher pendant l'appel et jusques à ce que autrement en soit discuté.

Et au surplus, quant aux causes d'appel, concluent à ce qu'il soit dict qu'il a esté mal saisy, mal décrété ou délégué, mal, nullement et abusivement jugé, sentencié et exécuté, bien appellé ; demandent despens, dommages et interestz ; et oultre, pour la réparation de l'honneur dudict défunct, sa femme, enfans et postérité, que tout ainsi que publiquement ledict défunt a esté scandalizé audict Sainct Mihiel, que publiquement es dicts lieux de Bar et Clermont par figure ledict défunct soit remis en son honneur, et que lesdietz intimez, *saltem* quant aux officiers prins à partie, soient tenuz dire et déclairer que

injurieusement et contre raison ilz ont precédé, transporté,
jugé et exécuté ; et que, en réparant l'honneur dudict défunct,
soit par figure la corde ostée du col dudict défunct, et remis en
son honneur selon la forme et la discrétion de la Court. Et
oultre soient au contraire les intimez, pour réparation profitable,
condamnez en la somme de trente mil livres d'amende envers
ladicte vefve et ses héritiers, et chacun desdicts intimez tenuz
l'ung pour l'autre et chacun pour le tout, demandent despens,
dommaiges et interestz.

3° *Plaidoirie pour le duc de Lorraine.*

Le Maistre, pour le duc de Lorraine, dit que si ledict duc avoit
en controverse ung royaulme ou ung empire, et il fust en son
choix et liberté d'opter et élire juges pour en congnoistre et
décider, il éliroit le sénat de céans, pour l'ancienne et immémoriale renommée de l'intégrité de la justice qui y est congnene
non seullement aux nostres, ains a toutes estranges nations.
Mais ledict seigneur duc considère que, en gardant ses droictz, il
est pareillement tenu garder les franchises et libertez de ses
subjectz et de ses pays, terres et seigneuries, ausquelz il tiendroit tort si autrement il le faisoit. A ceste cause, il a envoyé
mémoires signez de son conseil, contenans certaines remonstrances, lesquelles oyes, il espère qu'il plaira à la court soy
déporter de prendre congnoissance de ceste matière, et congnoistra la Court qu'il ne doibt procéder céans.

Pour ce entendre, dit que le duc de Lorraine est seigneur en
tous droictz de seigneurie du chasteau, ville et bailliage de
Clermont en Argonne, en a joy de tout temps immémorial en
tout droict de régalle comme estant terre assise hors le royaulme,
y a baillé rémissions, anoblissemens, légitimations, faict cryer
et descryer monnoyes et tous autres actes de seigneur souverain.
Le fournissement de sel se y faict des salynes du dict seigneur,
et, qui est ung péremptoire, les subjectz de Clermont en Argonne
venans de France payent toutes yssues et passaiges du royaulme,
comme font les Alemans, ceulx de la Franche Conté, Liégeois,
Ardenois et autres, et porte par attestations faictes par officiers
du roy de l'an vᶜxxi que entre la chastellenie de Saincte Manehoul,
qui fait frontière du royaulme, et la terre et bailliage de Cler-

mont y a ung ruisseau que on appelle Bienne, qui faict dudict costé la séparation des terres de France et de l'Empire, et que dudict lieu de Saincte Manehoul, villaiges et lieux estans au deça dudict ruisseau, les fermiers du roy liévent de tout temps et d'encienneté les fermes des haulx passaiges, entrées et yssues du royaulme et non au delà dudict ruisseau, qui est une claire démonstrance que Clermont n'est du Royaulme.

Aussi en ladicte ville et bailliage d'Argonne le Roy ne leva jamais taille ny octroys des décimes, ban ne arrière ban; y commect ledict seigneur duc tous officiers pour l'exercice de la justice, comme prévost, bailli et autres. Les appellations ressortissent aux haults jours dudict duc à Sainct Michel, qui jugent en dernier ressort et par arrest; et ainsy luy et ses prédécesseurs en ont toujours joy et usé. Et en a plusieurs arrestz registrez, dont présentement il fera apparoir, si la Court en veult oyr la lecture d'aucuns.

En l'an mil cinq cens treize s'ouffrist céans une question pour raison de ce que les officiers du duc de Lorraine à Clermont en Argonne avoient emprisonné audict Clermont aucuns des officiers des abbé et couvent de Beaulieu, dont le procureur général du Roy se porta pour appellant, fondant son appel sur ce qu'ilz avoient transporté les subjectz du Roy à Clermont en Argonne, hors du royaulme et en troys endroictz du plaidoyé, par confession triplée, feu Barme, lors advocat du Roy, confesse et mect en faict que Clermont en Argonne est hors le royaulme et requiert que le duc de Lorraine vienne advouer ou desadvouer ses officiers d'avoir constitué prisonniers les subjectz du Roy et iceulx transportez à Clermont hors le royaulme. Et est dict par arrest que le duc de Lorraine viendra déclarer s'il veut advouer ses dietz officiers. Et, qui faict bien à noter, le dict arrest est donné avec Claude de La Vallée, qui de présent est la partie appellant, estant lors prévost de Clermont en Argonne, et soustenant Clermont en Argonne estre hors du royaulme. Et de présent il s'efforce, ou ses héritiers, plaider et soustenir le contraire.

Depuis et en l'an mil cinq cens quinze s'offrit céans autre cause entre frère Nicole Boucherat, estudiant en théologie en l'université de Paris, lequel en vertu de sa protection feist adjourner devant le prévost de Paris, conservateur, etc., ung nommé frère Jehan de Montblainville en cas de nouvelleté, pour raison de l'abbaye de La Challade, ordre de Cisteaulx, assise au diocèze de Verdung, deçà la rivière de Meuze, et avoit obtenu default devant le prévost de Paris dont ledict de Montblainville appella, ensemble de l'adjournement. Et pour ses causes d'appel disoit que ladicte abbaye de La Challade estoit hors le royaulme. Se joignit avec luy le duc de Lorraine parce que ladicte abbaye est assize en son bailliage de Clermont en Argonne non estant du royaulme. Au contraire le procureur général du Roy se joinct avec ledict Boucherat et soustient ladicte abbaye estre en royaulme, parce qu'elle estoit assize deçà la rivière de Meuze et que la rivière de la Meuze estoit la limite du royaulme et atteignoit l'hommaige du conte Henry, qu'ilz avoient au poing, et tout ce que les gens du Roy dient à présent.

Le duc de Lorraine soustient que en l'hommaige du conte Henry n'y a que la ville et chastellenie de Bar, en ce qui en povoit estre deçà la rivière de Meuze, qui est déclairé par le menu audict hommaige, et que Clermont en Argonne n'y estoit comprins. Sont les partiés appoinctées au conseil, et depuis, ledict Boucherat se veoyant succumber, et ayant veu plusieurs attestations et notorietez des gens du pays, et mesmes des officiers du roy à Sainte Manehoul, que Clermont en Argonne est hors le royaulme, il passe condamnation, et y en a arrest par appoincté. Est oy le procureur général du roy, par lequel l'adjournement et la procédure faicte par devant le prévost à Paris est adnullée.

Novissime, en l'an mil cinq cens vingt, s'est offert le cas que pour vérifier l'homicide commis en la personne d'ung nommé maistre Pierre Dupont contre aucuns prisonniers en la conciergerie, dont y avait trois complices ès prisons dudict Clermont en Argonne, par le procès desquelz se verifioit le cas, la Court, congnoissant que Clermont en Argonne est hors le royaulme, décerne une commission rogatoire à la requeste du procureur général du roy, pour requérir et supplier le duc de Lorraine, comme souverain en ladicte terre de Clermont en Argonne, et ses officiers de prester lesdictz troys prisonniers en ayde de justice pour faire le procès à ceulx qui estoient prisonniers pour le mesme cas en la conciergerie du palais ; portant ladicte commission que, en cas pareil, l'on feroit le semblable aus dictz officiers de Clermont en Argonne. Est

ladicte commission présentée à troys sergens à cheval du
Chastellet de Paris, qui se transportent audict Clermont, supplient aux officiers ausquelz ilz présentent la dicte commission
rogatoire de leur prester lesdictz prisonniers, ce que leur est
accordé en payant la despense, ce qui est faict, et les amènent
et baillent déclaration et procès-verbal exprés, ensemble le
double de leur commission qui est par rogat et supplication,
recongnoissant la souverainneté du duc de Lorraine au dict
bailliage de Clermont en Argonne. Depuis est le procès faict
aux criminelz estans céans, et veoyant la Court que en jugeant
le procès de l'ung on les jugeroit tous, et ainsi que les troys qui
avoient esté amenez de Clermont cousteroient plus en fraiz à
revenir qu'ilz ne valoient, fait la Court appeller feu maistre
Jehan Vauldoy, lors advocat en la court de céans, ayant la
charge des affaires du duc de Lorraine, et luy remonstra ce que
dict est, et luy donne charge la Court qu'il escripve audict duc
de Lorraine que, si son plaisir est consentir que la Court juge le
procès desdicts troys prisonniers par sa permission et consentement, elle le fera, sinon elle les luy renvoyra. Sur ce escript
Vauldoy audict duc et apporte lettres à la Court par lesquelles
ledict duc consent que la Court face justice desdicts prisonniers,
attendu que leur procès estoit tout faict et qu'ilz estoient tous
portez ; en baillant toutes fois déclarations par la Court que
c'est sans entreprendre sur sa jurisdiction et souverainneté
audict Clermont en Argonne, ce que la Court faict, et il y a
déclaration et arrest qui est enregistré, qu'il a au poing, et ne
fault que le lire. Ce présupposé, pour le cas particulier qui
s'offre, dit que Claude de La Valée a esté cy devant prévost, receveur et gruyer en ladicte terre de Clermont en Argonne pour ledict
duc de Lorraine, et l'ayant esté par quelzques années sont sur-
venues plusieurs plainctes de plusieurs concussions, exactions et
pilleries par luy commises esdictz offices, tellement que, pour les
grandes plainctes et clameurs qui en sont venues, ledict duc de
Lorraine a esté contrainct commectre juges pour en informer et
luy faire son procès, et congnoistre s'il estoit innocent ou coulpable des cas qu'on luy imposoit. Commect ledict duc deux personnaiges les plus estimez de la justice, assavoir le président de
ses haults jours de Sainct Michel et le lieutenant général du
bailliage dudict Sainct Michel ; informent, l'information veue

l'arrestent prisonnier, luy demandent s'il a quelques suspitions
contre eulx, dit qu'il ne veult autres juges que eulx et qu'il les
eust choisiz si ce eust esté à son option ; l'interrogent, luy
récollent et confrontent lesmoingtz et mectent son procès en
estat, le communiquent au procureur dudict duc qui prent ses
conclusions ; finalement, en grande et bonne assemblée de gens
de grande lictérature et conseil, il se trouve qu'il a mérité la
mort dix foys ; toutesfoys, *misericorditer agendo cum eo*, ilz le
condemnent seullement à faire amende honorable et en une
amende pécuniaire, et le reste de ses biens confisquez à qui
il appartiendra, et banny. Luy est prononcé le dict jugement,
n'en appelle, est exécuté, il se retire à Metz, et depuis vient
obtenir lettres royaulx de relief en cas d'appel et fait intimer
lesdicts juges, pareillement ledict duc de Lorraine qui prent la
cause pour lesdicts juges, ses officiers. Si dit qu'il est mal intimé en la court de céans, si n'y est tenu procéder, par plusieurs
moyens :

Primo, par la déclaration du procureur général du Roy contenue audict plaidoyé de l'an mil cinq cens treize, par lequel il a
confessé par confession expresse, geminée et triplée, et a maintenu que Clermont en Argonne est hors le Royaulme. Et s'il
veult maintenant dire que ceste confession est erronée, jusques
à ce qu'il soit plainement apparu de l'erreur, le duc de Lorraine
est fondé en ceste confession, et s'il estoit loisible au procureur
général du Roy plaider et maintenir une chose, et vingt et trente
ans après plaider et maintenir tout le contraire, il n'y auroit
jamais fin aux procès. *Secundo*, par l'arrest et déclaration expresse de la Court de céans touchant les troys prisonniers dont
il a parlé. *Tercio*, par la possession immémorialle, comme il a
dit cy devant, sans le répéter. Et en regard des tiltres il y est
pareillement fondé, et mesmes par ceulx que le procureur général a par devers luy. Car il a une transaction et adveu du conte
Henry, par lequel appert que le jour des octaves de la Trinité,
l'an mil troys cens sept (*sic*) [1], le dict conte Henry transigea avec
le Roy Philippes le Bel, lors régnant, que désormais il tiendroit
à hommage lige du roy Bar et la chastellenie de Bar et toutes les

---

[1] C'est 1301 ; le copiste aura mal lu « mil trois cens VII » au lieu
de VN.

choses que auparavant il tenoit en franc aleu deça la rivière de
Meuze devers le royaulme, ainsi comme elles sont nommément
désignées par ledict hommaige, et après sont désignez par le
menu les fiefz et terres qu'il entend tenir à hommaige du Roy,
et n'y est Clermont en Argonne et si n'y a apparence que l'on
ayt entendu le y comprendre, car il vault myeulx quatre fois
que tout ce qui est désigné audict hommaige. Davantaige par
deux raisons péremptoires l'on peut congnoistre que Clermont
en Argonne n'est compris audict hommaige. La première, car
il porte par exprès que Henry conte de Bar tiendra du roy à
hommage lige Bar et la chastellenie de Bar et ce qu'il tenoit en
franc aleu deça la rivière de Meuze, or il ne tenoit en franc aleu
la terre et seigneurie de Clermont en Argonne, mais la tenoit
en fief de l'évesque de Verdung, ainsi qu'il appert par plusieurs
adveuz anciens, qu'il en a au poing, et depuis luy a esté remise
la feudalité et la tenue, et tient souveraineté. Par autre raison,
car après la clause générale sont désignez par le menu les terres
et fiefz qu'il tiendra en hommaige estans deça la rivière de
Meuze, et n'y est désigné Clermont en Argonne. Conséquemment ceste généralité de tout ce qu'il tenoit deça la rivière de
Meuze est restraincte par la spécialité après désignée *per legem* :
Qui cum tutoribus, § *De transag*. 5°.

Il est fondé en droict commun par deux théoriques de droict :
la première, car c'est la résolution commune de tous les docteurs
que quand entre le prétendu seigneur et le prétendu vassal est la
controverse de sçavoir si *sit feadum vel non et si sit investitura
vel non, tunc dominus feudi non cognoscit neque etiam pares
curie cognoscunt donec et quousque saltem summarie fuerit
probatum esse feudum*...

Or il n'appert icy *summarie* que Clermont en Argonne soit
tenu du roy, *immo* il appert *summarie* du contraire par la déclaration faicte par le procureur général du roy au plaidoyé de
de l'an mil v^c xiii, pareillement par la déclaration et arrest de
la Court et commission de rogat touchant les troys prisonniers
dont il a parlé. Conséquemment n'est le duc de Lorraine tenu
procéder céans et est follement intimé en l'appel.

Tercio, il est indubitable que en vuydant la fin de non procéder l'on vuyde le principal, car si l'on dit que le duc de Lorraine
procédera céans en ceste matière et qu'il a esté bien intimé, par

la l'on juge que à cause de Clermont en Argonne il est subject
à la Court de céans. Conséquemment l'on juge Clermont en
Argonne estre du royaulme et que des officiers de Clermont en
Argonne il y a appel, et sur la fin de non procéder wyde le
principal. Or c'est une maxime de droict que *quando articulus
jurisdictionis est inseparabilis a causa principali, judex non cognoscit an sua sit jurisdictio vel non, quamvis alias regulariter contra
est theorica Innocentii in capite: Venerabili decens, per illum textum*
où est le cas de l'évesque du Mans qui vouloit visiter l'abbé de
la Cousture. L'abbé de la Cousture tend à fin de non procéder
devant luy, remonstrant qu'il est exempt de sa jurisdiction :
l'évesque du Mans vouloit congnoistre *an sua esset jurisdictio
vel non*. On luy remonstre que en congnoissant *an sua esset jurisdictio vel non* il congnoistroit et décideroit de l'exemption. A
ceste cause il fut ordonné *per Romanum Pontificem* que l'abbé
de Tiron et l'abbé de Josaphat en congnoistroient comme déléguez.

Au partaige du roy Charles Chaulve, auquel se fonde l'advocat du Roy, respond que tous les croniqueurs ne sont en ce
d'accord, et davantaige maistre Nicole Gilles n'est receu pour
historiographe et croniqueur, *neque cronicis adhibetur plenaria
fides ubi agitur de jure et proprietate...* Davantaige, si on vouloit
s'arrester en ce aux croniques, l'on pourroit aussi bien prendre
le partaige que Clovis premier roy de France chrestien feist à
ses enfans, qui est récité par Gaguin et M° Nicole Gilles, par
lequel non seulement ce qui est deçà Meuze, mais tout ce qui est
de là jusques au Rhin seroit du royaulme, et mesme le pays de
Lorraine et Metz qui fut baillé à Theodoric, filz dudict Clovis,
qui fut appellé roy de Metz. Et supposé que ledict partaige du
roy Charles le Chaulve soit subséquent, toutes foys peult y avoir
eu depuis ledict partaige de Charles le Chaulve autres partaiges,
eschanges ou récompenses entre les princes, qui n'ont esté réci-
tées par les historiographes, tellement que la rivière de Meuze
n'est le vray et certain limite du royaulme, et ce peult estre
congneu par expérience, car Verdung est deçà la rivière de
Meuze, et toutes fois le roy ne prétend qu'il soit du royaulme,
comme il est notoire, et y en a plusieurs autres villes, contez,
pays et chasteaulx en semblable. Il est vray que en quelques
endroictz le royaulme de France va jusques à la rivière de

Meuze, et est certain que le roy en d'aucuns lieux a villages au
delà de ladicte Meuze qui sont reputez estre de France, aussi y
en a grant quantité au deça ladicte Meuze qui sont notoirement
tenuz en Empire et non de France, mais non partout.

Et quant anciennement se trouveroit le limite du Royaulme
avoir esté à la rivière de Meuze, il respondroit du dict de pape
Pie en sa Cosmographie : *Non semper tenent suos limites regna.*

Davantaige, le duc de Lorraine est fondé en la notoriété des
anciens du pays, et mesmes des officiers du Roy à Saincte Manehoul, qui est la frontière, par attestation desquelz et acte de
notoriété appert que Clermont en Argonne n'a jamais été tenu
et réputé estre du royaulme mais hors du royaulme, et à ce propos dit Baldus... *Quod in factis multum antiquis opinio generalis habetur pro veritate. Nec est necessaria alia probatio. Et
refert quod dicebat dominus Fabiensis cardinalis quod licet ecclesia non habeat instrumenta de civitatibus suis, si tamen habeat
generalem opinionem prescriptam sufficit ecclesie pro plena proba-
tione, et refert dictum Innocentium in capite : Cum causam de
Jura. cal ubi dicit quod, si non sufficeret ista probatio. non posset
probari quod Cesar fuisset imperator.*

Par ces moyens dit qu'il n'est tenu procéder céans, conclud et
demande despens contre les parties civiles.

4° Réplique de Cappel, avocat général du roi.

Cappel, pour sa réplique, dit que par les moyens par luy
déduictz il soustient sa cause d'appel, et ne reste que à répondre
aux objectz de partie que l'on a voulu fonder en possession et
joyssance immémorialle, en jugement par arrest de la Court,
en confession des gens du roy leurs prédécesseurs et en tiltres.

Or quant au premier, qui est la possession immémorialle, dit
qu'il n'en est riens et la nye, et néantmoins meet en faict possession contraire ; et au regard des actes registrés et exploictz,
dont partie de vente, dit que, quant il en feroit apparoir, ce
seroient toutes entreprinses et usurpations faictes sur le roy et
son auctorité par son subject et vassal, clandestinement et
contre son serment, de mauvaise foy et sur chose qui ne tombe
au commerce des hommes, *cujusmodi sunt fines regni et supreme potestates*, tellement que par telle entreprinse et usurpation

ou joyssances indeues, ne pourroit ledict duc de Lorraine avoir acquis aucune possession ny prescription valable à l'encontre du roy son souverain seigneur, pour le regard du duché de Bar et chastellenie de Clermont. Car en termes de raison *prescriptio contra supremam potestatem principis non valet...*

Quant à la confession de feu M° Roger Barme, advocat général dudict seigneur, que l'on dit avoir esté faicte et geminée, dit qu'il n'en a riens veu, mais quant il en seroit quelque chose, dit qu'elle ne pourroit préjudicier au roy, car il est certain que un procureur ou un advocat général du roy n'a pouvoir de confesser chose qui tende à l'aliénation de son domaine, ny abdication de sa souveraineté, *non enim alienare rem Cesaris sed diligenter gerere commissum est*, dixit textus in lege l° titulo *de Officio procuratoris Cesaris*, facit textus in lege *Sed si tantum* in prin[cipio] titulo *de Pactis*, et est certain en termes de droict que *qui non potest per pactum vel transactionem alienare aut alienationem consentire, non potest per confessionem*. Dit oultre que si aucune telle confession avoit esté faicte par ledict Barme, ce auroit esté par erreur et ignorance de faict, *que non noceret parti principali, nisi per eam in propria facta esset* (Lege : *Cum falsa*, et lege : *Non ideirco minus*, capite : *De juris et facti ignorantia... Multomimus* celle qui seroit faicte *per procuratorem vel advocatum non habentem ad hoc speciale mandatum*.

Au regard des arrestz sur lesquelz partie se veult fonder, dit qu'ilz ne servent de riens et ne peuvent préjudicier au roy. Car quant au premier, par lequel il est dict que le duc de Lorraine viendra advouer ou desadvouer ses officiers de Clermont, il n'emporte adjudication de droict mais seullement que le dict duc viendra déclairer s'il veut advouer ou desadvouer, etc. *Secundo*, quant y auroit autre disposition effectuelle à la question qui s'offre, si ne luy pourroit il nuyre, par ce qu'il seroit fondé sur ladicte confession erronée dudict Barme, qui n'avoit ceste puissance par ce que dict est. Et autant en dit contre le second arrest allégué par partie, de l'an v° xv, qui est donné sur un appoincté est. Autant en dit contre certaine commission rogatoire alléguée par partie, obtenue par le procureur général du roy qui lors estoit. Car c'est une chose faicte par erreur et sans congnoissance de cause, *que non immutare substantiam veritatis*, ne faire perdre au roy chose si précieuse et de si grande conséquence comme sa souveraineté et l'unité de son royaulme. Au regard du dernier arrest, par lequel partie dit que certains prisonniers de Clermont en Argonne sont condamnez sans préjudice de la prétendue souverainneté du duc de Lorraine, dit qu'il ne mérite estre signé ou allégué, et faict plus pour ledict procureur général du roy que pour ledict duc, car nonobstant ladicte souveraineté alléguée, la Court passa oultre, et si elle ajouta ces motz : sans préjudice, etc., cela s'entend : si aucuns en a, et est une réservation qui plus dépossederoit ledict duc de Lorraine que ledict procureur général. Et par ce dit que de se fonder par ledict duc es arrestz par luy alléguez n'y a propos.

A ce que partie dit que jusques à ce qu'il soit plainement congneu de la confession erronée et de l'erreur, ledict duc est fondé en ceste confession, dit que de l'erreur il en appert promptement et plainement par ce qu'il a déduict en ses causes d'appel ; dict oultre que telle confession ne peult *interim* fonder, d'autant qu'elle n'est faicte par partie principale ou procureur spécial ayant puissance mais par officiers, et *sic* elle est subjecte à désadveu, veu mesmement que *in ea agitur de alienatione domanii*.

A ce que partie dit estre fondé en tiltres, il n'en désigne aucun et n'en fait apparoir, fors qu'il se veult ayder d'un qui a par ledict Procureur général esté mis en avant, qui est l'appoinctement faict entre le conte Henry et le Roy Philippe le Bel, par lequel il veult dire que puisque les fiefs, que ledict conte déclaire vouloir désormais tenir dudict seigneur roy en foy et hommaige, sont désignez par le menu et que Clermont en Argonne n'y est *nominatim* comprins ne désigné, il n'est tenu du Roy. A quoi respond que en termes de raison *species per imperitiam post genus enumerate generi non derogant neque illud restringunt*, lege *Legata*, titulo de *Supellectile legata, et videntur potius ad declarationem quam ad limitationem apponi*... Et n'y fait riens au contraire le texte allégué par partie *in lege I^a Qui cum tutoribus*, § *de Transactionibus*.

Dit oultre que ladicte ville ou chastellenie de Clermont en Argonne estoit lors et est des appartenances du conte de Bar, et partant en exprimant la ville du conte de Bar, assez y estoit Clermont comprins.

Dit que toutes les raisons que allègue partie touchant l'appoinctement et recongnoissance dudict conte Henry serviroient ou pourroient servir de contredit contre ladicte pièce, mais que ladicte piéce luy puisse servir de tiltre, il n'y a ung seul propos. Et néanmoins sert merveilleusement ladicte pièce audict procureur général en ces motz qui sont en la fin d'icelle : « Item de tout ce entièrement qu'il tenoit en franc alleu en quelque lieu que ce soit et en quelque chose que ce soit, par deçà la Meuse, vers le royaulme de France. » Par lesquelz motz, supposé qu'il n'apparust que Clermont fust tenu en fief du roy, si appert il que ce qui est par deçà la Meuse est du royaulme. Et sur ce poinct dit qu'il faut noter que audict lieu de Clermont le roy a deux droictz et desquelz l'ung seul est suffisant pour fonder son intention en la cause qui s'offre, l'ung est le droict de feudalité qui se monstre, quelque chose que partie die, par les pièces par luy déduictes en ses causes d'appel, et encores par un extraict, faict en la Chambre des Comptes, de certaine déclaration des fiefz de Clermont en Argonne trouvé en lad. Chambre des Comptes, escript en ung vieil registre couvert de parchemyn, cotté sur la couverture : *Feoda Campanie. M.* et commençant, en l'intitulation d'icelluy : *Homagia Campanie et Brie*; l'autre c'est le droict de souverainneté, d'autant que ledict lieu de Clermont en Argonne est au dedans le royaulme et du royaulme, et conséquemment n'y a autre qui se puisse dire souverain ny usurper ou soy attribuer audict lieu droict de roy ou de souverain, fors ledict seigneur.

Dit qu'il est sans controverse que Beaulieu en Argonne et plusieurs autres lieux dudict Argonne, *etiam* plus de troys lieus de là Clermont, sont en la feudalité, souverainneté et ressort et en l'obéissance du roy, et ne fait l'on difficulté que Argonne ne soit du royaulme, au moyen de quoy de vouloir dire que Clermont en Argonne n'y est point n'y a ung seul propos, et seroit desguiser ledict pays d'Argonne et dire que partie est du royaulme et partie non, *quod non est ferendum cum diverso jure non debeat censeri*, mesmement jusques ausdictes limites anciens du royaulme, qui vont jusques à la rivière de Meuse.

Dit que ce qu'il a dit icy dessus sert pour réponse à ce que partie a voulu dire que, quant entre le prétendu seigneur et le prétendu vassal y a controverse, assavoir si *sit feudum vel non, dominus feudi non cognoscit neque pares curie*, car il n'est question seullement *de superiori et directo dominio et de feudo, sed de suprema potestate et limitibus regni* et souverainneté et ressort. Et seroit une chose merveilleusement estrange se en cas que ung qui est prétendu subgect du roy vouloit détracter sa souverainneté et desadvouer son souverain et naturel seigneur, sur ceste controverse le procureur général du roy fust tenu d'aller plaider hors le royaulme. *Secundo*, le roy n'a point de supérieur et *sic* l'on ne sauroit dire *coram quo talis controversia ageretur*, et parlent la théologie et les docteurs alléguez par partie *inter dominum et vassalum habentes superiorem, non de controversia que oriretur inter subditum an eum qui pretenditur subditus et vassalus et ejus principem supremum, quia sicut ab eo non appellatur sic nec recusari, nec declinari potest illius jurisdictio*.

Tertio, telle et semblable difficulté a esté vuydée par arrest, entre ung nommé Nicolas Andrieu, pauvre homme, et le procureur général du roy joinct avec lui, appellant du bailly de Saint Myel et des maire et eschevins de Retonville et des officiers de la seigneurie de Commercy, et messire Robert de La Marche, mareschal de France, et autres ses consors. *Preterea* partie confesse qu'il suffist que *saltem summarie constet de feudo, quod satis constat* au cas de présent, par ce qu'il a dit en ses causes d'appel. Partant conclud comme dessus et que ledict duc de Lorraine sera tenu de procéder et défendre à sesd. causes d'appel.

Et néanmoins, parce que le procureur du roy et advocat dudict duc de Lorraine ont présentement désadvoué le roy à souverain et naturel seigneur dudict duc, à cause de Clermont, et ont plaidé apertement et la teste levée que Clermont n'est du royaulme, ne dedans le royaulme, ny pareillement tenu en fief du roy, ains que ledict duc a, audict lieu de Clermont, tous droictz de souverainneté et telz que le roy en son royaulme, en dényant non seullement la jurisdiction, ressort et souverainneté et la subjection dudict duc à cause de ce, mais aussi la feudalité, et qu'ilz dient faire par vertu de certains mémoires à eulx envoyés par ledict duc, signez comme ilz dient du greffier ou secrétaire de son conseil, requiers qu'il soit dict que ledict duc de Lorraine envoyra dedans certain brief délay procuration spécial, passée par devant deux notaires, pour advouer ou désadvouer céans le plaidoyé de son advocat. Pour ce faict, prendre

par luy telles conclusions en matière de désadveu, rébellion et
felonnie qu'il verra estre à faire par raison et qu'audict cas es-
cheent de droict.

5° *Réplique de l'avocat des héritiers La Vallée.*

Favier, pour sa réplique, dit que, quelque chose que dient les
intimez, que l'appellant a très bien vescu en ses estatz et que
s'il eust esté oy en bonne justice comme en la Court de céans,
où l'on a accoustumé de garder l'ordre judiciaire, il ne se fust
trouvé chargé d'aucuns cas dignes de repréhention et en eust
sceu très bien respondre. Parties adverses ne respondent point
à ce que les appellans dient que le procès a esté commancé à
faire à Bar au dict de La Vallée, de par les officiers et auditeurs de Bar, commes estans juges compétans et par devant
lesquelz ledict de La Vallée estoit tenu respondre du faict de
ses estatz tant de judicature que de recepte et comptes, et
aussi que pour le faict des particuliers qui prétendoient avoir
contracté avecques ledict de La Vallée, après avoir présenté
plusieurs requestes audict seigneur duc ont esté envoyés audict
lieu de Bar, par devant lesdictz officiers dudict Bar, en quoy
parties adverses ne peuvent dényer que ledict de La Vallée ne
fust subject et justiciable audict lieu de Bar.

A ce que les intimez dient que ledict seigneur duc tient le
conté de Clermont en régale, soubz correction, ilz savent bien le
contraire et que la vérité est que ceulx du conté de Clermont,
quant il y a cas de pardon ou rémission, ilz vont prendre les
lettres de pardons ou rémissions audict lieu de Bar et le remettent aux gens du Roy pour savoir *in qua potestate hoc faciunt
aut quis dedit eis hanc potestatem.*

A ce qu'ilz dient, pour monstrer que Clermont est hors du
royaulme, que les entrées et yssues et droictz de la ferme de
l'imposition foraine du royaulme fine audict comté de Clermont, et que on fait payer ceulx qui vont à Clermont comme
estrangers, à ce y a facile response, pour ce que la ferme de
l'imposition foraine se prent sur toutes marchandises qui sont
menées non seulement hors du royaulme, mais aussi és lieux
qui sont du royaulme où les aydes n'ont aucun cours. Et y a
plusieurs lieux de ce royaulme où l'imposition foraine se prent

comme s'ilz estoient de dehors le royaulme, parce que les aydes n'y ont aucuns cours, comme audict Clermont où le roy ne prent aucuns aydes. Et aussi pour ce que les fermiers n'ont aucuns commis oultre les sièges des bailliages royaulx, et que dudict lieu de Clermont on passeroit facilement la Meuse, et seroit frauder l'imposition du roy qui se prend sur les marchandises tirées hors du royaulme.

A ce qu'ilz dient que les appellations des assises de Clermont se relièvent à Sainct Mihiel, qu'ilz dient estre terre d'Empire, pour response dient les appellans qu'il pourroit bien estre que, pendant le discord et division des guerres, les officiers du duc de Lorraine en ses pays d'oultre la Meuze pourroient bien avoir faict quelques entreprises, et les subjectz de Clermont par craincte y avoir quelques foys obéy, mais cela ne peult tollir le droict du roy ne immuer les limites du royaulme, qui sont imprescriptibles. Bien scet l'advocat des appellans et est souvenant que, il y a vingt trois ou vingt quatre ans et dès l'an cinq cens et quinze, en cas pareil touchant le différend de l'abbaye de La Challade, furent extraictz et productz quelques registres de présentations faictes aux haults jours de Sainct Mihiel par les officiers de Clermont, mais quant on verra et congnoistra le temps de l'entreprise il sera facile à juger que l'on y doit point avoir esgard, et a l'advocat desdictz appellans la copie desdictz extraictz par devers luy qui furent productz pour l'abbaye de La Challade, pour la part dudict seigneur duc, mais en telles entreprises il a tousjours esté contredict.

Pour souldre à l'arrest plaidant Barme, par lequel parties adversent dient qu'il confessa Clermont estre hors l'obéyssance du roy, employent ce qui a esté respondu par l'advocat du Roy, car telle confession erronée dudict Barme, qui n'estoit instruict des limites du roy, *non potest prejudicare*.

Quant à l'arrest donné de l'abbaye de La Challade, c'est un appoincté est *de consensu partium* qui ne peult nuyre au roy.

Quant à l'arrest des Davannes, il fait directement contre parties adverses, *quia curia diffinivit negotium* de tous ceulx qui sont mentionnez ou procez. Et d'avantaige il y a ces motz : sans riens déroger à la Majesté et superiorité du roy de France.

C'est une raison frivolle de dire qu'il y a ung autre Clermont que les titres alléguez ne se peuvent adapter à Clermont en

Argonne. Response : que le titre qui faisoit mention de Clermont montre évidemment que c'est Clermont en Argonne. *Tum primo,* à cause qu'il est mention du duché de Bar. *Tum secundo, quia fit mentio* des prévostez et membres des seigneuries tenuz de Clermont en Argonne ; *tum tercio,* que le Clermont dont parlent parties adverses, qui est au bailliage de Chaulmont, est ung petit lieu et seigneurie *que non meretur signari,* et qui est notoirement au bailliage de Chaulmont et de ce ressort, non pas du costé du duché de Bar dont est mention ès tiltres dont est question.

Et quant au ressort et entreprises alléguées avoir esté faictes par ceulx de Sainct Mihiel, qui sont subjectz et officiers dudict seigneur de Lorraine, telles entreprises sont choses occultes et clandestines, qui ne sont venues à la notice du roy, de sa Court, ne de ses procureurs et advocatz généraulx, en son supreme sénat à Paris. Mais fait à considérer que encores telz abuz et entreprises ont esté faictz pendant le temps que les officiers de Bar ont exercé actes de justice sur ceulx de Clermont, bien peult estre que pour cuyder gaigner sur le royaulme petit à petit par telles présentations ou obéyssances faictes à Sainct Mihiel par les subjectz de Clermont, ilz ont faict quelques actes ou registres à Sainct Mihiel clandestins et occultes, mais pour résolution il fault pour conclure venir à la vérité, et si par telz abuz ou entreprises les droictz du roy sont perduz ou prescriptz, ce qui ne se peult dire ; davantaige que pour ung acte de recongnoissance faicte par les officiers de Clermont aux jours de Sainct Mihiel, il en y a cent de recongnoissance au lieu de Bar, qui notoirement est du royaulme. Si conclud par ces moyens aux fins que dessus, tant ès articles d'appel que des provisions requises des biens qui sont au ressort du royaulme, desquelz les appellans ne doivent estre dessaisiz pendant l'appel.

6° *Décision de la Cour.*

La Court a ordonné que les parties corrigeront et adjousteront à leur plaidoyé sur les fins de non procéder et déclinatoire dedans troys jours, et mectront tout ce que bon leur semblera par devers ladicte Court et au conseil sans contredictz pour, le tout veu, faire droict sur ladicte fin de non procéder et fin dé-

clinatoire, ainsi que ladicte Court verra estre à faire par raison ;
et quant aux provisions requises, ladicte Court, quant à la première concernant la seurté de la personne de la vefve de feu
Valée, à présent demourant à Bar, ayant égard à la requeste
faicte par les advocat et procureur des appellans, a mis et meet
icelle vefve au saufconduict du roy et d'icelle court et a faict et
faict inhibitions et défenses aux parties de ne meffaire ne mesdire à icelle vefve, en sa personne ne en ses biens, en aucune
manière, et enjoinct aux officiers de Bar faire garder et entretenir icelluy saufconduict et garder ladicte vefve en la liberté
telle qu'elle doit avoir, mesmes en liberté de seur accès pour
venir en ceste ville, si elle y veult venir pour la conduicte du
présent procès ; et quant à la requeste faicte par lesdicts avocat
et procureur desdits appellans, à ce que ladicte vefve fust receue
partie en ce dict présent procès et comprinse en la qualité du
plaidoyé, ladicte Court a ordonné et ordonne que lesdictz appellans feront apporter procuration spécial d'elle pour advouer ou
désadvouer la requeste présentement faicte pour et au nom
d'icelle dedans ung moys pour toutes préfixions et délaiz, et en
icelle advouant par ladicte vefve ordonne qu'elle demourra en
la qualité du plaidoyé et non autrement.

Et en tant que touche la requeste faicte tant par le procureur général du roy que lesdictz appellans, tendente à ce que le
procès qui a esté faict contre ledict défunct Valée, et encommancé
à faire par les officiers de Bar, ainsi que les appellans prétendent, fust apporté pardevers ladicte Court, icelle Court ayant
regard à icelle requeste a ordonné et ordonne que, sans préjudice de l'instance appoinctée au conseil sur ladicte fin de non
procéder, ledict duc de Lorraine et de Bar et ses officiers à Bar
feront apporter ledict procès en ladicte Court pour icelluy
veoir, quant à ladicte fin de non procéder tant seullement, et y
avoir tel égard que de raison, en faisant droict sur ladicte fin
de non procéder, et ce dedans ung moys pour toutes préfixions
et délaiz.

Et au regard de la provivion requise de la part desdictz appellans et vefve dudict défunct Valée, tendente en premier lieu
à fin d'avoir mainlevée des biens et héritaiges qui appartenoient
audict défunct, assiz et situez ès lieux confessez par le dict duc
de Lorraine estre de la souverainneté du roy, et depuis que par

provision lesdictz appellans et vefve joyssent d'iceulx biens pendant le procès, et défenses estre faictes aux seigneurs y prétendans droict de confiscation de les troubler en la joyssance desdictz biens, ladicte Court, sans soy arrester à ladicte mainlevée requise, attendu que l'on prétend qu'il n'y a main mise à la requeste du procureur général du Roy, ayant néantmoins regard à ce que de la part desdictz appellans et vefve a esté requis qu'ils joyssent par provision pendant le procès, après que le procureur général du Roy a déclairé ne vouloir ce empescher quant à luy, mais le consentir et accorder, a ordonné et ordonne que pour le regard dudict procureur général du roy lesdictz vefve et héritiers dudict défunct de Valée joyront desdictz héritaiges et biens qui appartenoient à icelluy defunct, qui sont situez et assis dedans ce royaulme et en la souverainneté du roy non révoquée en doubte par ledict duc de Lorraine et de Bar. Et quant aux défenses requises à l'encontre des seigneurs subalternes prétendans droict auxdictz biens au moyen de confiscation, a ordonné et ordonne ladicte Court que lesdictz vefve et héritiers prendront si bon leur semble commission d'icelle pour faire appeler iceulx seigneurs subalternes pour venir respondre et défendre ausdictes inhibitions et defenses contre eulx requises de la part desditz appellans et vefve pour, eulx oys, faire droict aux parties ainsi que ladicte Court verra estre à faire par raison.

Et au regard de la provision requise par lesdictz appellans que les blez et biens qui sont en la ville de Clermont en Argonne, lesquelz on prétend avoir esté saisiz, fussent venduz, ladicte Court ayant esgard à ladicte requeste a ordonné et ordonne que, pour la considération desdictz biens et du droict prétendu [sur] iceulx par lesdictes parties, et sans préjudice desdictz fin de non procéder et déclinatoire proposez par ledict duc de Lorraine, et de l'instance appoinctée au conseil sur icelle, lesdictz blez et autres biens périssables estans en ladicte ville de Clermont qui appartenoient audict de La Vallée seront venduz et délivrez au plus offrant et dernier enchérisseur en la manière accoustumée, et les deniers qui procéderont de la vente mis entre les mains des officiers dudict duc de Lorraine et de Bar, comme en main de justice.

Et en tant que touche la requeste faicte par ledict procureur général, tendente à fin que ledict duc de Lorraine et de Bar, pour le regard de la seigneurie de Clermont en Argonne, fust tenu envoyer procuration spécial pour advouer ou désadvouer le plaidoyé faict par son advocat et déclairer s'il veult et entend désadvouer le roy à souverain et seigneur feodal pour le regard de ladicte seigneurie de Clermont en Argonne, ses appartenances et dépendances, ladicte Court ayant esgard à ladicte requeste a ordonné et ordonne que, sans préjudice de ladicte fin de non procéder et instance appoinctée au conseil sur icelle, icelluy duc envoyra procuration spécial pour faire ledict adveu ou désadveu, et ce dedans ung moys.

(*Arch. nat.*, X¹ᵃ 4906, fol. 502 v° et suivants.)

[Ces plaidoiries, qui sont intéressantes pour l'étude des limites de la France et de la Lorraine, ont fréquemment appelé l'attention des érudits des siècles derniers, ainsi que les remontrances relatives au même objet, prononcées l'année suivante par Cappel devant le Conseil Privé.

La copie de l'un ou l'autre de ces textes, ou des deux réunis, se trouve dans bon nombre des grandes collections manuscrites relatives à l'histoire de France. Voici l'indication des recueils où nous les avons rencontrés :

Bibl. nat., Ms. Fr. 18888, fol. 19-38. Remontrances de 1539.

Bibl. nat., Ms. Fr. 23408, fol. 238 et 271. Plaidoyer et remontrances.

Coll. de Lorraine.

Coll. de Brienne, 88. Remontrances de 1539.

Cinq-cents Colbert, 437. Remontrances (texte du XVIᵉ siècle avec corrections).

Bibliothèque de l'Arsenal, Ms. 4222. Plaidoiries de 1538 et remontrances de 1539.

Arch. nat., KK 1181. Plaidoyer et remontrances.

Arch. de Verdun, AA 1. Remontrances de 1539.

Archives de Chantilly.]

XVI

8 JUILLET 1538

LETTRES DE SURSÉANCE AU PROCÈS DE LA VALLÉE

24 juillet 1538.

Ce jour la Court a reçu les lettres missives du Roy dont la teneur ensuit.

De par le roy.

Noz amez et féaulx, pour certaines causes, raisons et occasions qui à ce nous ont meu et meuvent, vous mandons, commandons et expressément enjoignons que vous ayez à surséoir de procéder plus avant en la matière intentée et pendant par devant vous entre noz amez et féaulx advocatz et procureur général et les enfans de feu Claude de La Vallée d'une part, et nostre très cher et très amé cousin le duc de Lorraine et aucuns de ses officiers d'autre, et à envoyer au surplus seurement ès mains de nostre amé et féal chancellier, dedans le premier jour d'octobre prochain venant, toutes les pièces et procédures qui nous servent et sont pour nous en ladite matière; dedans lequel temps nostredict cousin a semblablement promis de fournir les siennes ès mains de nostre dict chancellier, qui verra le tout et après nous en fera son rapport pour pourveoir sur ce ainsi qu'il apartiendra par raison. Si n'y vueillez faire faulte, car tel est nostre plaisir. Donné à Vauvert près Aiguesmortes le VIIIᵉ jour de juillet mil Vᶜ XXXVIII. Signé : François ; Breton. *Et in dorso scriptum est :* A nos amez et féaulx les gens de nostre court de Parlement à Paris.

(*Archives nationales*, Xˡᵃ 1541, fol. 535.)

XVII

MANDEMENT DU ROI DE FAIRE REMETTRE A LA CONCIERGERIE
DU PALAIS LES SERGENTS CHARGÉS DE L'EXÉCUTION D'UN
ARRÊT A IPPÉCOURT, QUI AVAIENT ÉTÉ ENFERMÉS A LA PRISON
DE CLERMONT PAR LES OFFICIERS DE CETTE VILLE.

Mandatum Francisci regis primo Parlamenti ostiario. Cum
expositum esset pro parte Claudii de La Vallée, dum viveret pre-
positi Claromontensis, ejus relictæ, et Claudii et Christophori
ejus liberorum, quod cum Joannem Dieù, solicitatorem, Petrum
Le Chauve sergentem et Guillelum Gabriani notarium ad executionem arresti unius ad Ypecourt misissent, officiarii Claromontis cum sexaginta personis eosdem captivos Claromontem
deduxerunt, etsi per idem arrestum relicta et ejus gentes et
servitores in nostro et curie nostre salvoconductu positi fuissent
cum inhibitionibus cum magnis penis mandatum repetendi et
capiendi in carceribus Claromontis eosdem captivos ad *la conciergerie* nostri palatii deducendos. Datum Parisius, in Parla-
mento nostro, xviii januarii anno Domini 1538, regni nostri 25°.

> (*Musée Condé*, à Chantilly, recueil sur le Clermontois, non
> foliotè.)

XVIII

18 AVRIL 1539

EXTRAIT DES REMONTRANCES FAITES PAR CAPPEL AU CONSEIL
PRIVÉ DU ROI SUR LES ENTREPRISES DES OFFICIERS DU DUC
DE LORRAINE.

Ensuyvent lesdictes remontrances proposées de bouche par
ledit Cappel au conseil privé du Roy tenu à Romilly près
Troyes le dix huytième jour d'avril mil V^e trente neuf, après
Pasques.

Auquel conseil estoient monseigneur le connestable, messeigneurs les cardinaulx de Tournon, de Mascon et de Lenoncourt;
monsieur l'évesque de Soyssons, monsieur de Humyéres, monsieur le Président Bertrandi, messieurs les secrétaires Breton
et Bayard, deux chambellans de monseigneur le duc de Lorrayne
avecques les gens de son conseil.

REMONSTRANCES A FAIRE AU ROY NOSTRE SOUVERAIN SEIGNEUR
DE LA PART DE SON PROCUREUR GÉNÉRAL TOUCHANT LE FAICT
DE LORRAINE ET DE BARROYS EZ FRONTIÈRES DE CHAMPAIGNES.

..... La Cour de parlement et les gens du roy représentés en une
farce à Bar par dérision.

Depuis le mois de may dernier passé [1] on a fait en la ville de
Bar une monstre de certain jeu ou farce, en laquelle monstre
marchoit premièrement ung homme vestu d'une robbe longue
de velours rouge, avecques un bonnet rond et une aulmusse sur

[1] 1538.

son espaulle en guise de chapperon fourré, que l'on disoit représenter le premier président. Après marcheoient trois aultres
personnaiges vestus de verd, à bonnetz ronds et chapperons à
bourlet, dont l'un portoit ung sac, que l'on disoit, et estoit le
commun bruit, représenter les gens du Roy en ladite Court,
montez sur asnes; et après, plusieurs aultres à robbes longues
et chapperons à bourlet, que l'on disoit estre les conseillers de
ladicte Court. Et après eulx marchoit une charrette que condui-
soit un quidam qui a acoustumé faire le fol ou le badin en
ladite ville de Bar, monté sur le cheval de limon, en laquelle
charrette estoit une femme vestue de deueil, et sa chamberière,
et tenoit ladite femme quelzques papiers en une main et une
bourse en l'aultre qu'elle présentoit ausdits président et conseilliers, et disoit l'on qu'elle représentoit la vefve feu Claude
de La Vallée. Et estoit, ainsy que dient les témoins, le commun
bruit de ladicte ville de Bar que ledict jeu et monstre se faisoit
ou contemp et derrision de la poursuitte que ladicte vefve faisoit en ladite court de parlement contre ledict duc et ses officiers. Et oultre ledit commung bruit, y a ung aultre indice que
cella ce faisoit en derrision de ladicte Court, car ladicte bourse
que présentoit ladite vefve en ladicte charrette se rapporte à
ung interrogatoire faict par les officiers dudit duc au solliciteur
de ladicte vefve, depuis constitué par eulx prisonnier, dont cy
après sera parlé, par lesquelz ilz interrogent ledit solliciteur se
on n'a pas donné argent aux gens du Roy, chesnes, bagues ou
hacquenées à leurs femmes, pour faire ladicte poursuitte?
Fault noter que ladite farce et monstre fut faicte par les enffens
des officiers dudict duc audict lieu de Bar et mesmes par le filz
de maistre Macé Cousin, président des Comptes dudict duc a
Bar. Et si fault notter, pour encores plus monstrer que ledit
jeu a esté faict en derrision de la justice du Roy, que au dict
duché de Bar n'y a aucunes gens de justice qui portent bonnetz
ronds ny chapperons à bourrelet.

Pour entendre la matière et occasion dont proceddoit ledict
jeu ou farce, fault entendre que ung nommé Claude de La
Vallée, demourant à Clermont, officier dudict sieur duc au lieu,
riche de cent ou six vingtz mil escuz, a esté constitué prisonnier par ordonnance dudit sieur duc au lieu de Clermont et
depuis mené à Bar, où son procès luy fut commencé à faire, et

depuis, pour obvier ad ce qu'il ne se peust pourveoir par appel,
fut transporté de ladite ville de Bar à Sainct Mihel et là condamné par certains juges dudit duc à faire amande honnorable,
la hart au col, en certaines amandes pécuniaires, et le reste de
ses biens confisqué, dont il n'osa lors appeller parce qu'on le
menassoit de le pendre s'il appelloit; mais depuis, si tost qu'il
fut eschappé de leurs mains, se retira devers le Roy comme son
souverain et naturel seigneur et obtint relief en cas d'appel, en
vertu duquel feist inthimer ledict sieur duc et ses officiers en la
cour de parlement, en laquelle l'advocat dudict duc de Lorraine,
prenant la cause pour ses officiers. déclaira en plaine plaidoirie,
à huis ouvers, la teste levée, que ledict duc, à cause de sa ville,
terre, chastel et seigneurie de Clermont en Argonne n'estoit
vassal, subject ne justiciable du Roy, ny ressortissant en sa
court de parlement, ains qu'il estoit souverain en ladicte terre
et seigneurie de Clermont et y avoit tous telz et semblables
droictz de souveraineté comme le Roy en son Royaulme, tendant par ce moyen à fin de n'estre tenu plaider ny deffendre en
icelle court de Parlement. Sur quoy les gens du Roy, par la
bousche de l'advocat Cappel qui plaida ladite cause, après avoir
amplement desduict les moyens pour lesquelz ledict sieur duc
estoit tenu sortir jurisdiction à ladite Court comme subgect justiciable et responsable au Roy et sadicte court de parlement, à
cause de sadicte terre et seigneurie de Clermont, et après avoir
conclud que par lesdictz moyens il fust dict par arrest qu'il seroit tenu deffendre à ladite cause d'appel, requirent que néantmoins ledit sieur duc fust tenu envoyer procuration spéciale en
icelle Court pour advouer ou désadvouer ce que par son dit
advocat avoit esté plaidé, pour, ladite procuration veue, estre
par le procureur général du Roy prinses telles conclusions qu'il
verroit estre à faire par raison, ce que par arrest de ladite Court
fut ordonné, et, sur la fin de non procedder proposée par ledict
sieur duc, furent les parties appoinctées au conseil, et depuis
n'a esté plus avant proceddé en ladicte matière au moien de certaines lettres de surcéance envoyées par le roy à la requeste
dudit sieur de Lorraine.

Au moys de décembre dernier passé, ung nommé Pierre Le
Chaulve, sergent à cheval du Roy nostre sire ou Chastellet de
Paris, acompaigné d'un nommé Guillaume Gabrian, notaire

royal ou bailliage de Vermandoys, et de M° Jehan Dieu, solliciteur de ladicte vefve et enffens de Claude de La Vallée, se transporta es villaiges de Rarecourt, Ville soubz Cousance et Lavoys
pour exécuter certain arrest peu auparavant donné en ladicte
Court au prouffict de monsieur le procureur général et de ladicte
vefve et héritiers. Et depuis se transporta au villaige de Ypécourt, scitué ou pays d'Argonne, notoirement assis en ce
royaulme et en la souveraineté du Roy, auquel lieu les dessus
dictz furent arrestez et constituez prisonniers, de grand fureur,
par les officiers et grand nombre de gens, et furent gardé audict
villaige toute la nuyt et le lendemain furent menèz tous à pied,
et houséz par quarante ou cinquante personnes armèz et embas-
tonnéz, en la ville de Clermont en Argonne, distant dudict Ypécourt de trois grandes lieües, ledict M° Jehan Dieu estant lié et ga-
rotté de cordes ; et sur les chevaulx desdictz prisonniers estoient
montéz aulcuns de ceux qui les menoient, portant les hacquebuttes, bastons et hardes des aultres. Et lesdictz sergent, notaire
et solliciteur arrivez audit Clermont furent menez au chasteau,
en la maison du prèvost dudict lieu, et puis, par son ordonnance,
constituez prisonniers audict chasteau : c'est assavoir ledict
Dieu en une basse fosse et ledict sergent et notaire en une maison dudict chasteau, en la garde de quelzques archers, où ilz
furent longuement détenuz et jusques ad ce que ledit sergent fut
contrainct par ledict prévost escripre et signer que, en abusant
par luy et entreprenant sur les droictz et souveraineté dudit
duc de Lorraine, il avoit exploicté, nonobstant le reffuz à luy
faict de luy bailler assistance audict villaige d'Ypécourt, et contre
les subjectz et souveraineté dudict duc de Lorraine ; et si fut
ledict sergent contrainct luy payer dix livres barroys pour
l'amende, et outre le feist ledict prévost jurer que, pour raison
dudict emprisonnement, il ne se pourveroit jamais au Roy ou
à sa court de parlement ny ailleurs que par devant ledict duc
de Lorraine.

Fault noter que ledit M° Jehan Dieu dict par sa depposition
que, luy estant ainsi détenu prisonnier en ladicte basse fosse, il
fut interrogé par lesdictz officiers de Clermont luy usant de
grosses menasses, mesmes de luy faire bailler la question
extraordinaire et torture. Et entre aultres choses luy fut demandé où il avoit prins les faulx adveux et désnombremens

tant de Bar que de Clermont alléguez par Cappel, advocat du Roy, et luy fut dict qu'ilz avoient esté falcifiéz; item, qui mouvoit les gens du Roy à Paris de faire si grosse poursuitte dudict afaire et prandre la matière si à cueur, et s'il sçavoit pas bien que ledict deffunct de La Vallée, sa vefve et luy, leur solliciteur, leur avoient baillé argent pour ce faire.

Item fut interrogé si l'on avoit point faict de présens aux femmes de présidens, aux femmes des gens du Roy, et mesmes à celle de Cappel, qui avoit plaidé la matière de si grosse affection, de quelques chesnes d'or, bagues ou haquenées de valleur.

Item s'il y avoit point quelques gros prince ou seigneur de France qui induisist ledict soliciteur, la vefve et enffens de faire ladicte poursuite.

Item si l'on avoit point conspiré et entreprins de tuer ou empoisonner ledit duc; et plusieurs aultres interrogatoires bien mal à propos.

Peu auparavant que l'on allast exécuter ledict arrest, ung nommé Clément, devisant avecques le cappitaine de Clermont pour ledict duc, nommé Mauléon, disoit qu'il ne tarderoit guères que ladite veufve et enfans ne feissent exécuter ledit arrest, ainsy qu'il avoit ouy dire : à quoy feist responce ledit capitaine, jurant et blasphémant excécrablement, que s'ilz venoient aucuns officiers pour l'exécution dudict arrest, il avoit demie douzaine de chapperons pour les coiffer tellement qu'il respondroit de leurs personnes, et que s'ilz estoient saiges ils ne s'y trouverroient pas.

Les gens et officiers dudict duc dient souvent et ont plusieurs foiz dict aux officiers du roy qu'il cousteroit plus tost à icelluy duc ses duchez de Lorrene et de Bar, sa vye, et de cent ou cinquante mil hommes, que le roy eust la souveraineté dudict Clermont et aultres lieux y déclairez. Et y a aucuns témoingz qui depposent que lesdictz officiers de Clermont dient qu'ilz ne congnoissent le roy ny sa court de parlement et n'ont que faire de luy, et qu'ilz garderont bien le Roy et ses officiers de venir audict pays.

L'huissier Du Puis et Me Claude de la Planche, procureur du Roy au bailliage de Victry, depuis l'excez et emprisonnement devant dict, faict en la personne dudict Le Chaulve, sergent,

et Gabrian, notaire roial, sont par commission de la cour de
Parlement et par commandement de monseigneur le chancelier
envoyez pour l'exécution dudict arrest et pour faire information
et exploitz, ainsy qu'il est porté par ladicte commission ; lesquelz,
arrivez à Clermont pour exécuter ledict arrest, ne furent obéiz
mais rudement traictez, et leur furent chevaulx arrestez pour
l'amende que lesdictz officiers disoient avoir esté par eulx en-
courue pour avoir voullu exécuter ledict arrest audict Clermont,
et furent les dessusdictz contrainctz s'en revenir après et monter
sur les chevaulx de leurs gens et serviteurs et louer une charrette pour porter leurs malles et hardes, et n'y eut homme audict Clermont ny aux villaiges circumvoisins qui leur voulust
louer un cheval.

Après que ledict huissier et procureur du Roy furent partis
dudict Clermont, vindrent au villaige de Ypécourt pour exécuter
un adjournement personnel décerné par ladicte Cour contre le
maire dudict lieu, pour raison de l'emprisonnement abusif par
eulx faict en la personne dudict Pierre Le Chaulve, sergent à
cheval, dont cy dessus est parlé, et ainsi que ledict huissier
proceddoit à l'exécution de ladicte commission fut faite une
grosse commotion de peuple à l'encontre dudict huissier, procureur du Roy et autres de leur compaignie, et y eut un nommé
Dommange Martignon, maire dudit lieu pour ledit duc, lequel
sortit d'une taverne en la rue, la teste nue, son bonnet en une
main et l'aultre levée, lequel s'escria à haulte voix, faisant commandement à tous les habitans de par leur souverain seigneur
monseigneur le Duc, qu'ilz eussent à prendre prisonniers tous
ceulx de ladicte compaignie ; aultant en feist un nommé
Hachette ; auxquelz cryz yssit en ung instant ung merveilleux
popullaire de toutes les maisons dudict Ypécourt, en grosse
fureur, en criant : « Prenez-les, prenez. Apres, apres, qu'ilz
soient prins et arrestez », et avoient bastons de plusieurs sortes
comme arbalestes bandées, hacquebuttes, hallebardes, javelines,
espées et austres bastons. Pour à quoy obvier et évitter à ladicte
fureur, furent les dictz huissier et procureur du Roy et aultres
de leur dicte compaignie contrainctz le gaigner au pied et se
saulvèrent, excepté la pouvre vefve dudict deffunct de La Vallée,
laquelle en fuyant tumba de son cheval et fut par les dessusditz
prinse et menée prisonnière en grosse rudesse, et furent audict

lieu d'Ypécourt, et combien que auparavant elle eust esté mise
au saufconduict du Roy et de la Court et deffences eussent esté
faictes audict duc et ses officiers de ne meffaire ne mesdire à
ladicte veufve, ny l'empescher à la poursuite dudict procès.

(*Bibliothèque nationale*, collection Brienne, vol. 124, fol. 5. —
Archives de Verdun, AA 1.)

XIX

Messieurs, nous avons esté mandez par le roy pour luy faire
les remonstrances, particullièrement et par le menu, des grandes
usurpacions, entreprises, nouvelletez, rébellions et désobéyssances que contre son honneur, auctoritez, droictz et souveraineté et sur les anciennes bornes, lisières et limittes de son
royaulme, ont par cy devant faict et font ordinerement tous les
jours les gens, officiers et subgectz de monsieur le duc de Lorraine et de Bar ; pareillément, pour respondre et deffendre à ce
que le dict seigneur duc, pour son excuse et à la conservacion
de ses droictz, vouldroit par son conseil faire proposer et remonstrer au contraire. Et pour ce que vous, messieurs du conseil
dudict seigneur Roy, représentans sa personne et ymaige, en-
tendez trop mieulx que nous la grandeur de la besoingne et
quel bransle en conséquence porte ceste chose à monseigneur de
Lorraine, et ce qu'en faisons et avons faict estoit pour le devoir
de nostre office et acquitter du service que debvons au roy, nous
vous supplions, messieurs, qu'il vous plaise nous donner, comme
nous ne doubtons que donnerez, bonne et gracieuse audience, ne
vous enuyans si la narration est ung petit longue, et voullons
bien requérir Monseigneur de Lorraine n'estre mal content, si
luy gardant la plus grande modestie, honnesteté et gracieuseté
qu'il nous sera possible pour l'honneur de sa personne, qui est
vertueux prince, parent et grand amy du Roy, et faisant tout ce
que, sans faire détriment à nostre cause, se peult obmectre,
nous sommes contrainctz dire icy des choses qui par adventure
ne luy seroient pas plaisantes à ouyr, l'asseurant toutes foiz et

vous, messieurs, que nous ne dirons riens dont promptement et par les pièces que avons apportées nous ne vous facions apparoir.

Or, Messieurs, pour entrer en matière, je commenceray à présupposer qu'il n'est riens plus sacré et moings violable ès choses humaines et après les divines que les supremes puissances, jurisdictions, souverainetez et auctoritez des Roys et princes souverains, mesmement de ceulx qui sont constituez de Dieu sur son peuple, et qui de luy seul recongnoissent leurs royaulmes et principaultez, comme le Roy nostre souverain seigneur, qui tient son royaulme de Dieu seul en tiltre de monarchie et empire, n'est pareillement riens tant privillégié, plus deffensable ny moings violable que les fins, limites et bournes des royaulmes, pays et provinces desquelz Nostre Seigneur Dieu nous bailla instruction en l'Ancien Testament, quant il dist aux enffens d'Israel, a l'unziesme chappitre de Deutéronome : « *A deserto et a Libano, et a flumine magno Euphrate usque ad mare occidentale erunt termini vestri* ». Et *paulo post*, au chappitre XIXe : « *Non assumes et transferes terminos proximi tui quos fixerunt proceres in possessione tua.* » Et Salomon en ses Proverbes, au chappitre XXIIe : « *Ne transgrediaris terminos quos posuerunt patres tui.* » Et non seullement entre le peuple de Dieu et les chrestiens, au Nouveau, ont esté lesdictes bournes et limittes reputez inviolables, mais aussi entre les gentilz et barbares, qui ont tousjours eu en singulliere recommandacion la tuition et conservation des fins et limites de leurs seigneuries, et non seullement de la conservacion, mais aussi de la propagacion, comme on lict en plusieurs et diverses hystoires ; mesmes des Lacédémoniens, qui, quant l'on leur demandoit jusques où s'estendoit leur dition et seigneurye, respondoient qu'elle s'estendoit jusques à la poincte de leur espée, tellement qu'ilz mesuroient leurs fins et limites à l'aulne de leurs lances ou glaives ; des Romains, qui au commencement de leur regne furent si curieulx de garder leurs limites que Romulus fist tuer Remus son frère pour avoir, contre la prohibicion, sailly et trespassé le val ou fossé qu'il avoit faict pour muraille et ceinture de la ville de Rome ; de César qui, au retour des Gaules en Italye, congnoissant quel péril s'estoit de transgredir les limites des empires, dict au passaige de Rubicon : *Jacta est alea*; et aultres infiniz exemples, pour tous lesquelz, a cause de briefveté, je me contenteray d'un que escrit Sabbelique, après plusieurs anciens hytoriographes, et vous supplye, messieurs, ne vous enuyer, car il sert mervelleusement à propoz. C'est au temps que les Cartaginiens estoient dominateurs en Affricque et les Ciréniens, au contraire, en grande cellebrité et oppulence, s'esmeut grosse guerre entre eulx pour les limites et finaige de leurs seigneuries ; et y eut une si fiere et rudde journée entre les deux armées que d'une part et d'aultre leurs forces en furent égallement affoiblies, de sorte qu'ilz vindrent à composition, et par la capitulation, pour ce que entre les deux seigneuries et royaulmes y avoit une grande contrée ou plaine sablonneuse, qui ne faisoit et ne pouvoit faire aucune separation, fut accordé que à ung certain jour, d'une part et d'aultre, partiroient certains ambassadeurs ou depputez, et que, où ilz s'entrerencontreroient, seroient leurs bornes de l'ung et l'aultre desdictz peuples. Advint que de la part desdictz Cartaginiens furent depputez deux frères qui se nommoient Phileni, lesquelz firent grande dilligence de cheminer vers la seigneurie desdictz Ciréniens, et aussi, ce mesme jour, partirent deux aultres de la part d'iceulx Ciréniens, tirans vers la seigneurie desdictz Cartaginiens. Lesquels Ciréniens firent de leur part beaucoup moings de chemin : si ce fut par ignavie ou négligence, ou par quelque cas fortuit, l'histoire n'en dict riens. Mais quoy qu'il en soit, ou lieu où ilz s'entrerencontrèrent, lesdictz Ciréniens voyant que lesdictz Cartaginiens frères, nommez Philènes, avoient fort gaigné pays et grandement enjambé sur leur seigneurie, commancèrent à noyser, débatre et quereller, voullans troubler le traicté et composition qui avoit esté faict et accuser lesdictz Philènes de n'avoir en ladicte besoingne procedé loyaulment, mais y avoir faict quelque barat et tromperye, ou aultrement avoir violé la paix et capitulation. Tant y a qu'ilz aymoient mieulx sans raison quereller et mourir en assaillant lesdictz Philènes que de retourner à leur gent, messaigers et renunciateurs de chose ou besoingne mal par eulx exploictée. En fin ceste rixe et conflict, proposèrent lesdictz Ciréniens ausdictz Cartaginiens frères une offre ou condicion d'appoinctement qu'ilz misrent au choix desdictz Philènes : c'est qu'ilz choisissent lequel ilz aymoient le mieulx, ou estre enterrez audict lieu et ès fins qu'ilz voulloient

acquérir à leur peuple et jusques ausquelz ilz estoient venuz, et
là seroient et s'estendroient lesdictes bornes et limites de la
seigneurie de leur nation, ou que, par semblable addicion, lesdictz Ciréniens fussent enseveliz et enterrez vifz où ilz vouldroient, tirant vers ladicte seigneurie des Cartaginiens, et que
jusques là s'estendissent les limites de la seigneurye de leur
peuple. Sur laquelle offre lesdictz Philènes optèrent et choisi-
rent d'estre enterrez audict lieu jusques auquel ilz estoient venuz, et de faict le furent; en mémoire de quoy le peuple des
Cartaginiens leur consacra audict lieu deux beaulx sépulcres et
autelz et sacrifier. Et là furent constituez les limites de la seigneurie des Cartaginiens du cousté des Ciréniens.

Et ne doibt cest exemple et fondement desplaire à monseigneur
le duc de Lorraine, car il est à luy comme à nous; mais est
allégué pour monstrer de nostre part que nous, qui sommes
procureur et advocat généraulx du Roy et de sa couronne, et
desquelz estatz la principale charge consiste en la conservation
de ses auctoritez, droictz et souverainetez et des anciens fins
de son royaulme, quant à la poursuicte, action et remonstrance
envers icelluy nostre souverain seigneur, et vous, messieurs de
son conseil, ne debvons avoir moindre cueur que lesdictz Philènes
frères et debvons myeulx aymer, comme à la vérité nous ayme-
rions mieulx mourir et estre enterrez sur le fossé, limitte et
lizière de son dict royaulme que de souffrir ou dissimuler aucune usurpacion et enjambement sur iceulx, quant à ce qui gist
en nostre puissance, qui est de nous en informer et en advertir
le Roy, luy remonstrer et desduire ses droictz et le supplier très
humblement d'y pourveoir.

Ce présupposé, nous remonstrons au Roy et à vous mesdictz
seigneurs de son conseil, pour luy en faire le rapport.

(*Bibliothèque nationale*, Cinq-Cents Colbert, nᵒ 437.)

XX

« REMONSTRANCES A FAIRE AU ROY, NOTRE SOUVERAIN SEIGNEUR, DE
LA PART DE SON PROCUREUR GÉNÉRAL, TOUCHANT LE FAICT DE
LORRAINE ET DE BARROYS EZ FRONTIÈRES DE CHAMPAIGNE. »

Premièrement, que tant par la division de Julle César, en ses
commentaires, et aultres anciens et modernes géographes
comme Ptholómée, Strabo, Pline, Cornelius Tacitus, Acciolus,
Sabellicus et mémes par l'istoire de Franciscus, Hirenicus et
Agnonius, historiens allemans, et plusieurs aultres, comme par
la jouissance, conquestes et possession des premiers roys de
France, le Royaulme de France dès son commencement fut limité
et s'estendit du cousté des Allemaignes jusques au fleuve du Rhin,
en y comprenant les terres et pays qui de présent ont nom
Lorraine et Barroys.

Et que ainsy soit le grand Roy Clovis, premier Roy chrestien,
qui n'eut jamais aultre titre que de Roy de France et en la
personne duquel fut constituée de Dieu, establie, approuvée et
confirmée la coronne, dition et puissance des Roys de France,
par la mission celleste du sainct huille dont ilz sont sacrez et des
fleurs de liz que l'ange lui apporta pour armoiries et insignes,
soubz ledict nom et tiltre jouist desdictes terres et pays jusques
aud. fleuve de Rhin paisiblement, mesmement de ce qui aujourd'huy s'appelle Lorraine.

Et après son trespas, Theodoric l'ung de ses filz eut pour son
partaige le pays de Lorraine et mist son siège à Mectz, ainsy
que cronicquent infiniz historiographes, et depuis, lad. Lorraine et
Royaulme de Mectz furent réuniz au royaulme de France après
la mort de Théodebert Roy de Mectz et ses frères, quand la
monarchye de France retourna toute à Clotaire deuxiesme de
ce nom, Roy de Paris, qui fut environ l'an cinq centz dix sept
ou dix huit.

Que desdicts pays de Lorreine, de Barroys et génerallement de tout ce qui est deça le Rhin, les roys de France en tiltre et quallité de Roys ont jouy comme estant de leur dict Royaulmé et souveraineté et faisans partie d'icelluy, jusques au temps de Charles deuxiesme surnommé le Chaulve, qui commença à régner l'an huit cens quarante ung. Entre lequel, Lothaire et Louis ses frères, enffans de Louis premier surnommé le Débonnaire, s'ourdirent grandes guerres pour raison du partaige de la succession de leur dict père, et finablement vinrent à accord et partaige, lequel fut des lors confirmé par le pappe Sergius qui lors présidoit en l'église. Et par ledit partaige Lothaire eut l'empire et les terres d'Ytalye avecques une portion de France qui est entre le fleuve de l'Escau et le Rhin, qui s'appel aujourd'huy Lorraine, du nom dudit Lothaire. A Loys eschent toutte Germanie et Allemaigne et audict Charles le Chaulve eschent le royaulme de France, et fut dict qu'il se termineroit par la mere occeane et britanicque, par les mons Pirénées et la rivière de Meuse, qui furent baillées pour limittes et bornes insignes dudit Royaulme, ainsi que tout ce que dict est tesmoignent les anciennes cronicques et escripvains francoys, allemans et ytalliens, dont nous avons aporté les livres et les avons icy, ensemble les extraicts de plusieurs vieilles et anciennes croniques escriptes à la main, que nous avons trouvés en la librairie Sᵗ Victor et aultres de ce royaulme.

Que ledict pays de Lorraine, après la mort dudict empereur et de Lothaire Roy de Lorraine son fils, retourna audict Charles le Chaulve parceque ledict Lothaire Roy de Lorraine, qui estoit nepveu dudict Charles le Chaulve, estoit décédé sans hoirs, et pareillement Loys, fils dudict Loys Roy de Germanie, aussi nepveu dudict Charles le Chaulve, et soubs le titre de Roy de France ledict Charles le Chaulve, qui depuis fut empereur, en jouist, car par lesdictes cronicques il se trouve que après le décès dudit Lothaire Roy de Lorraine, et auparavant que ledict Charles le Chaulve fust empereur, il s'empara et jouist dudict pays de Lorraine; et aussy par lesdites chronicques se trouve que Lothaire troisiesme de ce nom, Roy de France, en l'an neuf cens soixante dix sept, bailla à son frère Charles pour son appennaige le duché de Lorraine.

Que l'an mil deux cenz dix huict le duc de Lorraine qui pour lors estoit, en présence de Frédéric, Roy des Romains et de Cecille, et de l'archevesque de Trèves et plusieurs aultres, feit serment de fidellité à la contesse de Champaigne et son filz du service et justice que lui et ses prédécesseurs debvoient aux contes de Champaigne, comme il appert par lettres signées de sa main et scellées de ses armes et par aultres lettres dudit Frédéric, et encore aultres de Odo duc de Bourgoingne et aultres dudict archevesque de Trèves, qui sont toutes en la chambre des comptes à Paris et dont nous avons les extraictz.

Que l'an mil deux cents quatre vingt dix neuf le Roy Philippes quatriesme, dict le Bel, et Albert empereur d'Allemaigne s'assemblèrent ensemble en la ville de Vaulcouleurs, feirent appointement et confermèrent les anciennes alliances qui aultres foys avaient esté faictes entre leurs pays, Royaulmes et seigneuries, et là, ledict Albert empereur, du consentement de ses barrons, octroya audit Philippes le bel que les fins, termes et limites, puissance et condition du Royaulme de France, qui lors et depuis ledict partaige de Charles le Chaulve ne s'estendoit que jusques à la rivière de Meuse, se estendissent plus oultre, aulcuns dient jusques au fleuve du Rhin, et les aultres jusques à une borne d'airain en laquelle sont emprainctes les armes de France d'un cousté et celles de l'Empire d'aultre ; et audict appoinctement estoit présent et consentant le conte de Bar qui pour lors estoit et y fut compris.

Et par icellui appoinctement, parce qu'il tenoit et avoit tenu le party d'Angleterre, luy fut donné ung an de trèves ainsi que portent les annalles et cronicques de France. Tellement que jusques à la rivière de Meuse indubitablement et générallement s'estendent les limittes de France et n'y a riens par deçà qui ne soit du Royaulme et de la juridiction et souveraineté du Roy, en manière que, par la censure du droit et la sentence de tous les maistres qui en ont escript, que l'on pourroit alléguer et que nous alléguerions se nous estions en concertation sérieuse et judiciaire, tout ce qui est dedans lesdictes limittes est censé et reputé appartenir à celluy dedans les limittes duquel est la situation ; et en cella il est fondé de droict commun, non seullement en seigneurerie souveraine et directe, en ressort et juridiction et en puissance supreme, mais aussi en propriété et héritaige s'il n'appert du contraire ; et que non seulement

jusques à ladicte rivière de Meuse mais aussy par delà s'estendent la souveraineté, jurisdiction et ressort dudict S^gr Roy, il
en appert parce qu'il y a plusieurs chasteaulx, villes, villaiges,
lieux et places qui sont situez delà la rivière de Meuse, vers Lorraine et les Allemaignes, qui néantmoings sont au Roy et à luy
appertiennent, les aulcuns en droict de fief, de souveraineté,
jurisdiction et ressort, et les aultres en vray et pure propriété,
et entre aultres y a le villaige de Meuse, où la rivière de Meuse
prent son nom, qui est du bailliage de Chaulmont en Bassigny;
Domballe, dudict bailliage de Chaulmont; Leniseulles, dudict
bailliage; le chastel et villaige de Choiseul, dudict bailliage de
Chaulmont; les Gouttes, qui est de Barroys et du duchié de Bar,
bailliage de Sens; Levecourt, Barroys, bailliage de Sens; le
chastel de Bourmont, Barroys, bailliage de Sens; Doncourt,
Barroys, bailliage de Sens; Haucourt, Barroys, bailliage de Sens;
le chastel de Beaumont, Barroys, bailliage de Sens; Herville,
Barroys, bailliage de Sens; Neufchastel, tenu en fief du Roy, ressort
et souveraineté, dont sera cy après parlé, bailliage de Chaulmont;
chastel de Dompremy, bailliage de Chaulmont; Traveron, bailliage
de Chaulmont; Pagny sur Meuse, prévosté de Gondrecourt, auquel
y a une ruë appellé la rue du fief du Roy, bailliage de Chaulmont; le boys de la Voyrie et terres labourables de Vaucouleurs,
appartenant au Roy, de son domaine du bailliage de Chaulmont
et Challaines au Roy, du bailliage de Chaulmont; Sainct Germain, appartenant au Roy et à Mons^gr de Lorraine; Nostre
Dame de Mase, bailliage de Chaulmont; Bouslay, bailliage de
Chaulmont. Et combien que Vaucouleurs soit deçà la rivière de
Meuse, à la part du royaulme appertenant au Roy, sy sont les
signes et forces patibullaires delà ladite rivière de Meuse du
cousté de Lorraine.

Que oultre le général fondement qui est sur lesdictes
anciens et insignes limites, le conte Henry de Bar qui s'estoit
auparavant eslevé contre le Roy Philippe le bel avec les flamans,
angloys et Raoul empereur d'Allemaigne, et s'estoit allié avecques
eulx par le traicté de la réformation de la paix, feist foi et
hommaige lige audict Roy Philippe le Bel, pour luy et pour ses
hoirs, Roys de France, du chastel, ville et chastellenye de Bar
et généralement de tout ce qu'il tenait en franc alleu en quelque lieu que ce soit et en quelque chose que ce soit, par deçà la

Meuse, vers le Royaulme de France, et en est la déclaration au
trésor des Chartres du Roy, portant ces mots en l'intitulation :
« Se sont les terres, villes, chasteaulx, possessions, droietz et
seigneuries desquels Henry, conte de Bar, feist hommaige lige
au Roy Philippe le bel et ses hoirs, Roys de France, » etc. Et porte
ladicte déclaration, tant au commencement que en la fin, ces
motz : « Et entièrement de tout ce que ledict conte tenoit en
franc alleuf en quelconque lieu que ce soit et en quelque chose
par deça la Meuse au Royaulme de France », tellement que par ladicte recognoissance, reprinse et hommaige appert que tout ce
qui est par deça la rivière de la Meuse, pour le moings, est du
Royaulme de France.

Par le traicté de ladicte refformation de paix, ledict Henry
conte quitta audict Roy Philippes le bel et ses successeurs, et
promist garentir les chasteaulx et chastellenyes de Conflans,
Chastillon sur Saonne et de La Marche, et la ville de Sormery,
laquelle, avecques toutes ses appartenances, droietz et seigneuries quezlconques, Jehanne comtesse de Bar, qui tenoit à l'héritaige ladicte ville, donna et délaissa au Roy et à ses successeurs et luy promist garentir, et de ce luy bailla ladite comtesse
lettres scellées de son scel. Fut aussy dict par ledit traicté que
audit roy et ses dictz successeurs demeuroit tout ce qu'il
tenoit au Royaulme de la terre dudit conte, pour cause de forfaicture, excepté Vienne s'il estoit trouvé qu'elle fust de l'héritaige de ladite contesse sa mère.

Que l'an mil trois cents vingt et troys, le conte de Bar qui
lors estoit, filz dudit conte Henry, recognut tenir du Roy en foy
et hommaige ladite ville de Bar et tout ce que ledit conte Henry
son pére tenoit de son alleuf, par deça la Meuze, selon la nature
et les conditions contenuez ès lettres de la reprinse qui en avoit
esté faicte par ledit conte Henry son père. Et est ladicte foy et
hommaige au trésor des chartres dudict Sᵍʳ Roy, par lettres
autentieques signées du seing dudict conte et scellées du scel de
ses armes.

Que, l'an mil trois cents quatre vingt et unze, le duc de Bar
feist foy et hommaige au Roy Charles sixiesme dudict duché de
Bar et de plusieurs aultres terres denommées ès lettres dudict
hommaige, situées deçà la riviere de Meuse, et pareillement des
terres et seigneuries de Gondrecourt, de La Marche, de Chas-

tillon sur Saonne, de Conflans en Bassigny, de Sormery et aultres, lesquelles lettres d'hommaige sont en la chambre des comptes et dont nous avons l'extraict.

Que l'an mil quatre cents soixante ung, le roy de Cecille, duc d'Anjou et de Bar, feist foy et hommaige au Roy Loys onziesme, du duché de Bar et plusieurs aultres terres, et mesmement de la tierce partie de Beaumont en Argonne, et porte la lettre de foy et hommaige ces motz : « Et generalement de toutes et chacunes lesdictes villes, chasteaulx et chastellennies, et ainsy que luy et sesdicts predecesseurs ont faict aux autres. »

Que l'an mil iii^c LXXIII les villes, chasteaulx, terres et seigneuries de Clermont en Argonne, Vienne et Quémenieres, furent mises en la main du Roy, et en print possession ung nommé Raoul sire de Boursault et de Louppy, et y mist gens pour et ou nom du Roy.

Que combien que ledit chastel, villes, terres et seigneurie de Clermont en Argonne soient situez et assiz deçà la rivière de Meuze plus de sept ou huict lieues, comme Mgr le duc de Lorraine et ses officiers sont assez d'accord, et conséquemment au royaulme de France et au dedans de la souveraineté et ressort dudit S^{gr} Roy ; combien aussi que la dicte terre et s^{grie} soit située ou duché de Bar et face partie d'icelluy, comme appert par la production mesme dudict S^{gr} de Lorraine et par les extraictz et registres des assises tenues audict lieu de Clermont, ausquelz n'y a jamais aultre procureur de ladicte seigneurie qui y compare pour le seigneur de Clermont et pour les droictz de ladicte s^{grie} fors le procureur du duché de Bar ; combien aussi que ledict S^{gr} duc de Lorraine soit homme lige vassal, et vassal dudict S^{gr}, à cause dudict duché de Bar et toutes aultres terres qu'il tient deçà la rivière de Meuse, et aussy à cause de Neufchastel et aultres terres cy dessus declarées situées delà ladyte rivière de Meuze, neantmoings ledict S^{gr} duc et ses officiers se sont par cy devant efforcez et efforcent exempter de l'obéissance et souveraineté du Roy et du ressort de sa court de parlement, et ont faict et font en ladicte ville de Bar, à Clermont, à Commercy et aultres lieux, mesmes en ceulx qu'il tient deçà ladicte rivière de Meuze, plusieurs usurpations et entreprinses sur les droictz, souveraineté et auctorité du Roy et plusieurs actes, procédures et expéditions qui ne peuvent appartenir sinon à S^{gr}

souverain, dont il appert tant par lettres et tiltres, comme par informations deuement faictes ; et aussy ont lesdictz duc et ses officiers èsdictz lieux par cy devant faict et font ordinairement plusieurs excèz, rebellions, désobéissances et oultraiges aux huissiers, sergens et aultres officiers du Roy, exécuteurs de ses lettres et mandemens, commissions de ses juges et arrestz de sa court de parlement.

Et premiérement ledict seigneur duc de Lorraine, en ladicte ville de Bar et aultres qui en deppendent, en ladicte ville de Clermont, en la ville de Commercy, au villaige d'Ypecourt et aultres lieulx, terres et seigneuries qui luy appartiennent, tenues du Roy, tant delà que deçà la rivière de Meuze, se intitulle et faict appeler ordinairement par ses subjects S^{gr} souverain, tant en criz et proclamation publicques comme par escript.

Ledict S^{gr} duc ésdictz lieux baille remissions, pardons, anoblissemens, rappeaulx de ban, légitimations et toutes aultres graces, reliefz, anticippations, reliefvemens d'*illico* et toutes aultres lettres de chancellerie, et se entérinent lesdictes lettres par ses juges et officiers audictz lieux, et si aulcun le veult empescher il est menassé d'ung chapperon d'allemant.

Les subjectz de ladicte duché de Bar et aultres terres appartenant audict duc, en ce Royaulme et en la souveraineté du Roy, par menasses des officiers et aultrement, par craincte et pour leur complaire, relievfvent leurs appellations à Sainct Mihel, hors le Royaulme, és grans jours dudict duc, où il les faict juger en dernier ressort, combien que, de leur nature, elles ressortissent les unes en Vermandoys, les aultres à Victry, les aultres à Sens et les aultres à Chaulmont. Et ne les osent ailleurs lesdicts subjectz rellever, et si quelqu'ung d'iceulx subjects obtient lettres royaulx pour les rellever en ce Royaulme, il est menassé, et ne se treuve advocat ny pratricien en ladicte ville de Bar, ny en ladicte duché, qui ose ne veulle conseiller ny soustenir lesdictes lettres ny aultres lettres royaulx, soit en matière de nouvelleté ou aultre matière, ny sergent qui les ose mectre à exécution, et ne leurs veullent les officiers du dict duc bailler assistance ny permettre icelles lettres et mandemens exécuter, et sont menassez de leur bailler ung chapperon d'allemant.

Combien que Commercy soit situé deçà la rivière de Meuse et en ce royaulme, et soit tenu du Roy tant pour la part que en

ladicte terre appartient aux héritiers du feu conte de Brayne,
comme pour celle que ledict S^{gr} duc dict lui appartenir, et que
nous en ayons les adveuz et reprinses, néantmoings ledict duc
ou ses officiers audict lieu de Commercy se sont esforcez de eulx
exempter de l'obéissance et subjection du Roy, de sa jurisdiction,
souveraineté et ressort, et ont faict publier et proclamer grans
jours avec deffences de ne rellever en la court du Roy, et,
sur certaine appellation interjectée de sesditez officiers audict
Commercy, ledict S^{gr} duc a tendu en ladicte court de parlement
afin de non procéder, et faict plaider qu'il n'estoit à cause de ce
subject du Roy.

Les sergens royaulx ne sont aulcunement obéyz en ladicte
ville de Bar, duché de Barroys, seigneurie de Clermont et aultres lieux appartenant audict duc en ce royaulme, quant ilz vont
exécuter de par le Roy, et y a tesmoingz qui depposent que en la
ville de Verdung, Thoul et aultres villes imperialles ilz sont
mieulx obéyz et receux et en plus grande révérance que ésdits
lieux de Bar, Clermont et aultres devant dictz.

Combien que Gondrecourt, qui est une belle chastellenye,
tenue du Roy à cause de son conté de Champaigne, soit du
Royaulme, ressort et souverainetté du roy, bailliage de Chaulmont,
et que ladicte chastellenye se consiste en trente ou quarante
villaiges, ce néantmoins y a plus de vingt, voyre plus de vingt
cinq ans, aulcunes appellations ne furent rellevées des officiers
desdictz lieux audict Chaulmont, et la raison est que ledit
S^{gr} duc faict tenir unes assises audict lieu de Gondrecourt
par son bailly de Bassigny, lequel ne se intitulle bailly de Gondrecourt, et n'est possible de luy faire prendre ledict tiltre, mais
se intitulle ésdictes assises bailly de Bassigny, et sont les appellans de luy ésdites assises contraincts rellever à Sainct Mihel.

Combien que le chastel, terre et seigneurie de Bazoïlles soit
situé et assis dedans ce Royaulme et an deçà la rivière de Meuse,
du bailliage de Sens, et soit comprins en l'adveu dudict conte
Henry, et que Bourmont et La Mothe, encores qu'ilz soient delà
ladicte rivière, soient tenuz en foy et hommaige du Roy et du
ressort du bailliage de Chaulmont, ainsy que le contient par
exprès, quant au chasteau de La Mothe, l'adveu dudict conte
de Bar de l'an mil iiie vingt troys; combien aussi que Neufchastel
soit fief du Roy et de son Royaulme, et partant que les habitans

et natifz dudict lieu n'ayent aultre souverain que le Roy, néantmoings, depuis ung an en çà, sur ce que ung nommé messire
Dominique Fabri, pourveu de la cure de Bazoilles, auroit obtenu
et faict exécuter unes lettres de maintenue contenant saulvegarde et adjournement contre ung nommé Jehan Clausse, natif
de Neufchastel, soy disant pourveu de ladicte cure, et planté les
armes du Roy aux portes de l'église, au dessoubs desquelles y
avoit escript : « De par le Roy », ledict Jehan Clausse auroit présenté
requeste audict seigneur duc de Lorraine, par laquelle lui auroit
donné à entendre que ladicte terre de Bazoilles ressortissoit en
la senechaussée de La Mothe et Bourmont, et par appel aux
haults jours de Sainct Mihel, et partant que, en ce que avoit faict
ledict Dominicque Fabri, la souveraineté dudict duc avoit esté
merveilleusement blessée ; soubs coulleur de laquelle requeste,
après aulcunes ordonnances faictes par le conseil dudict S^{gr}
duc, finablement ledict duc en la ville de Bar, en l'absence
dudict Fabry, qui n'y voullut comparoir, dict que, veu les
exploictz faictz à requeste dudict Fabry contre sa souveraineté, et entendu le droict dudict Clausse, il sera mandé et
ordonné expressement au bailly de Bassigny ou son lieutenant,
seneschal et clerc juré de La Mothe et de Bourmont, ledict
suppliant soulztenir et entretenir en la possession de ladicte
cure de Bazoilles, et le faire joyr réaulment et de faict, en con-
traingnant ledict Fabry et exécuteur de ses exploictz contre
la souveraineté d'icelluy S^{gr}, à réparer etc. Et est ladicte
ordonnance expédiée à Bar le xie jour de novembre, signé
Anthoine. Et commencent par ces mots : « Monseigneur le duc
nostre souverain seigneur » ; et avons la coppie collationnée à
l'original.

Plusieurs villaiges dudict Barroys, qui soulloient estre et
sont notoirement du Royaulme, deçà la rivière de Meuse, circonvoisins de Clermont en Argonne, les habitans desquelz, sans
aucuns excepter, payent tous les ans, à la recepte ordinaire du
Roy, certaines sommes de deniers que les aucuns appellent la
garde du roy, et les aultres la bourgeoisie du Roy, auxquelz
villaiges ledit duc ne soulloit avoir maire ne officiers, et en l'un
desquelz soulloient estre les armoiries du Roy, affigées sur gros
poteaulx en signe de souverainetté, sont de présent tellement
subjectz au duc et à ses maires et officiers que le Roy ny sadicte

court n'y sont plus crains ny obéys, et est cela proceddé
en partie de ce que les S^{grs} desditz villaiges ont associé
avecques eulx ledict duc de Lorraine, et ne sont plus audict
villaige, qui se nomme Ypecourt, aulcunes armoiries du roy,
combien que par les officiers dudict S^{gr} ait esté faict commandement à hautte voix et cry public aux habitans dudict lieu
de les remettre, et que par le trésorier de l'abbaye de Beaulieu,
S^{gr} en partie dudict villaige, leur ayt esté donné et permis
coupper certains arbres pour remettre lesdictes armoiries, ce
que les officiers dudict duc ont toujours empesché, et au lieu de
celles dudict S^{gr} Roy y ont esté mises celles dudict duc.
Et avec ce, audict villaige de Ypecourt, combien que il soit
notoirement du royaulme et de la souverainetté du Roy, comme
dient tous les tesmoings, les subjectz du Roy natifz et demourant
en cedict royaulme, de quelques lieulx qu'ilz soient, s'ilz ne sont
de la jurisdiction de Beaulieu, quant ilz vont demourer audict
villaige, sont, par ledict duc et ses officiers, repputez espaves et
hommes de corps dudict duc.

Ung nommé Jehan de Jouy fut enlevé, y a environ troys ans,
près de ladicte ville de Bar, estant au champs, venant de ses
affaires, et luy fut affullé un chapperon d'allemant et fut transporté ainsy que l'on dict par les gens, aulcuns dient archers, de
la garde dudict duc, et mené prisonnier à Chasteau sur Mozelle,
et depuis, en certain chasteau sur les marches d'Allemaigne, et
depuis ledict temps n'est apparu et ne l'a l'on veu. Et lui fut
cella faict parce qu'il estoit praticien demourant en ladicte ville
de Bar, et occuppoit communément pour les parties qui avoient
affaire contre ledict duc, s'aydoit de lettres royaulx, et icelles
conseilloit aux parties qui en avoient besoing. Et aultant en a
esté faict à ung nommé Évrard Quilly, seneschal de La Mothe.
Fault notter que ledict de Jouy est notoirement subgect du Roy,
car il estoit demourant en la ville de Bar, que ledict duc ne
desnye et ne sçaroit desnier estre tenue du Roy et estre du
royaulme. Et oultre ce que dudict emprisonnement depposent
lesdictz tesmoings, y a deux attestations de gens qui ontz veu
constituer ledict de Jouy prisonnier esdictz chasteaulx, et mesmement qu'ilz lez ont veu depuis le moys de janvier dernier
passé.

(Suit le récit de la *Farce de Bar*, fait dans les mêmes termes que ci-dessus, pièce XVIII; puis l'auteur des remontrances ajoute ce commentaire :)

Fault noter que ladite information, en ce qui concerne lesdictz excès faictz audict Dupuis, procureur du Roy et vefve, tant audict lieu de Clermont que audict lieu d'Ypécourt, pourroit être cavillée et débattue, d'aultant qu'elle est faicte par ledict Dupuis sans commission et qu'il a informé de l'excez à luy faict, mais son procès verbal, qui est signé de luy et du procureur du Roy et de deux aultres tesmoings qui estoient présens, en porte autant que ladicte information. Et quand il sera question de récoller lesdits tesmoings, en forme de nouvelle information par autorité du Roy ou de sadicte Court, l'on en trouvera autant.

Fault encore noter que le lieu d'Ypécourt, entre tous les aultres que tient ledit duc, tant en Argonne que en Barroys, est prouvé estre notoirement du Royaulme et de la souveraineté du roy, par tous les tesmoingts de ladicte information.

Il y a plusieurs aultres choses portées par lesdictes informations, comme de destituer les officiers dudict duc quant ilz obéyssent aux lettres ou mandemens du Roy ou qu'ilz donnent assistance ou souffrent les officiers dudict S^{gr} exploiter ou conseiller de se pourveoir par les parties par lettres royaulx. Comme aussi qu'il est bruict que les officiers du Roy à Sens ou aultres lieulx sont pensionnaires dudict duc, qui est cause de laisser perdre les droictz du Roy, et aultres semblables cas qui sont icy obmis pour cause de briefveté.

Toutes lesquelles usurpacions, entreprinses, excez et oultrages contre l'auctorité et honneur du roy sont grandz et telz que, comme je croy, mondict seigneur duc de Lorraine tant pour la raison et qu'il, à cause desdictes terres, est subget et vassal du roy, comme pour la grande amitié, gracieusté et bénéficence dont le roy a tousjours usé envers luy et messieurs ses frères, ne vouldra pas advouer, car j'estime qu'il est noble et vertueux prince et si bon françoys que és lieulx mesmes qu'il tient en souveraineté ne vouldroit souffrir estre faict aulcun oultraige aux gens et officiers du roy qui yroient exploicter, mais seullement pour la conservation de ses droictz les feroit gracieusement empescher, sans leur faire ne souffrir estre faict ancun excez pour l'honneur du Roy. Et aussi fault notter que desdictz

excez et oultraiges nous ne trouvons poinct par les preuves et
informacions qui en ont esté faictes que monseigneur de Lorraine en soit coulpable.

Et n'est pas de présent seullement que les duez de Lorraine et
de Bar, prédécesseurs de Monseigneur le duc qui à présent est,
et leurs officiers ont voullu entreprendre et ont entrepris de
faict sur la souveraineté, droictz et autorité du Roy et que, pour
y obvier et aller au devant, les gens et officiers dudict Ser Roy et
de ses prédécesseurs en ont faict querelle, action et poursuicte,
car il se trouve és registres de la court de parlement de l'an
mil iii^c iiii^{xx} dix plaidoyé faict devant le roy lors régnant, en
son parlement, entre son procureur général d'une part et le duc
de Lorraine d'aultre part, pour raison de plusieurs usurpations,
entreprises, forfaictures, fellonnies et rébellions commises par
ledict duc de Lorraine qui lors estoit, et mesmement que en la
ville, chastel et seigneurie de Neufchastel, estant delà la Meuse,
il s'estoit voulu exempter et soubztraire de l'obeyssance, ressort
et souveraineté du Roy, et avoit contrainct les habitans dudict
lieu à desadvouer certaines lettres royaulx par eulx obtenues, par
lesquelles ils avoient advoué le Roy à leur souverain seigneur.
Et aussy que ledict duc ou sesdicts officiers avoient faict plusieurs excez et oultraiges aux gens et officiers du Roy, derrisions
et mocqueries;

Par lequel plaidoyé, aprés ample narration et récit desdictes
usurpations, entreprinses, fellonies, rébellions, excez et oultraiges, conclud ledit procureur général du Roy que, pour réparation de ce, il fust dict et déclairé par le Roy et sadicte court
ledict duc avoir forfait et commis envers le Roy tout ce qu'il
tenoit de luy en son Royaulme, et qu'il fust compdamné à faire
amande honorable audict Ser Roy à genoulx en disant : « Sire
j'ay faict injurieusement et mal à poinct ce que je vous ay mef-
faict et vous prie que le me voullez pardonner. » Requis aussy
qu'il fust condamné de faire crier en ladicte ville de Neufchastel
que chascun eust à obéir au Roy, à bailler son dénombrement,
et à tenir prison. Sur lequel plaidoyé, ledit duc de Lorraine
ouy amplement, fuct aspoincté par le Roy que le chastel de
Neufchastel seroit mis royaulment et de faict en sa main, et
feroit ledit Ser Roy veoir les tiltres et lettres des parties par
grande et meure délibération de son conseil, et ordonneroit si

ledit duc seroit receu par procureur en ladicte cause ou non.
Et depuis, par aultre plaidoyé faict en ladicte court de parlement
le lundy huictiesme jour de may mil iii^c iiii^{xx} et xi, entre ledict
duc de Lorraine, requèrant la main levée de ses terres saisyes
par vertu dudict arrest du Roy cy dessus déclairé, d'une part,
et ledit procureur général d'aultre, appert que desdictz excez,
crimes et fellonnies mencionnées audict premier plaidoyé, ledict
duc de Lorraine print grace du Roy, tellement qu'il prétendoit
n'y avoir plus question ny procés pendant en ladite Court, fors
sur la souverainetté et ressort de ladite ville et chastel de Neufchastel. Sur quoy, lesdites parties par ledit second plaidoyé
ouyes, fut appoincté qu'elles mectroient leurs lettres et tiltres
par devers ladicte Court, et finallement le xviie jour de Juing
en suyvant et audict an mil iii^c iiii^{xx} xi, intervint arrest diffi-
nitif par lequel il fust dict que le dit duc, à cause des villes,
terres et S^{gries} de Neufchastel, Chastenoy, Montfort, Frouard, et
telle portion que ledict duc a en la ville de Grant, est et sera
subject du Roy, en cas de ressort et souveraineté, et ressortira
à Andello et aux grans jours à Troyes, et, en cas de souverainetté, les exploictz seront faictz par vertu des lettres royaulx et
par les officiers du Roy à Chaulmont et ausdictz grantz jours
de Troyes. Nous avons icy les plaidoyez et arrestz.

Que quelque temps aprés ledict arrest, ledict duc de Lorraine
et aulcuns ses officiers, en contrevenant audict arrest, firent plusieurs excez, violances et oultraiges aux habitants dudict Neufchastel, les voullans réduire à la souverainetté dudict duc et
exempter de la souveraineté du dit S^{gr} Roy et en enfraingnant
la saulvegarde d'icelluy S^{gr}; pour raison desquels excez, rébellions, courses, pilleries, feuz bouttés, mesmement au Royaulme
environ ledit Neufchastel, et plusieurs aultres crimes et délictz
commis par ledict S^{gr} duc de Lorraine et ses officiers, subjectz
et alliés, se meut procés et en feist le procureur général du Roy
instance en la court de parlement, par arrest de laquelle, prononcé le premier jour d'aoust l'an mil iii^c xii, ledict duc et
sesdicts officiers desnommez audict arrest, chacun d'eulx pour
le tout, furent condamnez à rendre et mectre réaulment et de
faict en la main du Roy certains prisonniers desnommez audict
arrest, et à rendre ausdictz prisonniers et ausdictz habitans de
Neufchastel tous leurs biens, dont ils seront creuz par leurs ser-

ments. Et si est le dict duc de Lorraine condamné à réintégrer
et repparer la saulvegarde du Roy par luy enfrainete en la personne de feu Guillaume Huel, et, en icelle réintégrant, à restablir
icelluy feu Guillaume Huel, par figure, à ses femme et enffans,
publicquement, et à fonder en l'église où il est enterré une
chapelle douée de cinquante livres tournois de rente, dont la collation appartiendra au Roy. Et si est condampné ledict duc
remectre en estat les nouvelletez et entreprinses faictes audict
lieu de Neufchastel contre ledict arrest de l'an mil IIIe IIII^{xx} et XL.
Nous avons pareillement ledict arrest. Il est vray qu'il est donné
par défault et contumace, mais il n'a esté depuis mys au néant
et est demouré à l'exécution d'icelluy.

Et par icelluy mesme arrest lesdictz habitans de Neufchastel
sont déclairez exemps doresnavant à tousjours mays des jurisdiction, obéyssance et subjection dudit duc de Lorraine et de
ses successeurs. Et est dict que lesdictz habitans et leurs successeurs seront dellà en avant meurement subgectz du roy nostre
sire et de ses successeurs; et oultre par ledict arrest ladicte Court
déclaire ledit duc, pour les désobéissances plus à plain contenues
oudict procès, estre encouru envers le Roy ès peinnes de dix mil
marcz d'argent d'une part et de dix mille marcz d'or d'aultre
part. Et si est déclairé ledict duc et ses complices avoir commis
envers ledict S^{gr} Roy et à son proffit tous leurs fiefz et arrière
fiefz qu'ils auroient au Royaulme tenuz du Roy par moyen ou
sans moyen.

Que combien que par lesdictz deux arrests cy dessus immédiatement cottez ladite terre de Neufchastel soit du fief, ressort et
souveraineté du Roy, et aussy qu'il apparoisse par les anciens
registres de la Chambre des Comptes, *liber* G, folio VIII^{xx} IX,
qu'elle est tenue en fief du conte de Champaigne, et aussi qu'il
apparoisse par lesdictz registres de la dicte Chambre des Comptes,
liber L, folio XL VIII, que don fut faict à monseigneur d'Eu à sa
vie du revenu de Neufchastel et de Nicourt, néantmoings en l'an
mil IIIe LXV, durant la guerre qui fut faicte au Roy Louys
unziesme, par machination et conspiration d'aulcuns princes de
son sang, laquelle ilz appelloient le bien public, ledit Roy Loy$_s$
unz^{eme} par ses lettres patentes données à Paris, devant laquelle
ville estoit ledict siége des dicts princes, auquel estoit le duc de
Callabre et de Lorraine, ou peu après ledict siège, et pour sa part

comme il est vraysemblable de la composition et appoinctement, cedda, quicta et dellaissa à tousjours tout le droict et action qu'il luy pouvoit compecter et appartenir en quelque manière que ce fust, aux hommaiges, services, ressort et souveraineté de sesdictes terres, seigneuries et chastellenies de Neufchastel, Chastenay, Montfort, Frouart, et de la moietié de la ville, terre et seigneurie de Grand, et aussy de la terre et chastellenie de Passavant en Vosge; et furent lesdictes lettres véritablement octroyéez, leuez, publiées et enregistrées en la court de parlement, nonobstant qu'elles portent que lesdictes terres sont du fief, ressort et souveraineté du Roy, et nonobstant qu'on voulsiet dire qu'elles feussent du dommaine du Roy et de sa couronne. Mais il fault notter que à la dicte publication et lecture le procureur général du Roy n'est présent ny consentant, et si y a opposition formée par le procureur dudict S^{gr} Roy en la Chambre des Comptes. Et aussi telles alliénations de choses patrimóniales et limitrophes ne peuvent estre faictes par le Roy au préjudice de ses successeurs ny consentis par ses officiers.

Ce que dict est en cest article préceddent sert, non pour monstrer seullement des anciennes usurpations et entreprinses, rébellions et désobéyssances des ducz de Lorraine sur la souveraineté et droictz du Roy en général, mais aussi pour monstrer que la ville, chastel et seigneurie de Neufchastel, dellà la Meuse, et aultres desnommez audict arrest, que de présent tient ledit duc de Lorraine, et esquelles il se dict souverain et ne recongnoist le Roy de faict, sont du Royaulme, de la souveraineté, ressort et féodallité dudict S^{gr} Roy, comme il appert par ledit arrest et par la confession dudit duc, contenue ésdictz deux plaidoiez cydessus mencionnez.

L'an mil v^e et treize furent faictes certaines entreprises faictes par les officiers du duc de Bar sur l'auctorité du Roy, touchant la seigneurie de Beaulieu en Argonne qui est notoirement de la souveraineté, ressort et jurisdiction du Roy; desquelles entreprises le procureur général dudict S^{gr} feist plaincte à la court de parlement et requist que ledit duc de Bar fust tenu advouer ou desadvouer sesdicts officiers et, où il les advoueroit, qu'il feust condamné en cinquante mil livres d'amende, et que tout ce qu'il tenoit en ce Royaulme fust saisy et mys en la main du Roy; sur quoy, par arrest de ladicte court, fust ordonné que ledit procureur général du Roy auroit commission pour faire adjourner ledict duc de Lorraine et de Bar pour venir advouer et désadvouer ses officiers à Clermont en Argonne, et depuis est cella demouré sans poursuicte.

L'an mil v^c xxiii fut plaidée une cause d'appel interjectée par ung nommé Nicolas Andrieu, pouvre homme bourrellier, des officiers de Relouville et Commercy, en laquelle cause estoit intimez le feu conte de Brayne et ung nommé Girard d'Auvillier, bailly de Sainct Mihiel pour le duc de Lorraine, qui tenoit en usufruict dudict S^{gr} duc de Lorraine la moittié par indivis de la ville de Commercy, partissant avec ledict conte de Brayne; et plaida pour ledict pouvre homme, appelant, mons^r le chancellier qui à présent est, et, pour le Roy, mons^r le premier président qui est aujourd'hui, estant lors advocat du Roy; et pour les intimez feu maistre Olivier Aligret, lequel plaida que Commercy n'estoit du fief, ressort et souveraineté du Roy, combien que dès l'an mil iii^cxl il y ait reprinse de ladicte terre de Commercy faicte au Roy par le conte de Sarrebruche; sur quoy remonstra ledict advocat du Roy, à présent premier président, que c'estoit crime de lèze majesté, et que les docteurs de droict appelloient crime luciférien, de se voulloir ériger en Roy et se attribuer droictz de souveraineté, et allégua les textes de droict qui dient que cela procedde d'esprit gigantal et tirannicque. Et combien que ledict pouvre homme appellant eust esté emprisonné par lesdicts officiers de Commercy, et ses biens pris et saisiz par ce qu'il avoit appellé des officiers dudit Renouville et de Commercy en premier lieu par devant le bailly de Victry, et depuis en ladicte court, et que par arrest d'icelle court ayt esté dict que ledict d'Auvillier et les héritiers dudict conte de Brayne inthimez soient tenuz procédder et venir deffendre aux causes d'appel dudict Andrieu, nonobstant l'incompétence par eulx alléguée, et que ses biens lui seroient rendus, toutefois il n'a jamais esté possible d'avoir la raison dudit Auvilliers ni de faire exécuter ledict arrest.

Or, pour venir à la terre de Clermont en Argonne, dont et de la souveraineté de laquelle est à présent question, le Roy y est fondé par les moyens dessusdictz, et reste à entendre ce que ledict duc de Lorraine met en avant au contraire, ou son conseil pour luy, et respondre ad ce qu'il a présentement desduict touchant le faict de Clermont, ce que ledict Cappel a gardé pour sa réplique.

Premièrement, dict le conseil dudict duc de Lorraine que Clermont est fief de Verdun, et que Verdun est fief de l'Empire ; et à ceste fin mect en avant certaines reprinses des évesques de Verdun, qu'ilz ont faictes des empereurs Frédéric, Charles le Quart, Maximillien et Charles le Quinct, à présent régnant, scellées, comme il dict, de sceaulx d'or, et aussi y mect en avant et produict certaines reprises et actes de foy et hommaige que les contes de Bar, S^{grs} de Clermont en Argonne, ont faict aux evesques de Verdun pour raison de ladicte S^{grie} de Clermont en Argonne.

A quoy y a plusieurs bonnes et péremptoires responces : La première, que toutes les dictes concessions, confirmations et reprinses ne peuvent nuyre au Roy ny à son Royaulme, comme choses faictes a volonté et plaisir entre aultres personnes, au desceu dudit S^{er} Roy, qui n'en a jamais esté adverty et qui n'y a esté, ny son procureur général pour luy, présent, consentent, ny appellé. Et fault notter que lesdictes confirmations et reprinses ont esté vrayes usurpations et entreprinses faictes par lesdicts empereur et évesques de Verdun, *temporibus turbulentis*, et durant les divisions et guerres entre les roys de France et les empereurs de Germanie ; lesquels évesques de Verdun par ce qu'ilz estoient prochains des Allemaignes et conseilliers dedicts empereurs, et aussi que lesdictz empereurs durant lesdictes guerres troubloient tousjours et infestoient par incursions la frontière de France, sur laquelle est ladicte ville de Verdun, ont esté conteus de advouer, tenir et reprendre desdictz empereurs les lieux et places désignées esdictes quattre lettres, et lesdictz empereurs très joyeulx de recepvoir et accepter lesdictz adveuz et reprinses, comme chose estant grandement à leur advantaige ; et moyennant ce, ont esté lesdictz empereurs très contens leur bailler lesdictes confirmations. Mais que telle chose puisse nuyre au Roy, qui est S^{er} direct et souverain desdicts lieulx et fondé de droict commung, comme estant lesdicts lieux situez dedans les limittes de son royaulme, il ne se peult dire ny sousbtenir ; mesmement que les lieulx frontières, teneure féodale et droietz de souveraineté ou régale sont inaliénables et inabdicables de la couronne par le Roy, moings donc par ses vassaulx et subjects,

14

qui ne luy peuvent intervertir ny faire perdre en quelque manière que ce soit ses droictz et possessions.

Le premier et le plus ancien tiltre, dont se veult ayder mons^{gr} de Lorraine, pour monstrer que le conté de Verdun et la terre de Clermont en Argonne sont fiefz d'empire, et sur lequel sont fondez tous les aultres, est une confirmation d'une prétendue donnation du conté et marche de Verdun qui est narrée avoir jadis esté faicte à l'évesque de Verdun par l'empereur Otton, et est ladicte confirmation faicte par l'empereur Fédéric l'an mil cent cinquante et six; en laquelle confirmation est spécifié Clermont. Sur quoy fault noter que par les cronicques et annales de France ledit empereur Otton fut grant ennemy de France, et usurpa le royaulme de Germanie que avoit tenu Lothaire, le tiers roy de France; au moyen de quoy ledit roy Lothaire troisiesme assembla son ost et alla jusques à Aix la Chapelle, où estoit ledict empereur Otton et sa femme, qui de luy ne se prenoient garde, et ung jour, eulx estans au palais, ainsi qu'ils se vouloient asseoir au manger, soudainement ledit roy et ses gens arrivèrent et entrèrent dedans par les cuyder prendre, mais ledit empereur et sa femme eschappèrent par la porte des champs, et fut ledict pallais pillé, et la ville et la province, et, ce faict, s'en retourna le roy et ses gens en France, dont le dit Otton fut fort courroucé et feist veu que dedans brief temps il ficheroit sa lance dedans Paris.

Et l'an ix^cLXXVIII ledict empereur, en grosse armée et assemblée, entra en France et gasta par feu et par glaive les provinces de Rains, Soyssons, Laon et aultres d'environ, et vient jusques devant Paris et brusla les faulxbourgs, et devant la porte fut occis ung sien nepveu et moult de ses gens; et ledict Lothaire, Hue Cappet qui depuis fut roy et Henry duc de Bourgoigne, son frère, enffans de Hue le Grant, saillirent avecques leurs armées et courrurent sus audit Otton et le descousirent et chassèrent jusques à Soyssons, où ilz se combatirent sur la rivière d'Esne, et y eut tant de corps morts et noyez que ladicte rivière en perdit son droict cours en aucuns endroits. Et demoura ledit Roy Lothaire vaincqueur, et partant ne se fault esbayr si, au moyen desdictes guerres et divisions, ledict Otton fist ladicte donnation auxdictz de Verdun des terres qui estoient de ce Royaulme, à laquelle conséquemment ne faut avoir esgard comme faicte par usurpation et hostillité par l'ennemy du Roy et du Royaulme.

La seconde responce est que, supposé que ladicte terre de Clermont en Argonne fust véritablement tenue en fief, foy et hommaige des évesques de Verdun, se ne s'ensuivroit il pourtant qu'elle ne fust du royaulme et enclavé dedans icelluy, de la jurisdiction, ressort et souverainetté du Royaulme, car il est certain, en termes de droict et par le propos mesme dudict S^{gr} duc de Lorraine, que fief n'emporte pas jurisdiction ne souveraineté, et n'est inconvéniant que ung fief estant situé dedans ce royaulme et de la souveraineté du Roy soit tenu en foy et hommage dudict S^{gr} direct immédiat estant hors le royaulme, car sur une terre comme est Clermont en Argonne, le roy, comme il est certain, peult avoir trois droietz distinctz et séparez : c'est assavoir droict de seigneurie directe et féodallité ou de teneure féodale, droict de jurisdiction et ressort et droict de souveraineté et régale ; et est certain que n'ayant l'ung, qui est droict de la teneure féodale, il ne laisse d'avoir les deux aultres, *ratione generalis et universalis dominii*, c'est assavoir la juridiction, ressort et souverainetté, au moyen de ce que la terre est située dedans son royaulme, par tout lequel il est fondé esdictz droictz.

La tierce responce est que les contes de Bar, par les reprinses et actes de foy et hommaige qu'ils ont faict aux évesques de Verdun, dont ilz ont faict production, confessent que Clermont en Argonne est assis dedans le conté de Bar ; or il est certain que le conté ou duché de Bar, mesmement en tout ce qui s'estend deçà la rivière de Meuze, est tenu du Roy et est du Royaulme et de la souveraineté dudit S^{gr}. Au moyen de quoy ladicte terre de Clermont, qui faict partie dudict duché de Bar, et qui est située deçà la Meuse, doibt estre censée et réputée de pareille nature et condition que ledict duché de Bar et conséquemment tenu du Roy en tout droict de régalle et souveraineté.

La quarte response auxdictes quatre pieces et pareillement aux reprinses, foy et hommaige et adveux faictz et baillez aux évesques de Verdun par les ducz ou contes de Bar, pour raison de la terre et S^{erie} de Clermont en Argonne, si est que les lieulx limitrophes et droictz de souverainetté ne peuvent estre intervertis ne possédez par aultres que par le prince souverain,

comme déciddent tous les docteurs ès droictz qui parlent de
ceste matiére, et conséquemment lesdictz évesques de Verdun, en
advouant tenir ladicte terre de Clermont en Argonne de l'empereur, et pareillement lesdictz ducz ou contes de Bar advouans la
tenir desdictz évesques de Verdun, n'auroient pu aulcunement
préjudicier aux bornes, limictes et souveraineté du Roy et de
son royaulme.

Et pareille response peult on bailler à certaine transaction
faicte entre l'abbé de Sainct Venne de Verdun, d'une part, et le
conte de Bar, S^{gr} de Clermont en Argonne, d'aultre, pour raison
de la plaine souveraineté, jurisdiction et ressort que prétendoit
ledit conte de Bar, et que par ladite transaction luy est accordée
audict Clermont, car c'est acte entre aultres personnes qui ne
peult en rien préjudicier au Roy.

Ledict duc de Lorraine dict que en la reprinse et foy et hommaige que feist au Roy Philippe le bel le conte Henry de Bar,
et au dénombrement qu'il bailla de toutes les terres qu'il
advouoit tenir du Roy deçà la rivière de Meuze, Clermont n'y
est aulcunement comprins ny désigné, et davantaige que par
ledict adveu ledict conte de Bar ne advoue tenir du Roy sinon
les terres qu'il devoit au préceddent en franc alleuf, comme il
est nommément dict par ledict dénombrement, et conséquemment que ladite terre de Clermont n'est tenue du Roy parce que
ledit conte ne la tenoit en franc alleu, mais la tenoit en fief desdicts évesques de Verdun.

A quoy peult estre respondu que, supposé que ladicte terre de
Clermont ne soit dénommée audict adveu avec toutes les aultres
terres et nommément spécifiées, touttesfois elle est comprinse
soubs ceste généralité contenue audict adveu par ces mots : « et
généralement tout ce que ledict conte tenoit deçà la rivière de
Meuse » ; n'y faict qu'il y ayt ce mot en franc alleu, car ladicte
terre de Clermont n'est suffisament vériffiée estre ou avoir esté
lors dudict adveu baillé du fief de l'église de Verdun, par les raisons devantdictes.

Il y a aultre responce et plus péremptoire : c'est que, supposé
que dès lors véritablement ladicte terre et seigneurie de Clermont en Argonne ne fust de franc alleu dudict conté de Bar,
mais tenue en fief desdictz évesques de Verdun, et conséquemment qu'elle ne fust comprinse audict adveu quant à la féodalité

ou tenure féodalle, si seroit elle et est du royaulme, et appartiendroit au Roy quant à la souverainetté, ressort et jurisdiction, comme enclavée dedans les anciennes limittes dudict royaulme, et non exempte de laditte souveraineté, par aucuns tiltres ou privilèges que produict ledit duc de Lorraine, car *in confesso est* que ladite terre est située deçà la rivière de la Meuse; et partant, par les maximes dessus dictes, elle est du Royaulme, et aussy par ledict adveu dudit conte Henry, *in illis verbis* : « et generallement deçà la rivière de Meuze, vers le royaulme, etc. ».

Et fault entendre sur ce mot « en franc alleu » que touttes les terres qui sont spécifiées et désignées par le menu, et particullièrement en l'adveu dudict conte Henry, ne laissoient d'estre, auparavant ledit adveu, du royaulme et de la souveraineté du Roy, tellement que l'argument que vouldroit ledict Sᵍʳ duc de Lorraine fonder sur ledict adveu pour les terres qui n'y seroient dénommées ou comprinses, voullant inférer qu'elles ne seroient subjectes au Roy, ne seroit vallable, car en termes de droict franc alleuf ne exclud jurisdiction souveraine ny resort, mais seullement exclud la féodallité et emporte directe et utille Sᵍʳⁱᵉ, ainsi que décidde la commune résolution de tous les docteurs feudistes. Et aussi il est notoire en France qu'il y a plusieurs terres tenues en franc alleu : c'est assavoir qui ne sont tenues en fief ny en censive, mesmement au conté de Champaigne. Et néantmoins lesdictes terres sont du Royaulme et subjectes à la jurisdiction, ressort et souverainetté du Roy, subjectes à confiscation en cas de forfaicture de ceulx qui les posseddent, et aultres droicts royaulx. Mesmes, audict conté de Champaigne et bailliage de Troyes, y a article de coustume exprès portant ces motz : « tout héritaige est franc et réputé de franc alleuf qui ne le monstre estre serf et redevable d'aulcune charge, posé qu'il soit assis en justice d'aultruy et qu'il n'en ait tiltre. » Et conséquement, supposé que par ledict adveu ledict conte Henry devint homme vassal et subgect du Roy, quant à la feudallité, pour le regard desdictes terres, quant à la souveraineté, ressort et jurisdiction, *ratione universalis dominii*, et comme estans lesdictes terres soubz la monarchie de France, bien est vray que auparavant l'on pourroit dire qu'elles n'estoient tenues du Roy; mais qu'elles ne fussent du royaulme, ny à luy subgectes en tous cas de souveraineté, il ne se peult soubztenir; et partant, de dire que les

terres que tenoit ledit conte de Bar, aultres que celles désignées
audict adveu, ne sont de la subjection, jurisdiction et souverainetté dudit S^gr Roy, il n'y avoit propos. Vray est que s'il n'y avoit
aultre moyen de les faire ou rendre de la subjection et souverainetté dudict S^gr, fors ledit adveu, il y auroit quelque appa-
rance, mais il y a aultre moyen, c'est que les dictes terres sont
du royaulme et situées dedans les limittes d'icelluy, et partant
en icelles est le Roy fondé en tous droicts de supériorité, jurisdiction et ressort de droict commung, s'il n'appert du contraire.

Ledict duc se veult ayder de plusieurs registres et actes de
présentation des causes et officiers de Clermont, sur les appellations intergectées de Clermont à Sainct Mihiel, pour monstrer
qu'il est en possession de ne ressortir à Paris à cause de ladicte
terre de Clermont, ny pareillement par devant les officiers
royaulx, et veult alléguer prescription et exemption de souverainetté ; à quoy l'on peult donner plusieurs bonnes responses.

Premier, que se sont touttes usurpations et entreprinses faictes
par le subgect sur l'auctorité de son souverain, lesquelles ne
peuvent attribuer aulcune possession, ny pareillement induire
aulcune prescription, par les décisions et raisons communes.

Secondo, il apert par les preuves faictes à la requeste du procureur géneral du Roy que les subgects dudict duc de Lorraine,
non seullement audit lieu de Clermont, mais aussi à Bar, Commercy, Gondrecourt, et aultres lieux qu'il tient en ce royaulme
dès la rivière de Meuze, sont contrainctz par les officiers dudict
duc de relever leurs appellations audict S^ct Mihiel, tellement que
la possession que le dict duc vouldroit prétendre avoir acquise
par lesdictz actes et présentations, sy aulcune s'en pouvoit
acquérir, et quant ores nous serions en matière prescriptible,
seroit violente et vitieuse, et si auroit esté faicte au desceu du
Roy et de ses officiers.

Tertio, lesdicts actes de prétendue possession ne sont [de] tel et
si loing temps qu'ilz puissent avoir induict une prescription, ores
que ladite supreme congnoissance et ressort fussent prescripti-
bles, car tous les dictz actes sont depuis cent ans, et est le premier et plus ancien de IIII^c XL IX, et il est certain que quant
bien les choses dont est question seroient subgectes a prescription, il y fauldroit prescription centenaire.

Quarto, telz droitz de souveraineté, exemptions et droit de régale sont imprescriptibles et ne peuvent estre acquis par personnes privées au préjudice du souverain, par quelque laps de temps que ce soit, comme l'on monstrera, et allèguera l'on les textes et décisions de droict escript, civil et canon, et les sentences des docteurs par le menu, si le conseil Mons^{gr} de Lorraine le veult nyer, par lesquels il appert en plus forts termes que : voulloir détenir par quelconque jouissance des lieux limitrophes de l'Empire est crime de lèze majesté.

Ledict S^{gr} duc se veult ayder de certain plaidoyé faict en la cour de parlement par feu M. Roger Barme, lors advocat du Roy en ladite court, par lequel il confesse que ladite terre de Clermont en Argonne estre hors du royaulme. A quoy respond le procureur général du Roy que ladicte confession ou déclaration fut faicte par ledict Barme pour l'une des deux causes, c'est assavoir, ou par erreur ou bien que ceulx dudit Clermont, combien que originellement, habituellement ou naturellement fussent du royaulme et subjects du Roy, touttefoys ilz, ne leur S^{gr}, n'obéyssoient audict S^{gr} Roy de faict, et par ladicte désobéyssance se rendoient estrangiers ; mais sans soy arrester à l'une ne à l'aultre desdictes causes, il est certain que ledit advocat du roy, sans mandement espécial, ne povoit pas faire ladicte confession au préjudice du Roy et des droicts de sa couronne, et en cella seroit son plaidoyé subgect à desadveu, car il est certain en termes de raison que celluy qui est procureur ou advocat du prince et qui ne peult alliener les choses de la coronne par alliénation expresse, ne peult pas, par sa confession ou déclaration, induire une alliénation taisible. Aussi n'allègue ledict Barme, par sondict plaidoyé, aulcune raison pour laquelle ledit Clermont doibve estre dict ou confessé estre hors du royaulme, et en plus fors termes pourroit l'on dire que la confession ou déclaration du Roy, mesme par luy faicte en sa personne, ne luy pourroit préjudicier. Quant à l'alliénation des droictz de son dommaine et patrimoine de sa couronne, qui est inalliénable et ne tombe au commerce des hommes, et qui est le vray dot de sa corrone et du mariage polliticque qui est contracté civillement entre luy et la chose publicque de son royaulme, à son sacre et corronnement, auquel ledit S^{gr} jure solempnellement et promect non alliéner sondict dommaine et patrimoine

ny les droictz de sa couronne, en lesquelles n'y en a point de
moingz inalliénables que les fins, lizières et limittes de sondict
royaulme, ny que les droictz royaulx, auctoritez et souverainetez
qu'il a sur les lieulx limitrophes, lesquelz ne se doibvent viôler
ne souffrir estre enjambez pour quelque cause ou occasion que ce
soit, *ne nascatur universalis confusio regnorum et provinciarum*,
qui est souvent cause de esmover et exciter grandes guerres et
divisions, et doibvent les dictes limittes estre censez sacrez et
inviolables; et pareillement les souveraines puissances et suprê-
mes jurisdictions, que les docteurs appellent *sacrum sacrorum* et
qu'ilz dient n'estre en la bourse ou gibecière des princes, et
aussi cela seroit *contra bonum publicum*. Ce que dessus est dict
sert de responce à certain arrest de acquiescement ou appoinctement, du XXIIe jour d'aoust mil cinq cent dix sept par lequel, ouy
sur ce le procureur général du Roy, certain exploict faict pour
raison de l'abbaye de La Chalade, située delà le ruisseau de
Bryenne, est mys au néant, dont ledit S^{gr} duc se veult ayder, car
c'est ung apoinctement volontaire pour lequel le consentement
des parties ne dudict procureur général du Roy ne peult préjudicier au dict seigneur.

Idem des commissions rogatoires prinses en ladite court à la
requeste du procureur général du Roy, procès verbaulx et exé-
cutions d'icelles commissions, lectres missives dudit S^{gr} duc,
protestations et aultres choses dont il se veult deffendre. A quoy
les raisons devant dictes donnent suffisantes réponses.

(Archives de Verdun, AA 1.)

A ce que le conseil dudict seigneur duc de Lorraine dict que
par unes lettres patentes du roy Charles le Quint la ville et
chastel de Clermont en Argonne furent rendu et restitué à la
dame desdictz lieulx, et que par lesdictes lectres est porté que
Clermont n'est du royaulme mais de l'Empire, y a response que
la clause faisant mencion que ledict Clermont n'est du royaulme
est ung narré desdictes lettres et donné à entendre par ladicte
dame, et non au dispositif, qui est suffisant sollucion avecques
les raisons cy devant desduictes.

Et seroit chose merveilleusement estrange que Beaulieu,
Beaumont et plusieurs aultres terres situées au pays d'Argonne

soient du royaulme de France et dedans les limittes d'icelluy,
soubz la souveraineté du roy, et mesmes plusieurs terres oultre et
plus avant que ladicte ville de Clermont, tirant vers ladicte
rivière de Meuse, et néantmoings que icelle ville de Clermont,
qui est enclavée de toutes pars dedans les limites de France, ne
fut poinct dudict royaulme ; joinct qu'il se trouvera en cedict
royaulme plusieurs fiefz tenus et mouvans dudict Clermont et que
le conseil dudict seigneur duc n'allègue aucune raison pour
laquelle ledict Clermont en Argonne doibve estre moings du
royaulme et souveraineté du roy que les aultres villes et terres
dudict Argonne circunvoysines et adjacentes.

Et au regard de ce que le conseil dudict duc allègue que les
subgectz d'icelluy duc, tant en la ville de Clermont que en la
duché de Barroys et aultres lieulx par luy tenuz environ ladicte
rivière de Meuse, ayant, pour l'hyssue des marchandises qui sor-
tent hors de ce royaulme pour estre conduictes esdictz lieulx,
imposition foraine qu'on appelle haulx passaiges, pour monstrer
que lesdictz lieulx ne sont du royaulme, respondent les gens du roy
que, au commencement que les tailles furent mises sus, plusieurs
princes et pays subgects au roy ne voullurent accepter lesdictes
tailles, ny le peuple desdictz lieulx se assubgectir à icelles, comme
en Bourgoingne, Bretaigne, Flandres et Arthois, et pareillement audict pays de Barroys, duquel la nacion n'est pas de
facille obéyssance ; au moyen de quoy fut advisé, au lieu desdictes tailles, l'on leur feroit payer les dictes yssues et droict
de hault passaige ; mais cella n'argue pas pourtant qu'ilz ne
soient du royaume et subgects du roy.

Et quant à la supplication et requeste très humble que faict
ledict seigneur duc au Roy, que son plaisir soit luy voulloir
octroyer et permectre de user par forme de grace et privilliège,
sa vye durant, les droictz de régalle et cas royaulx, il offre tenir
soubz la couronne, magesté et souveraineté du roy, et pareillement qu'il plaise audict seigneur roy luy conserver le don à luy
faict par ledict roy Loys unzeesme, l'an mil IIII^c LXV, de la
souveraineté et ressort de féodallité de Neufchastel, Chastenay,
Montfort, Frouard, Passavant en Vosge et moictié de la ville de
Grand, et aussi de le laisser jouir de ladicte terre, ville, chastel
et bailliage de Clermont, en telles voyes, prééminences et prérogatives qu'il et ses prédécesseurs, si, comme il dict, en ont

jouy de tout temps : dient lesdictes gens du roy que ledict seigneur en fera et ordonnera comme il verra estre à faire et selon son bon plaisir, voulloir et jurisdiction.

Touttesfoiz remonstrent que audict seigneur roy, quant aux droictz de régalle et congnoissance des cas royaulx, se sont préhéminences et droictz inséparables et inabdicables de sa couronne, et qui ne se peuvent communiquer à aultre que à sa personne et majesté, en manière que d'octroyer lesdictz droictz à ung sien subgect se seroit le ériger en roy, et ne fut jamais faict en France. Et ne se tienne que par les errections en péries ou appennaiges baillez aux enffans de France, lesdictz droictz ayant jamais esté conceddez, ains ont esté tousjours nommément exceptez, tellement que le roy ne les bailleroit pas à ung de messeigneurs ses enffans, et ne les bailla jamais à feue madame sa mère, à qui Dieu face pardon, comme choses estans communicables à aultres que à Sa Majesté.

N'y faict riens ce que dict le conseil de Lorraine, a proposé qu'il y a plusieurs seigneurs et princes d'Allemaigne, lesquelz, combien qu'ilz soient vassaulx de l'Empire, usent néantmoings en leurs terres de tous droictz de régalle. Car à ce y a responce que en France l'on ne reigle pas selon les fiefs de l'Empire. Et n'est expédient que les vassaulx et subjectz du roy se gouvernent en sa subjection et recongnoissance de leur souverain, comme l'on faict à l'Empire.

Et quant à la conservacion du don et delays de Neufchastel et aultres places dessus déclairées, il plaira au roy et à messieurs de son conseil considérer qu'elles sont de son dommaine et patrimoine de la couronne, et partant inalliénables; que le don et délaissement que en fist le roy Loys unzeesme oudict an M IIII^c LXV fut, comme il est vraysemblable, de luy extorqué par ledict Jehan duc de Callabre, du temps des guerres du bien publicque, et durant les divisions qui estoient entre luy et les princes de son royaulme, entre lesquelz estoit ledict duc Jehan de Callabre qui eut ledict don et délaissement pour sa part du butin. Car il est notoire que ledict roy Loys unzeesme octroya à chacun desdictz princes, pour les sepparer, une partie de ce qu'ilz lui demandèrent. Tellement que quant ores ledict don auroit esté faict par ledict roy Loys unzeesme audict duc Jehan de Callabre de chose cessible et alliénable, toutesfoiz il seroit nul pour les causes dessusdictes. Mesmement, que ledict duc Jehan de Callabre estoit homme lige vassal et subgect dudict roy Loys unzeiesme, à cause de son duché de Bar et aultres termes dudict seigneur, joinct que en la publication, lecture et vériffication des lectres dudict don, cession et transport, le procureur général du roi qui lors estoit ne fut jamais ouy et que le procureur dudict seigneur en la Chambre des Comptes se y opposa formellement.

Plaira aussi audict seigneur considérer que ladicte ville de Neufchastel est une belle et forte place, située delà la rivière de Meuze, en laquelle l'on dict estre tout le passaige et descente des Allemaignes ; et aussi les aultres terres désignées es lectres dudict don sont belles et fortes places sur les frontières et lizières de Lorraine, qui sont merveilleusement commodes et bien scéantes audict seigneur et à son royaulme.

Et au regard de ce que ledict duc de Lorraine requiert que l'on le laisse en telle jouyssance de Clermont qu'il dict avoir eu par cy devant, dient qu'il n'y a pas grand propoz à ce requérir, veu les raisons et moyens cy dessus desduictz, et mesmement que cella presteroit occasion de confondre et mettre en incertitude les vrays, anciens et insignes limites du royaulme de France, dedans lequel est située la ville de Clermont.

Et néantmoings, où il plairoit audict seigneur octroyer ladicte requeste pour le regard dudict Clermont, remonstrent très humblement qu'il fauldroit que cella se fist sans préjudice, pour l'advenir, des droictz dudict seigneur prétenduz par son dict procureur général en et sur ladicte terre de Clermont, et sans aucunement inmuer, restraindre ou intervertir les anciens fins et limites du royaulme, ne à yceulx préjudicier.

Sur toutes et chacunes les quelles remonstrances supplyent tres humblement le roy, pour la conservation de ses droictz et de sondict royaulme, pourveoir et ordonner, ainsi que ledict seigneur sçaura trop myeuls adviser, et déclarer son bon plaisir et voulloir et intencion.

(A la suite du texte des remonstrances on lit, dans le ms. des V^{tes} de Colbert, le passage suivant :)

Aujourd'huy dix huictiesme jour d'apvril mil cinq cens trente neuf après Pasques, de la part de maistre Nicolle Thibault et Jacques Cappel, procureur et advocat généraulx du roy, mandez

par le roy, ont esté faictes les remonstrances audict seigneur, en
son conseil privé, de plusieurs grandes usurpations, entreprises
et nouvelletez faictes par le duc de Lorraine et de Bar ou ses
gens et officiers, sur les droictz, auctoritez, jurisdiction et souveraineté dudict seigneur, et aussi de plusieurs désobéissances,
rébellions, excez et oultraiges que ont puis aucun temps faict
les officiers et subgectz dudict seigneur duc au duché de Barroys,
et plusieurs aultres villes, places et chasteaulx tenuz dudict
seigneur, situez et assiz dedans son royaulme et en sa jurisdiction et souveraineté, tant deçà que de là la rivière de Meuse,
aux huissiers, sergens et aultres officiers dudict seigneur, exécuteurs de ses mandemens et lettres royaulx, arrestz de sa court
de Parlement et commissions de ses juges, ainsi que plus à
plain particullièrement et par le menu a esté audict conseil du
roy proposé de bouche par ledict Cappel. Sur ce que le cardinal
de Lenoncourt et autres du conseil dudict duc, à ce présens, ont
remonstré qu'ilz n'estoient instruictz et ne pouvoient promptement respondre et deffendre aux remonstrances desdictz gens du
roy, fors le faict de la ville et seigneurerie de Clermont en
Argonne et de la féodallité, ressort et souveraineté d'icelle, et
au regard du résidu des remonstrances des dictes gens du roy,
ont requis délay leur estre donné pour y penser et y venir deffendre. A esté ordonné par messieurs dudict conseil que les gens
dudict duc seront ouyz sur le faict dudict Clermont en Argonne,
et quant au reste des dictes remonstrances des gens du roy l'on
leur bailleroit par plumetis les articles particulièrement desduict[z] et remonstre[z] par lesdictes gens du roy, pour, ce faict,
y venir respondre. Et après ce ordonné, a esté le conseil dudict
duc amplement ouy en ses deffences et excuses, pour le regard
dudict faict de Clermont en Argonne et de la cause d'appel
plaidée en la court de Parlement entre la vefve et héritiers de
feu Claude de La Vallée, le procureur général du roy joinct avec
eulx d'une part, et le dict duc et ses officiers d'aultre part. Et
le lendemain, samedi dix neufiesme jour dudict mois et an, fut
de la part des dictes gens du roy mis entre mes mains ung
cahier de papier contenant bien au long et par le menu toutes
et chácunes les remonstrances par eulx le jour précédent proposées audict conseil, pour ycelluy cahier, en ensuivant l'ordonnance dudict conseil, estre baillé et mys entre les mains dudict

cardinal de Lenoncourt et aultres du conseil dudict duc, affin d'y venir respondre. Ce qui a par moy esté faict, et ledict cahier baillé audict cardinal de Lenoncourt les jours et an que dessus.

(*Bibliothèque nationale*, Cinq-Cents Colbert, n° 437).

XXI

François, par la grâce de Dieu roy de France, à tous présens
et advenir, salut.

Comme de la part de nostre Procureur général nous ayent esté
faictes remonstrances de plusieurs grandes entreprises qui sur
nos droictz, aucthorité et souveraineté ont esté par cy devant
faittes par les ducz de Lorraine et de Bar.....

Nous auroit aussy nostredict procureur général remonstré que,
sur certaine appellation interjettée et rellevée en nostre dicte
cour de Parlement par feu Claude de La Vallée, habitant de
Clermont en Argonne, nostre dict cousin nous auroit désadvoué
à seigneur et souverain pour raison de ladicte terre et seigneurie de Clermont, prétendant ladicte ville et seigneurie de Clermont n'estre de nostre dict royaume, ressort et souveraineté,
et que pour raison d'icelle il n'estoit responsable en nostre
dicte cour de Parlement.....

De quoy nostredict cousin adverty, pour éviter nostre indi-
gnation et se mettre en son debvoir, se seroit en personne retiré
par devers nous et nous auroit en toute humilité remonstré et
faict dire de sa part qu'il voulloit et entendoit estre et demourer, comme à la vérité il estoit, nostre tres humble serviteur,
homme lige, vassal et subgect pour raison dudict duché de Bar,
mesmes en tout ce qui est deça la rivière de Meuze et en tout
ce qu'il tient de nous, tant de ça que delà ladicte rivière, et dont
luy et ses prédécesseurs ont faict hommage a nous et à noz
prédécesseurs..... Mais, au regard de la ville, chastel et seigneurie de Clermont en Argonne, nous auroit nostredict cousin

remonstré qu'elle n'estoit tenue de nous ny assize en nostre ressort ou souveraineté, ains estoit un fief par luy et ses prédécesseurs tenu et repris des évesque et comte de Verdun, et que les subgects et habitans de laquelle ville et seigneurie de Clermont n'avoient jamais sorty jurisdiction, soit en première instance ou par appel par devant nous et nos juges, mais de tous temps et d'ancienneté auroient leurs appellations ressorti ausdicts, grands jours de Sainct Michel en dernier ressort.....

Et à ceste cause nous auroit très humblement supplié le laisser joyr de ladicte terre et bailliage de Clermont, ainsi que nous et noz prédécesseurs, si comme il disoit, l'avons laissé joyr et ses prédécesseurs contes et ducz de Bar, et faire adnuller les proceddures contre luy et ses officiers faictes en nostre court de Parlement à la requeste dudict feu Claude de la Vallée, sa femme et ses enfans.....

Sçavoir faisons qu'après avoir amplement entendu, tant par nostre personne que par les gens de nostre conseil privé qui nous en ont faict rapport, les dictes remonstrances, d'une part et d'aultre, et eu sur ce advis et délibéracion avec plusieurs grans et notables personnaiges de nostre conseil, nous, pour considération des très grandz et très recommandables services que nostre dict cousin, ses frères et prédécesseurs nous ont par cy devant faictz..... Et quant à la ville, chastel et seigneurie de Clermont en Argonne, voullons et nous plaist que, sans aucunement préjudicier aux droictz de nostre couronne et souveraineté et aux fins et limittes de nostre royaume, et sans pour ce les inmuer, restraindre ou intervertir, et aussi sans desroger aux droiz par nostre dict procureur général d'une part et par nostre cousin d'autre prétenduz, icelluy nostredict cousin joysse de ladicte terre et bailliage de Clermont en telz droictz, usaiges, prééminances et prérogatives que luy et ses prédécesseurs ont par cy devant joy et usé.

Donné à Romilly, ou moys de avril l'an de grâce mil cinq cens trente neuf et de nostre règne le vingt cinquiesme.

(Signé :) FRANÇOIS.

Et sur le repli : Par le roy, mess^{rs} les cardinaulx de Lorraine et de Mascon, le sire de Montmorency, connestable et grant maistre de France, l'évesque de Soyssons et le président Bertrand présens.

(Signé :) BAYARD.

(*Archives Nationales*, KK 1181, fol. 140, et J 681, nº 53.)

XXII

8 AVRIL 1540

ACTE PAR LEQUEL LE DUC DE LORRAINE, SUR LA REQUÊTE DES
HABITANTS DE CLERMONT-EN-ARGONNE, LEUR ACCORDE, POUR
AGRANDIR LEUR ÉGLISE, UN JARDIN CONFISQUÉ SUR CLAUDE DE
LA VALLÉE.

A nostre très redoubté et souverain seigneur Monseigneur le
duc de Calabre, de Lorraine, de Bar et de Gueldre, etc.

Vous font remonstrer voz très humbles et très obéissans subjectz les bourgeois, manans et habitans de vostre ville et
chasteau de Clermont, que pour l'auguementation du peuple
leur a convenu commencer à agrandir le cueur de l'église paro-
chiale du lieu et leur convient encore agrandir la nef, aultrement la moictié des gens n'y pouroient estre à leur ayse, ce
qu'ilz ne peullent faire sans avoir de vous ung petit jardin contenant environ de dix à douze verges, joindant lad. église et
cymetiére dud. lieu, à vous appartenant par la confiscation de
feu Claude de La Vallée; à ceste cause, vous supplions très humblement, en l'honneur de Dieu, et pour auguementation de lad.
église et cymetiére qui ne sont assez spécieuses, il vous plaise
leur donner icelluy jardin pour agrandir lad. église et cymetiére ;
ce faisant, serez cause de l'auguementation du service divin,
duquel à jamais serez particippant, et prieront Dieu pour vous,
vostre noble estat et lignée.

(Suit la concession, signée du duc, qui accorde ledit don, « à
Nancy le huictiesme jour d'avril l'an mil cinq cens quarante,
apres Pasques..... ». — *Archives municipales de Clermont-en-
Argonne*, original, papier.)

XXIII

2 JUIN 1540

DONATION PAR ANTOINE, DUC DE LORRAINE, A NICOLAS DE MAU-
LÉON, D'UNE MAISON SISE AU CHATEAU DE CLERMONT, QUI
AVAIT APPARTENU A GUILLAUME DE MAULÉON, PÈRE DE NICO-
LAS, ET QUE NICOLAS AVAIT VENDUE A CLAUDE DE LA
VALLÉE, SUR LEQUEL ELLE AVAIT ÉTÉ CONFISQUÉE PAR LE
DUC.

Anthoine, par la grâce de Dieu duc de Calabre, de Lorraine,
Bar et Gueldres, marchis, marquis du Pont, conte de Provance,
de Vaudémont et de Zutphen, à tous ceulx qui ces présentes
lettres verront, salut. Sçavoir faisons que, pour les bons et
aggréables services à nous cy devant et dès longtemps faitz par
nostre chier et bien aymé Nicolas de Maulion, escuyer, lieutenant de nostre très chier et féal conseiller messire Jean
Daguerre, chevalier, baron de Vienne le Chastel, grand chambellan, cappitaine et bailly de Clermont, tant du temps qu'il estoit
en nostre garde de corps que depuis qu'il est demeurant et
résidant audit Clermont, espérant qu'il continuera en iceulx
tousjours de bien en mieulx, pour ces causes et autres à ce nous
mouvans, luy avons, de nostre certaine science, plaine puissance
et auctorité, donné, cedé et transporté, et par la teneur de ces
présentes donnons, cédons et transportons par pur et irrévoca-
bles don pour luy, Margueritte sa femme, leurs hoirs, successeurs et ayans cause à tousjours, certaine maison, grange,
estable, meix et pourprins, ainsi que le tout se comporte, scituez
et assis au chastel dudit Clermont, avec ung petit jardin séant
en la ville en bas, le tout que tenoit et possédoit en son vivant
feu Guillaume de Maulion, son père, qui demeuroit en la susdite
maison ; ensemble et avec ce luy avons donné, cédé et trans-

porté comme dessus certaine petite aysance fermée de palis,
tenant et joignant à icelle maison, lesquelles maisons, granges,
mey et jardins devant ditez auroient cy devant esté vendue par
ledict Nicolas de Maulion, depuis le trespas de sond. feu pére,
à feu Claude de La Vallée, jadis nostre prévost dud. Clermont,
duquel, par confiscation de ses biens, pour ses malversations
en sond. office et aucuns desmérites, forfaictures, comme
appert par l'arrest rendu en nostre ville de Sainct Mihiel, lesd.
maisons et choses susdites nous seroient obvenues, acquises et
confisquées ; pour icelles maison, grange, estable, meix, jardin
et choses susd., ainsi que le tout se comporte et contient, joyr,
user et disposer par led. Nicolas de Maulion, sad. femme,
leursd. hoirs et ayans cause à tous jours perpétuellement,
comme de leur propre chose et comme faisoit par cy devant
led. feu Claude de La Vallée, et généralement luy avons donné,
cédé et transporté tous tel droict, action et poursuitte qu'il nous
peult competer et appartenir pour raison de lad. maison et
choses dessus déclarées. Sy donnons en mandement par ces
mesmes présentes à noz très chers et féaux conseillers, président, gens de noz comptes, procureurs, recepveurs généraulx de
Barroys, officiers dud. Clermont, et tous autres qu'il appartiendra, que led. Nicolas de Maulion, ensemble lad. Margueritte,
leursd. hoirs et ayans cause ilz facent, seuffrent et laissent joyr
et user de cestuy nostre présent don, ceds et transport et octroy
dessusd., en la maniére que dit est, plainement et paisiblement,
et procéder incontinant et sans délay à l'entérinement de cesd.
présentes, nonobstant le serment par eulx à nous fait, duquel
les avons deschargez et deschargons, ou autre chose quelconque
qu'ilz pourroient dire ou alléguer pour empescher que cestuy
nostre présent don ne sortisse son plain et entier effect, et ce
pour la seconde et tierce jussion ; mandons en oultre à nostre
dit grant chambellan, cappitaine et bailly aud. Clermont, ou à
son lieutenant et bailly aud. Clermont que lesd. Maulion et
Margueritte sa femme ilz mectent en bonne possession réelle et
actuelle de toutes les choses dessusd., nonobstant ce qu'on pourroit alléguer ou proposer à l'encontre, sans leur faire ne souffrir
estre faict, mis ou donné aucun ennuye, destourbier ou empeschement au contraire, car tel est nostre plaisir.

En tesmoing de ce, nous avons à ces présentes, signées de

nostre main, faict appandre et mectre nostre seel. Donné en
nostre ville de Nancy le second jour de juing l'an mil cinq
cens quarante. Ainsi signé : N. Woltier, et signé Anthoine, et
sur le reply : Par monseigneur le duc, les grand muistre d'hostel, bailly de Nancy et autres présens, et pour secrétaire N. Wol-
trye. *Registrata*, J. Beurges.

> (*Musée Condé*, à Chantilly, cartulaire de Clermont, 1. fol. 36 v°.
> — Vidimus donné par François Panetto, contrôleur de la
> dépense ordinaire de l'état du duc de Lorraine, le 5 juin 1540.)

XXIV

14 JANVIER 1542 (n. st.)

Le duc Anthoine vend, cède et transporte à son très cher et
féal conseiller, auditeur en sa Chambre des Comptes de Barrois
et lieutenant général au bailliage de Clermont, maistre Blaise
Preudhomme, tout ce entièrement qu'il tient et possède et qui
luy peut estre advenu et escheu au lieu de Gilvescourt, ban,
finage et confinage d'illec, par la confiscation des biens de feu
Claude de La Vallée, jadis prévost de Clermont, tant en maisons, granges, jardins, prés, terres, chenevières, debtes, actions,
rentes, obligations, droietz, poursuittes comme autrement, en
quelque manière que ce soit, avec les fruicts et grains escheues au
jour Saint Martin d'hyver dernier, moiennant la somme de dix
sept cens frans qu'il luy en a paié, sçavoir sept cent francs en
ses mains et qu'il a mis en ses coffres et mille frans ès mains
de son très cher et féal conseiller, premier chambellan et bailly
dudict Clermont, messire Jean Daguerre, baron de Vienne le
Chastel, commis et desputé de par luy à la reception des deniers
venans de la confiscation des biens dudict Claude de La Vallée;
et d'abondant de grace, informé qu'il est que partie des biens
assis au ban, finage et confinage dudict Gilvescourt, que souloit
tenir ledict de La Vallée, ont esté restitués à aucuns particuliers
par les commis à l'expédition des requestes présentées contre
ledict de La Valée, et aucuns vendus par les officiers dudict
Clermont, il veut et entend que les deniers provenans des resti-
tutions et venditions desdits biens, de quelque manière que ce
soit, soient compris en ce présent vendage et rendu audict

Preudhomme, encores que l'on en ait tenu compte ; mande à
son très cher et féal conseiller, greffier de ses haults jours de
Sainct Miel, maistre Louis Dupreys, de mettre ès mains dudict
Preudhomme toutes lettres, papiers et enseignemens que ledict
de La Valée avoit des choses concernant l'arrest rendu contre
luy audict lieu de Gilvescourt concernans le présent vendage etc. par patentes données à Bar le x111e janvier 1541.

(*Archives de la Meuse*, B 311. fol. 46. — Copie de ces lettres
au *Musée Condé*, à Chantilly, E 2, ancien K 37, nº 13).

XXV

3 MARS 1542 (n. st.)

ARRÊT DU PARLEMENT DE PARIS ORDONNANT LA MAINLEVÉE
DES HÉRITAGES APPARTENANT AUX HÉRITIERS LA VALLÉE A
IPPÉCOURT ET DÉTENUS PAR LE DUC DE LORRAINE, LE CHA-
PITRE DE VERDUN ET L'ABBAYE DE SAINT-MAUR DE LA MÊME
VILLE.

Du vendredi troisiesme de mars m v^c quarante ung, *post pran-
dium*.

En la cause d'entre la vefve Claude de La Valée.

Après que Favier, pour lad. vefve et ses enfans, a récité la
demande qu'ilz ont cy devant faicte en exécution d'arrest contre
les parties adverses et les déclarations par elles faictes,
ensemble les ordonnances de la court, et a requis que présentement lesd. parties adverses eussent à déclarer si elles vouloient
prétendre estre du ressort de la Court de céans ou non.

Picart, pour le duc de Lorraine, a dict que l'arrest de ladicte
Court ne fut jamais exécuté contre ledict duc et n'y fut jamais
appellé, ne ses officiers n'empeschoi[en]t que les demandeurs
ne joïssent selon le contenu de l'arrest de la Court; et quant à
la suppériorité de Hypécourt, a dict qu'il y avoit quatre seigneurs et en estoit ledict duc seigneur pour une des quatre parties, car chascun desdicts quatre seigneurs est seigneur pour ung
quart et estoient tous quatre égaulx en ladicte seigneurie, et
pensoit qu'il n'y avoit souveraineté ne supériorité à l'un sur
l'autre.

Regnart, pour les doyen chanoines et chappitre de l'église de
Verdun et les religieuses abbesse et couvent de Sainct Mor dudict
Verdun, dict qu'il en déclaire autant qu'il a esté déclairé de la
part dudict duc de Lorraine.

Favier a dict que les demandeurs ne se contentoient d'avoir

la mainlevée selon l'arrest de la Court, mais demandoient *etiam*
la restitution des fruictz contre lesdicts doyen, chanoines et
chappitre de Verdun et lesdictes religieuses abbesse et couvent
de Sainct Mor, jusques au jour présent qu'ilz ont faict leur
déclaration.

Lemaistre, pour le procureur général du roy, a dict qu'il a
esté souvantes fois disputé en la court de céans, sçavoir si le
païs d'Argonne estoit de la recongnoissance du roy ou du duc
de Lorraine, à cause de son duché de Lorraine ; toutesfois s'est
trouvé qu'il a esté par arrest déclairé estre de la recongnoissance
du roy, et que les ducs de Lorraine ont recongneu le tenir du
roy et qu'ilz lui en ont faict les foy et hommaige. Il est vray que
pour le regard de la ville de Clermont en Argonne s'est trouvé
quelque difficulté, et y en a eu appoinctement au Conseil en la
court de céans, que le roy a depuis évoqué à sa personne, dont
adverty le duc de Lorraine est venu traicter avec le roy, de sorte
que le roy y est recongneu souverain. Néantmoins, à l'exécution
de l'arrest de la Court y a eu des rébellions et sommations
bien grandes. Requiert à ceste cause comme dessus estre baillé
audict procureur général pour en informer, et que les demandeurs qui dient qu'elles ont esté faictes ayent à administrer tesmoings pour en informer, et au surplus demande acte de la
déclaration faicte par l'advocat dudict duc de Lorraine.

Regnart, pour respondre à ce que les demandeurs demandent
les fruictz pour la prétendue demeure de ses parties, dict que
dès le commencement de la première plaidoyerie, faict en la
Court de céans, il a déclairé qu'elles n'avoient jamais faict
saisy ne riens receu des fruictz saisiz, mais que ce avoit esté le
duc de Lorraine.

Picart a dict que ledict duc ne feist jamais saisir et n'a riens
receu, ny ses officiers, et si de l'exécution de l'arrest de mainlevée il ne fut jamais appellé, ny sesdictz officiers.

Guinay, pour l'huissier du Puy, dict que ledict huissier du Puy
luy faict remonstrer et en exécutant l'arrest de mainlevée de
la Court donné au prouffict des demandeurs l'on luy avoit faict
plusieurs excès, et l'avoit on contrainct gaigner païs à poincte
d'esperon, pour se saulver et mettre hors des mains des parties
adverses des demandeurs, et y avoit eu de groz interestz. A ceste
cause demandoit commission pour informer.

La Court dict que, après avoir oy les advocat et procureur du duc de Lorraine déclarans qu'il ne prétend aucun droit de supériorité ès portions appartenans, audict Hypécourt, aux doyen, chanoines et chappitre de l'église de Verdun et aux religieuses abbesses et couvent de Sainct Mor dudict Verdun, elle a ordonné et ordonne que mainlevée sera faicte aux demandeurs, et dès à présent la leur faict par provision, selon et en ensuyvant l'arrest provisionnel cy devant donné des héritaiges dont est question; et en tant que touche les fruictz prins et perceuz par lesdictz doyen, chanoines et chappitre et religieuses abbesse et couvent de Sainct Mor de Verdun, et semblablement par ledict duc de Lorraine, ladicte court a condempné et condempne respectivement tant ledict duc de Lorraine que lesdictz doyen, chanoines et chappitre et religieuses abbesse et couvent Sainct Mor de Verdun à rendre et restituer les fruictz par eulx respectivement prins, et que les demandeurs eussent peu prendre et percevoir depuis l'empeschement respectivement donné à iceulx demandeurs par les dictz doyen, chanoines et chappitre, religieuses, abbesse et couvent, et semblablement par ledict duc de Lorraine, ou leurs officiers; et au regard du procureur général du roy, ladicte Court y ayant égard a ordonné et ordonne qu'il aura commission pour informer des rebellions et contreventions faictes à l'exécution des arrests d'icelle, et dedans ung moys les demandeurs nommeront les tesmoings par lesquelz ilz entendent estre prouvé desdictes rébellions et contreventions. Semblablement Du Puys, huissier, aura commission d'icelle Court pour informer des rebellions et excès à lui faitz à l'exécution de l'arrest de ladicte Court, pour, les informations faictes et rapportées par devers ladicte Court, procéder à l'encontre des délinquans et coulpables, ainsi qu'il appartiendra par raison; et au surplus a la dicte court condenné et condenne tant lesdictz doyen chanoines et chappitre de l'église de Verdun que religieuses abbesse et couvent de Sainct Mor de Verdun respectivement ès despens.

Après lequel prononcé a dict Picart qu'il n'avoit pas déclairé et ne déclairoit que ledict duc de Lorraine ne prétendoit droit de supériorité ès portions appartenans ausdicts doyen, chanoines et chappitre de Verdun et aux religieuses abbesse et couvent de Sainct Mor dudict Verdun à Hyppécourt, mais que audict Hyp-

pécourt avoit quatre seigneurs, chacun pour ung quart, estans
égaulx, n'ayans, comme il pensoit, souveraineté ne supériorité
l'un sur l'autre. Et pour ce supplioit la Court estre osté dudict
arrest ces mots : qu'il avoit déclairé que ledict duc ne prétendoit aucun droit de supériorité esdictes portions.

Sur ce interpellé, ledict Picart, qu'il eust déclairé se ledict duc
prétendoit droit de supériorité et souveraineté esdictes portions,
a dict qu'il n'avoit charge ne procuration pour faire ceste déclaration, et que, s'il disoit que non, pourroit estre desadvoué, et
autant s'il disoit au contraire, mais déclairoit bien que ledict
duc ne prétendoit riens ès trois portions appartenans auxdicts
doyen, chanoines et chappitre de Verdun, religieuses abbesse et
couvent de Sainct Mor dudict Verdun et à l'abbé de Beaulieu.

A quoy ledict Le Maistre, pour le procureur général, [dict] qu'il
se contentoit de ladicte déclaration, et en demandoit acte, assavoir que ledict duc ne prétendoit riens èsdictes trois portions de
ses conseigneurs.

Après aussi que Favier a dict qu'il y avoit deux fermiers,
assavoir Jacquemyn Morel et Nicolas Guillot, demourans à
Rozecourt, qui détiennent pareillement des héritages appartenans
aux demandeurs et desquelz ilz ont prins les fruictz, requiert
qu'ilz sont condennez à les rendre et laisser joir lesdictz demandeurs.

Et que Picart a dict que quant ausdictz fermiers que du jour
du commandement ilz payeront ce qu'ilz pouvoient debvoir, et
en avoit quictance au sac, et depuis on ne leur a riens demandé,
et offroient payer ce qu'ilz peuvent avoir levé.

La Court a donné acte audict procureur général du Roy de la
déclaration faicte par le dict duc de Lorraine qu'il ne prétendoit
riens ès trois portions de ces troys conseigneurs à Hypécourt,
et au surplus a condenné et condenne lesdictz deux fermiers à
rendre ausdictz demandeurs et restituer les fruictz qu'ilz ont
prins au moyen de leur ferme, sauf à déduire et rabatre ce
qu'ilz monstreront avoir sur ce payé aux demandeurs, et sans
despens de l'instance et pour cause.

(*Archives nationales*, X₁ₐ. 8353, fol. 203 v°).

XXVI

6 MARS 1542 (n. st.)

ARRÊT DU PARLEMENT DE PARIS ACCORDANT AUX HÉRITIERS DE
CLAUDE DE LA VALLÉE LA JOUISSANCE DE CE QU'ILS POSSÉ-
DAIENT DANS LE COMTÉ DE BEAULIEU.

Entre damoiselle Claude [de] Genicourt, vefve de feu Claude de
La Vallée, auctorisée par justice, Claude et Christofle de La Vallée, héritiers dudict défunct, demandeurs en exécution d'arrest,
d'une part, et le cardinal de Lenoncourt, abbé commandataire
de Beaulieu en Argonne, et les religieux et couvent dudict lieu,
défendeurs d'autre part, après ce que Favyer pour lesdicts demandeurs et de Longueval pour lesdicts défendeurs ont esté d'accord
de ce présent appoinctement, la Cour a ordonné et ordonne
que lesdicts demandeurs joyront des terres et héritaiges assiz à
La Vallée, La Voix, Fleury et aultres lieux du conté de Beaulieu,
et debtes, si aucune il y en a, qui ont appartenu audict défunct
de La Vallée; et oultre a ladicte Cour condamné et condamne
lesdicts défendeurs à rendre et restituer ausdicts vefve et Christofle les fruictz qu'ilz ou leurs officiers ont prins et levé desdicts
héritaiges, et aussi sans restitution des fruictz quant audict
Claude, levez par lesdicts deffendeurs ou leurs officiers, seullement esdicts lieux de La Vallée, Fleury et La Voix jusque au jour
de ce présent arrest; et pour liquider les fruictz qui pourront
estre deubz aus dicts vefve et Christofle, la Cour a renvoyé lesdictes parties par devant Me Jehan Meigret, conseiller en icelle,
qu'elle a commis et commect quant à ce.

(*Archives nationales*, X¹ᵃ 4915, fol. 145 vᵒ).

XXVII

23 JUIN 1548

ARRÊT DU PARLEMENT, CONFIRMANT LA SENTENCE DU BAILLI DE
VITRY QUI AVAIT ORDONNÉ L'EXÉCUTION DES ARRÊTS PAR LES-
QUELS LES HÉRITIERS LA VALLÉE AVAIENT ÉTÉ ENVOYÉS EN
POSSESSION DES BIENS AYANT APPARTENU A LEUR PÈRE DANS
LES LOCALITÉS Y DÉSIGNÉES.

Henry, par la grâce de Dieu, roy de France, a tous ceulx qui
ces présentes lettres verront, salut.

Sçavoir faisons que comme nostre Procureur général, Claude
et Christofle de La Vallée escuyers, frères, enffans et héritiers de
feu Claude de La Vallée, en son vivant prévost de Clermont en
Argonne, demandeurs respectivement en matière d'exécution
d'arrest et désertion d'appel à l'encontre de notre chère cousine
Chrestienne de Dannemarch, dame douairière dès duchez de
Lorraine et de Bar, et aussi de nostre cher cousin Nicolas de
Lorraine, ès noms et comme tuteurs et curateurs de nostre cher
cousin Charles à présent duc desdicts duchez, défendeurs et adjournez en reprinse de procès, sur l'exécution dudict arrest et
désertion d'appel, et les doyen, chanoines et chappitre de l'église
Nostre Dame de Verdun, Henry de Moncel, seigneur de Bauzey,
Claude de Nettancourt, seigneur d'Aultrecourt, les religieux,
abbé et couvent de l'abaye Nostre Dame de Lislè en Barroys,
seigneur de Jubecourt, tous défendeurs adjournez en ladicte
matière d'exécution d'arrest et deffaillant en leur absence et
contumace, eussent faict dire et proposer en nostre court de
Parlement que tant ledict feu Claude de La Vallée que nostre
dict Procureur général se seroient portez pour appellans de l'octroy d'une commission décernée par nostre dict cousin duc de
Lorraine et de Bar à Mes Guillaume Roze et Jehan Warin, trans-

port de jurisdiction, abusive procédure, emprisonnement et détention de la personne dudict deffunct de La Vallée, sentence et jugement deffinitif contre luy donnés par lesdictz Roze et Warin, eulx disant juges delléguez de nostre dict cousin duc de Lorraine, sur lequel nostredit cousin avoyt esté inthimé en nostre dicte Court ; pendant laquelle instance ledict feu de La Vallée seroyt allé de vye à trespas, ou lieu duquel sesdictz enffans auroient reprins le procès des le xvie juillet mil cinq cens trente huict en plaidant la cause d'appel, nostre dict cousin auroyt tendu à fin de non procéder, disant qu'il estoit souverain du chasteau, ville et bailliage de Clermont en Argonne, qu'il en avoyt joy de tout temps immémorial en tout droict de régalle, et que lesdictes ville, chasteau et bailliage de Clermont estoyt terre assise hors nostre royaulme ; sur quoy seroyt ensuyvy arrest par lequel les parties auroient esté appoinctées au conseil sur ledict déclinatoire et qu'elles corrigeroient et adjousteroient à leur plaidoyé sur la dicte fin ; et par mesme moyen esté ordonné que, sans préjudice de ladicte fin de non procéder, ledict duc de Lorraine et de Bar nostre cousin et ses officiers feroient apporter led. procès, et au surplus que la vefve et héritiers dudict deffunct Vallée joïraient de tous et chacuns les héritaiges et biens qui appartenoient audict deffunct de La Vallée qui estoient seituez et assiz au dedans de nostre royaulme et en nostre souveraineté non révocquée en doubte, et que lesdictz vefve et héritiers feroient, si bon leur sembloit, adjourner en nostre dicte Court les seigneurs subalternes prétendant droict de confiscation au moyen de la sentence donnée contre ledict deffunct de La Vallée, pour respondre par lesdicts seigneurs subalternes ad ce que lesdicts vefve et héritiers demandoient la joissance desd. biens ; et outre que les bledz et aultres biens périssables estans en ladicte ville de Clermont, qui appartenoient audict deffunct, seroient venduz au plus offrant et dernier enchérisseur en la manière acoustumée, et les deniers qui procéderoient de la vente mis entre les mains des officiers dudict duc de Bar, nostre cousin, comme en main de justice ; et que nostre dict cousin envoyroit procuration spécialle pour nous advouer ou désadvouer à souverain et seigneur féodal pour le regard de ladicte seigneurye de Clermont en Argonne, ses appartenances et deppendances, le tout sans préjudice de la fin de non procéder.

Pour exécuter lequel arrest lesdicts de La Vallée se seroient
adressez à certain nostre sergent à cheval en nostre chastellet,
lequel vollant faire le devoir de son office auroyt esté empesché
par les officiers de nostredict cousin et emprisonné; au moyen
de quoy lesd. de La Vallée auroyent mené feu Jehan Du Puy,
huissier en nostre dicte court, pour icelluy arest exécuter, lequel
lesd. officiers de nostred. cousin auroient semblablement empesché, ensemble le substitud de nostred. procureur général à
Victry et quatre noz sergens qu'ilz y avoient menez pour faire
les exploictz nécessaires; les chevaulx desquelz substitud et
huissier et de leurs gens auroient esté emprisonnez en lad. ville
de Clermont, et eulx condamnez en l'amende; et au village
d'Ypécourt les officiers de nostredict cousin auroient faict
grande assemblée illicite, jusques au nombre de deux ou troys
cens personnes, tous garniz de harquebuzes et autres bastons
invasibles, et auroyent rué tant sur nostredict huissier que sur
autres noz officiers pour les tuer et occire, tellement qu'ilz
auroient esté contrainctz de eulx enfuyr à course de cheval pour
éviter au péril et dangier de leurs personnes; et seroyt la vefve
dud. de La Vallée dénoncée arrestée prisonnière par lesdicts
officiers de nostre dict cousin, à laquelle ilz auroient faict plusieurs injures atroces; et au regard de tous les autres lieux où
nostred. huissier auroit voulu exécuter led. arest il y auroit eu
résistance, mesmement en lad. ville de Bar par les officiers dud.
lieu, combien qu'elle soit tenue et mouvant de nous et ou ressort de nostre dicte Court, à plusieurs desquelz nostred. huissier
auroit baillé assignation en nostred. court, laquelle depuis, par
son arrest obtenu par lesdicts de La Vallée pour raison du villaige d'Ypécourt contre nostred. cousin, les doyen et chappitre
de l'église de Verdun, les religieuses abbesse et couvent de
Saint Mor dudict Verdun et les religieux abbé et couvent de
Beaulieu, auroit fait mainlevée par provision ausdicts de La
Vallée, suyvant ledict premier arrest, de tous les héritages que
leur pére avoit au lieu d'Ypécourt, et condamné nostred. cousin,
le chappitre de Verdun, les couventz de Sainct Mor et Beaulieu à
rendre les fruictz par eulx respectivement prins, ou que lesd. de
La Vallée eussent peu prendre ou percepvoir n'eust esté l'empeschement à eulx donné par leurs parties adverses; et au surplus auroit ordonné que nostred. procureur général auroit com-

mission pour informer des rébellions et contraventions faictes
à l'exécution desdicts arestz, et que pareillement commission et
à mesme fin seroyt décernée aud. Dupuy nostre huissier; lesquelz de La Vallée auroient porté lesdicts arestz à nostre dict
bailly de Victry, commissaire en ceste partie, pour iceulx exécuter, et faict adjourner pour veoir procéder à ladicte exécution
nostre dict cousin et autres deffaillans avec plusieurs aultres à
certain jour, auquel lesdictes parties seroient comparues. Or led.
deffunct de La Vallée estoit en son vivant seigneur propriétaire
de plusieurs terres, fiefz, seigneuries, mestairies, gaingnaiges,
maisons, héritaiges et autres biens scituez et assiz au dedans
des fins et limittes des lieux qui s'ensyvent, c'est assavoir : es
villaiges de Petit Louppy, de Rancourt, de Génicourt, d'Amble-
court, de Bozey et Mozeville, de Gilvecourt, Gilbescourt, Advo-
court, Brancourt, Arrambecourt, de Nubecourt, Rampont, Ville
sur Cousance, Waaly, de Autrecourt, Noully, Donbal, de la terre
et seigneurie de Monsseville, La Vallée, ensemble de Sorbay,
leurs appartenances et deppendances, laquelle seigneurye de
Sorbay faisoyt partie de la seigneurye de Bozay ; ès quelles
terres, seigneuryes et lieux y avoit plusieurs gens domiciliaires
et résidans esd. lieux qui debvoient grosses sommes de deniers,
grains et autres choses aud. deffunct de La Vallée; tous lesquelz lieux estoient scituez et assiz par deça la rivyère de Meuze,
en et au dedans du duché de Bar, comté de Champaigne et en
nostre obéissance et souveraineté et au dedans de nostre
royaulme. Or, lesdicts deffaillans comparans, comme dessus est
dict, par devant nostredict bailly de Victry ou son lieutenant,
exécuteur desdicts arrestz, lesdicts de La Vallée auroient
demandé l'exécution de leurs dicts arrestz, et en ce faisant
requis la joissance des biens qui furent à leur feu père, scituez
et assis ès bans, finaiges et destroictz des villaiges susdictz,
comme estans en nostre obéissance et souveraineté, ce que le
procureur dud. duc de Lorraine, nostre cousin, tant en son nom
que comme ayant prins la cause de plusieurs qui avoient esté
adjournez à la requeste desd. de La Vallée, auroit empesché,
disant que les villaiges et finaiges d'Ypécourt pour le regard de
ce qu'il avoyt à Bozay, et ce qui estoit tenu de luy en fief, réservé
la garde dicte bourgeoise, Gilvécourt, Rempont, Blerecourt,
Monsseville, Domballe, Ville sur Cousance, pour le regard du

Ban des escuyers de La Vallée de Rarécourt, estoient du bailliage
de Clermont, terre d'Empire, tant en ressort, féodalité, jurisdiction, souveraineté que autrement, et hors nostre royaulme, combien que par cy devant led. duc de Lorraine nostre cousin
auroit toujours dict et maintenu qu'il estoyt souverain sans
recongnoissance d'aultruy, qui faisoyt à noter ; sur quoi nostred.
bailly ou sond. lieutenant, exécuteur susdict, auroyt ordonné que,
quant au regard dud. lieu d'Ypécourt pour le regard de ce que
nostred. cousin y prétendoit, et autres terres et seigneuryes non
révocquables en doubte, qu'il défenderoyt pertinemment et pas-
seroyt outre, nonobstant chose par luy proposée, dont il l'eust
débouttè ; et quant au regard de ce qu'il avoit à Bozey et qui
estoit tenu en fief de luy, Gilvécourt, Rempont, Blerecourt,
Monsseville, Donballe, Ville sur Cousance, pour le regard du
Ban des escuyers de La Vallée près Rarecourt, que nostredict
cousin auroyt par sa procuration dényé estre de nostred.
royaulme, nostred. bailly ou sond. lieutenant, exécuteur susdict,
auroit renvoyè les parties en nostred. court au moys, dont nostred. cousin auroit appellé ; nonobstant lequel appel et sans préjudice d'icelluy, led. exécuteur auroit ordonné que pour le regard
dud. lieu d'Ypécourt, actendu que nostred. cousin estoyt condamné par arest, qu'il passeroit outre, et, en ce faisant, ordonné
que, tant à nostred. cousin que à ceulx pour lesquelz il avoyt
prins la cause, défences seroient faictes de troubler lesd. de La
Vallée en la joissance desd. héritaiges, scituez et assiz au finaige
d'Ypécourt, qui avoit appartenu à leur père, et que d'iceulx héritages lesd. de La Vallée joiroyent suyvant led. arrest, dont
nostred. cousin auroit appelé en adhérant à son premier appel.
Lesquelles appellacions, interjectées dès l'an mil cinq cens quarante deux, nostred. cousin n'auroit relevées, mais depuys seroit
déceddé et depuys son filz, aussi nostre cousin, seroit semblablement déceddé, délaissé Charles à présent duc de Lorraine et de
Bar, aussi nostre cousin. duquel lad. de Dannemarch, sa mère,
et led. Nicolas de Lorraine, son oncle, sont tuteurs et curateurs ;
lesquelz tuteur et curateurs iceulx demandeurs auroient faict
adjourner pour répondre ou délaisser lesd. appellacions, si elles
n'avoient esté relevées, pour les voir déclairer désertes. Aussi
pour repprendre ou délaisser les aultres instances pendantes en
nostred. Cour entre lesd. parties, mesmement l'instance de

renvoi faicte par nostredict bailly ou sond. lieutenant, exécuteur desd. arestz, pour raison des finaiges, terres, seigneuryes que nostred. cousin prétendoyt n'estre de nostre obéissance et souveraineté. Pareillement lesd. demandeurs auroyent faict adjourner en nostred. Court plusieurs seigneurs subalternes, pour dire ce qu'ilz vouleroient pour empescher, en tant que à iceulx touchoit, que lesd. villaiges, terres et seigneuryes ne fussent déclairez estre de nostre obéissance et souveraineté. A l'assignation les parties seroient comparues, et auroient lesd. demandeurs faict appeller en plusieurs foys la cause en pleine audiance et obtenu plusieurs arrestz pour enjoindre ausdicts défendeurs et deffaillans pour venir plaider ; et parce que lesdicts défendeurs n'auroient voulu plaidier, nostredicte Court auroyt donné ausdicts demandeurs, à l'encontre desdicts deffendeurs et deffaillans, congé et deffault respectivement ; lesquelz congé et deffault ainsi obtenuz lesdicts demandeurs eussent requis à l'encontre desd. défendeurs et deffaillans tel proffict leur estre adjugé, c'est assavoir que par arest de nostred. Court lesd. congé et deffault fussent déclairez avoir esté bien et deuement obtenuz, et pour le proffict d'iceulx fussent lesd. appellacions déclairées désertes ; et en ce faisant dict qu'il avoit esté bien jugé par nostred. bailly ou son lieutenant, exécuteur susdict, mal appellé par nostre dict cousin duc de Lorraine et condamné és despens envers lesdicts demandeurs ; en tant que touchoyt led. renvoy, ledict deffendeur fust débouté de l'oposition et empeschemens faictz à l'exécution desd. arestz, lesquelz partant fussent exécutez, et, en ce faisant, que lesd. demandeurs eussent mainlevée des biens, terres et seigneuryes dessusdictes et déclairées estre du ressort de Paris et de nostre royaulme et sans controverse ; et au surplus que défences fussent faictes ausdicts deffendeurs et deffaillans de troubler et empescher lesdicts de La Vallée en possession et joissance de tous et chacuns les héritaiges et aultres biens scituez et assiz esdietz villaiges, ban et finaige et destroietz d'iceulx, qui auroient appartenu à leurd. feu père, cy dessus déclairez, et les défendeurs et deffaillans condamnez à rendre et restituer ausdietz demandeurs tous et chacuns des fruietz et biens par eulx respectivement prins esdicts villaiges et finaiges d'iceulx, en ce qui en avoit appartenu à leur dict feu père ; et outre que lesd. défendeurs et deffaillans fussent condamnez és despens envers lesdicts de La

Vallée, ensemble ès despens de ceste instance de congé et deffault, et ès dommaiges et interestz desdicts de La Vallée demandeurs, ou que telles aultres demandes, requestes et conclusions leur fussent faictes et adjugées telles que nostred. Court verroit estre à faire et adjuger; et pour ce eussent iceulx demandeurs mis et produict par devers nostred. Court lesd. congé et deffault, avec leurs autres pièces et mynutes.

Finablement, veuz par nostre court de Parlement lesd. congé et deffault, la demande sur le congé et deffault, les arrestz donnez entre lesd. de La Vallée et Anthoine duc de Lorraine, nostre cousin, les seiziesme jour de juillet mil cinq cens trente huict et troiziesme jour de mars mil cinq cens quarante ung; le procès-verbal de maistre Anthoine Linaige, lieutenant général de nostre bailly de Victry, exécuteur desd. arestz; les appellations interjectées par feu nostred. cousin le duc de Lorraine ou son procureur, mentionnées audict procès-verbal, et tout ce que par lesdicts demandeurs a esté mis et produict par devers nostredicte Court, et considéré ce qui faisoyt à considérer, nostredicte court par son arrest dict que ledict deffault a esté bien et deuement obtenu, et au moyen et par vertu d'icelluy a nostredicte Court ausdictz demandeurs adjugé et adjuge tel proffict, pour le regard desd. de Dannemarch et de Lorraine, noz cousine et cousin, ès noms et qualitez qu'ilz procèdent, c'est assavoir qu'elle a déclairé et déclaire les appellations interjectées par nostred. feu cousin le duc de Lorraine dud. Linaige, exécuteur desd. arrestz, désertes, et en ce faisant dict qu'il a esté bien jugé, proceddé et ordonné par lesdictz exécuteurs, mal appellé par ledict deffunct, et l'amenderont lesd. défendeurs d'une amande seullement; et a ordonné et ordonne que ce dont a esté appellé sortira son plain et entier effect, et, en se faisant, a ordonné et ordonne que lesd. Dannemarch et de Lorraine ès noms et qualitez que dessus seront réadjournez à certain et compectant jour pour, suyvant l'appoinctement dudict exécuteur et renvoy par luy faict, venir et procedder en nostred. Court, défendre et produyre en lad. instance d'exécution d'arrest et bailler contredictz contre la production desd. demandeurs pour, le tout faict, estre faict droict ausd. parties ainsi que de raison; et si a nostredicte Court condamné et condamne lesd. Dannemarch et de Lorraine èsd. noms envers lesd. de La Vallée ès despens, tant desd. causes d'appel, instances de désertion que dud. deffault et de ce qui s'en est ensuyvy, telz que de raison. Et pour le regard desd. chanoines et chappitre de Verdun, Henry de Moncelz, seigneur de Bauzey, Georges de Nettancourt et lesd. religieux, abbé et couvent de Nostre Dame de Lisle, a nostred. court aussi adjugé et adjuge tel proffict, c'est assavoir qu'elle leur a faict inhibicions et deffences d'enpescher l'exécucion dud. arrest et de ne troubler ou empescher lesd. de La Vallée en la possession des choses à eulx adjugées par lesd. arrestz, et les a condamnez et condamne à leur rendre et restituer les fruictz, s'aulcuns par eulx ont esté prins desd. choses, ensemble ès dépens envers lesd. de La Vallée, tant de l'instance que dudict deffault et de ce qui s'en est ensuyvy, telz que de raison.

En tesmoing de ce nous avons faict mettre à ces présentes nostre seel. Donné à Paris en nostre Parlement, le vingt-troisiesme jour de juing l'an de grâce mil cinq cens quarante huict et de nostre règne le deuxiesme. Ainsi signé : Par arest de la Court, Du Tillet. Et scellées, sur double queue, de cire jaulne.

(Coppie mise en tête de l'assignation donnée, le 3 août 1548, en vertu d'une commission du bailli de Vitry, par Oudin Rohault, sergent royal audit bailliage, à Chrétienne de Danemark et Nicolas de Lorraine, comte de Vandemont, en la personne de Michel Bonnet, leur procureur général au bailliage de Bar, pour comparaître audit Bar et y voir procéder à l'exécution du présent arrêt). Au bas de l'assignation on lit : « Ce faict, ledict Bonnet m'a déclaré qu'il ne prenoit charge dudict exploict, parce qu'il estoit seulement procureur général ou bailliage de Bar, et qu'il estoit question de chose qui n'estoit dud. bailliage, mais du bailliage de Clermont, où il y avoit procureur pour lesdictz Sieur et Dame pour faire lesdictz exploictz.

Signé : « Rohault ».

(Musée Condé, à Chantilly, E 6, n° 12, copie de 1548, sur papier.
— Bibliothèque nationale, ms. français 18843, de la collection Séguier, fol. 83. — Analyse, même fonds, n° 4882, dans l'Inventaire du Trésor des chartes de Lorraine, p. 5581.)

XXVIII

30 JUILLET 1549

LETTRES DE HENRI II, ENJOIGNANT AU PARLEMENT D'ACCORDER
UN CONGÉ AU CONSEILLER EUSTACHE CHAMBON, QUE LE ROI
AVAIT COMMIS POUR EXÉCUTER L'ARRÊT RENDU CONTRE LE
DUC DE LORRAINE EN FAVEUR DES HOIRS LA VALLÉE.

Du 1ᵉʳ aoust 1549. — Ce jourd'huy ont esté présentées a la
Cour les lettres missives du roy dont la teneur ensuit :

De par le Roy. Nos amez et féaux. Pour ce que désirons l'arrest par vous donné à la requeste de nostre procureur général
et de Claude et Chrestophle de La Vallée, frères, contre nostre
cousin le duc de Lorraine, où il est question de nos droicts de
souveraineté, estre exécuté de point en point selon sa forme et
teneur, à ceste cause, et que l'exécution a esté commise à nostre
amé et féal conseiller maistre Eustache Chambon, nous vous
mandons et expressément enjoignons que, pour vacquer et
entendre au faict de ladicte exécution, vous ayez à luy permettre
désemparer nostre cour de parlement pour le temps qui luy
sera besoin et nécessaire, et vous nous ferez servir très agréa-
blement ; si n'i veuillez faire faute, car tel est nostre plaisir.
Donné a Villiers Costerest le trentième juillet mille cinq cent
quarente neuf. Signé Henry, et au-dessous Bathier. Suivant
laquelle a esté donné congé au conseiller dénommé es dictes
lettres pour exécuter l'arrest aussi y mentionné.

(Bibliothèque de l'Institut, Collection Godefroy, vol. 365, fol.
50 vᵒ. — Cf. Bibliothèque nationale, Collection Brienne,
vol. 122, fol. 201.)

XXIX

27 AOUT 1549

MANDEMENT DE CHARLES QUINT A CHRÉTIENNE DE DANEMARK
ET A NICOLAS DE VAUDEMONT, TUTEURS DU DUC DE LORRAINE,
POUR LES INVITER A EMPÊCHER LE PARLEMENT DE PARIS DE
CAUSER AUCUN PRÉJUDICE A LA JURIDICTION IMPÉRIALE DANS
LE CLERMONTOIS.

Carolus, divina favente clementia Romanorum Imperator
Augustus.

Illustres principes, neptes et consanguineæ nostri charissimi,
retulit ad nos noster et imperii sacri fidelis dilectus Nicolaus a
Couritz, ex aulæ nostræ nobilibus, quem nuper in executionem
eorum de quibus in comitiis nostris Imperialibus apud Augus-
tam Vindelicam novissime celebratis, ad capiendam informationem de limitibus imperii isthuc et ad alia loca limitropha desti-
navimus, qualiter Senatus Parlamenti Parisiensis conari debeat
sibi vendicare exercitium jurisdictionis in aliquot membra baillivatus Claremontensis, quod (si ita est) errore magis quam dedita
opera illud fieri et attentari arbitramur ; omnino persuasum
habentes christianissimum Francie regem, fratrem et consan-
guineum nostrum charissimum, ubi illius serenitas de juribus
nobis et imperio sacro in baillivatu predicto competentibus satis
informata esset minime passurum esse, quicquam attentari per
suos quod in prejuditium hujusmodi juris et superioritatis
nostre Imperialis vergere posset. Quoniam vero nobis ratione
muneris nostri et jurisjurandi, quo imperii ordinibus obstricti
sumus, incumbit nostra et ejusdem Imperii jura ubique tueri et
conservare, proinde committimus dilectionibus vestris, uti tutoribus illustris Caroli ducis Lotharingiæ principis et consangui-
nei nostri charissimi, et eo nomine possessoribus memorati

baillivatus Claremontis, serio jubentes ut neque officialibus et ministris executionum predicti Parlamenti Parisiensis, neque cuiquam alteri in præjudicium superioritatis et jurium nostrorum et sacri imperii quicquam facere et attentare permittatis quovismodo seu pretextu. Nam si quicquam vestro consensu, dissimulatione aut permissu in præjudicium juris et superioritatis nostræ et imperii, quod absit, fieri aut attentari contingeret, non possemus vestrarum dilectionum causa non admodum graviter ferre, et de talibus remediis providere que huic rei convenire viderentur, quandoquidem officio et muneri nostro, quo ordinibus sacri Imperii atque adeo ipsi Imperio devincti sumus, deesse neque possumus, neque debemus. De qua re dilectiones vestras certiores reddere voluimus ut scirent quid sibi faciendum esset. Facient autem dilectiones vestræ hac in re seriam et omnimodam nostram voluntatem. Datum in oppido nostro Bincio, die xxviiᵃ mensis Augusti anno Domini 1549, imperii nostrii xxix et regnorum nostrorum xxxiii. *Ainsy signé* : Carolus, et *au dessoub* : Ad mandatum Cæsareæ et Catholicæ Majestatis proprium (*pour secrétaire*) : Obernburger. *Et au dos desdictes lettres est escript* : Illustribus Christiernæ a Dania, ducissæ Lostharingiæ ac Mediolani, viduæ, etc., et Nicolao a Lotharingia comiti Valdemontis, principibus, nepti, affini et consanguineis nostris charissimis conjunctim et separatim.

(*Bibliothèque nationale*, Collection de Lorraine, vol. 428, fol. 102; copie sur papier, collationnée le 29 septembre 1549, par N. Rouyer, notaire apostolique.)

XXX

31 DÉCEMBRE 1549

INSTRUCTIONS DONNÉES A LOUIS DE LA MOTHE, ENVOYÉ PAR LE
DUC DE LORRAINE A L'EMPEREUR, POUR LUI REMONTRER LES
ENTREPRISES DE JURIDICTION FAITES PAR LE ROI DE FRANCE
A PROPOS DU PROCÈS LA VALLÉE.

*Instructions pour maistre Loys de La Mothe, secrétaire de mon-
seigneur, envoyé présentement en court de La Magesté de l'Empereur par les excellences de Madame et monseigneur de Vaudemont, tuteurs, etc.*

Premier, s'adressera à Monseigneur d'Aras auquel il présentera
les lettres de crédence desdictz Dame et seigneur de Vaudemont,
et luy dira qu'il a charge de faire entendre à la Majesté le discours
et dement d'entreprise de jurisdiction que le roy de France
et ses officiers font ou bailliage de Clermont, lequel est de tout
temps tenu en fied par les contes et ducs de Bar d'un évesque de
Verdun qui en premier lieu faict les foid et hommaige aux empereurs à cause du Saint Empire.

Et pour plus amplement déduyre le faict, dira ledict maistre
Loys que, environ l'an mil cinq cens trente deux, au vivant de
feu Monsieur Anthoine duc de Lorraine et de Bar, un nommé
Claude de La Vallée, en son vivant prévost dudict Clermont, fut
pris et appréhendé pour les concussions et malversations qu'il
avoit faict en son office, et, son procès faict et parfaict au lieu
de Sainct Mihiel, fut condempné en une amende honorable et
proffictable envers ledict seigneur Duc.

Quelque temps après, ledict de La Vallée, estant à délivre de sa
personne, se transporta à Paris et, avec l'adjunction d'un procureur général du Roy, se porta pour appelant de l'octroy de commission décernée par les juges déléguez pour faire ledict procès,

transport de jurisdiction et abusive procédure faicte contre luy.

Laquelle appellation il releva en la Court de Parlement audict Paris et y feit adjourner lesdicts sieurs duc Anthoine et juges déléguez; où ledict seigneur duc, comparant par ses procureurs, proposa fins déclinatoires et d'incompétence de juges, disant et soustenant Clermont estre hors de l'obéissance, ressort et souverainneté du Roy, et sur telz fins contesta et produict plusieurs tiltres et bons.

Sur laquelle procédure, en l'an mil v^c xxxviii. intervient arrest provisional de ladicte Court de Parlement, donné avec ledict feu sieur duc Anthoine et Claude et Christofle de La Vallée, enffans dudict feu Claude de La Vallée, comme ayant repris le procès auparavant délaissé par le trespas et décès dudict feu leur père.

Et par iceluy arrest ladicte Court ordonna que lesdictz de La Vallée joyroient des terres et biens possédez par leurdict feu père et situez et assis és lieux non révocquez en doubte et confessez par ledict sieur duc Anthoine estre de la souverainneté du Roy, et oy sur ce le consentement du procureur général du Roy.

Depuis, en l'an v^c xli, il y eust autre arrest par lequel ledict feu sieur duc Anthoine, oy son advocat en plaidant, est condampné à laisser joyr lesdictz de La Vallée des biens et héritagés estans au lieu de Ypécourt, villaige maintenu auparavant estre du ressort et bailliage de Clermont.

Et en exécutant iceulx arrests par le lieutenant du bailly de Vietry, juge ad ce commis et député par ladicte court, ledict sieur duc Anthoine fut itérativement condanpné pour le regard dudict Ypécourt.

Et quant aux autres terres et seigneuries, scavoir Bauzey, Monzeville, Gibecourt, Gilvecourt, Avocourt, Brocourt, Arambecourt dict Nubecourt, Rampont, Ville sur Cousance, Valley, Autrecourt, Nevilly, Domballe et La Vallée, sur ce que ledict sieur duc disoit et proposoit qu'elles estoient de Clermont, soub l'authorité de l'Empire, ledict exécuteur le renvoya à ladicte Court pour en congnoistre; duquel renvoy le procureur dudict sieur duc en appella, combien que la procuration porta povoir seulement de déclairer et non d'appeller, et peu après on feit poursuicte en ladicte Court pour relever ledict appel, toutes foys tel relief fut reffusé et renvoyé au Privé conseil.

Quelque temps est demeurée toute telle procédure en surcéance et sans en faire poursuicte d'une part et d'autre, et jusques après le trespas de feuz mesdictz sieurs les ducz Anthoine et Françoys, son filz, que lesdictz Claude et Christofle de La Vallée feirent adjourner lesdictz Dame et sieur de Vaudemont, tuteurs, pour reprendre et délaisser ledict proeés et procéder sur ledict appel interjecté par ledict procureur.

Feirent aussy lesdicts de La Vallée adjourner les seigneurs haults justiciers en aucuns des villaiges dessusnommez, pour venir dire et déclarer en la Court s'ilz empeschoient la mainlevée des biens dudict feu Claude de La Vallée estans soubz leur haulte justice.

Sur lesquelz adjournemens, lesdictes Dame et seigneur de Vaudemont feirent sommation aux évesques de Verdun de prendre ce faict en deffense, ce qu'ils avoient promis de faire. Toutes foys ne se trouve avoir esté faict, et passarent lesdictz Dame et seigneur de Vaudemont procurations pour déclarer en ladicte Court que les villaiges susdictz estoient de l'Empire et notoirement hors les ressort et jurisdiction du royaulme de France.

Lesquelles déclarations néantmoins n'ont esté faictes, et ne se sont présentées les dictes Dame et seigneur de Vaudemont, ne aultre desdictz haultz justiciers, en ladicte Court, au moyen de quoy et par contumace a esté dict par arrest que lesdictz de La Vallée joyront des biens situez et assis èsdictz villaiges, et lesdictes Dame et seigneur de Vaudemont et autres haultz justiciers condamnez à les souffrir en la joyssance, avec restitution des fruictz qu'ilz en avoient perceuz, et aux despens.

Peult avoir deux ou trois moys que ung nommé M⁰ Eustache Chambon, conseillier en ladicte court de Parlement à Paris, se transporta au lieu de Bauzey, l'un des villaiges dessusnommez, pour mectre en exécution ledict arrest, où Warin de Savigny, bailly de Clermont, luy déclaira, de la part des dictes Dame et seigneur de Vaudemont, que ledict Bauzey et autres villaiges dénommez audict arrest estoient et sont tenuz en fief du conte et duc de Bar, à cause de son chastel et chastellenie de Clermont, et sont notoirement du bailliage du dict Clermont. lequel les dictz contes et ducz de Bar ont tousjours repris et reprennent

d'un évesque de Verdun, soubz l'authorité de l'Empire, et pour
avoir receu par les dictes Dame et seigneur de Vaudemont ung
mandement de l'Empereur portant deffenses expresses audictz
tuteurs de ne permettre à aucuns officiers du roy ou de sa court,
ne autre quelconque personne, d'exécuter en dedans ledict bailliage et villaige d'iceluy, et duquel mandement ledict Warin de
Savigny feit ostension audict Chambon en son original. Ad ceste
cause, prioit ledict Chambon le dict de Savigny, ou nom des dictes
Dame et seigneur de Vaudemont qu'il ne passa plus oultre à
ladicte exécution ; sinon et où il vouldroit besogner qu'il luy
empescheroit par les moyens à luy possibles. Et de là se dépar-
tist ledict Chambon sans plus avant exécuter et s'en alla à
Chaallons en Champaigne, où ung nommé Bourgues, greffier audict Clermont, le suyvist assés tost après pour recouvrer de luy
le procès verbal, et feut arresté par ledict Chambon et constitué
prisonnier, et depuis mené en la conciergerie audict Paris.

Toutes lesquelles entreprises donnarent occasion ausdictes
Dame et seigneur de Vaudemont de dépescher en diligence le
sieur de Florainville, conseillier des leurs, vers le Roy pour luy
faire entendre ce que ledict Chambon avoit entrepris sans exprès
commandement ou licence dudict seigneur Roy, auquel lesdictes
Dame et seigneur de Vaudemont prioient y vouloir donner provision pertinente et finale.

Et en traictant par ledict de Florainville ce que dessus et
négociant en la court du Roy, a entendu par Monseigneur le duc
d'Aubmalle que, en faisant quelque communication des tiltres ou
audict sieur d'Aubmalle ou autre du conseil du Roy, par lesquelz on puisse entendre que telz villaiges sont de Clermont, le
Roy s'en apaiseroit et déporteroit facilement son entreprise.

Sur quoy par lesdictes Dame et seigneur de Vaudemont a esté
faict debvoir de cercher les tiltres, lettres et enseignemens concernans le faict de tous ces villaiges, et en emporte ledict maistre Loys tout ce que possible a été recouvrer, oultre et au pardes-
sus ce qui desjà en a esté baillé à Nicolas de Courit commissaire de sa Majesté pour le faict des limittes de l'Empire.

Mais d'autant que lesdictes Dame et seigneur de Vaudemont
ne vouldroient faire ostension d'aucuns tiltres au Roy ne à son
conseil sans en avoir premier commandement exprès et conseil
de Sa Majesté, ad ceste cause ont donné charge audict Me Loys

faire à icelle Magesté ample récit de ce que dessus, comme Sire
Souverain de cui en dernier lieu les choses de question meuvent
en fied, et pour le debvoir et interpellation que le vassal peult et
doibt faire à son souverain en tel cas que cestuy de présent ;

Supplians lesdictes Dame et seigneur de Vaudemont par ledict
M° Loys très humblement à Sa Majésté que tant à la conservation des droictz de son empire, qu'aussi pour [et] en faveur de
Monseigneur le duc de Lorraine, à présent pupil, son petit
neveu et serviteur, son bon plaisir soit luy donner sur ce conseil
et adresse par laquelle il pourra asseurément cheminer en faict
de si gros poix, et s'il conviendra produire les tiltres estans par
devers lesdictes Dame et seigneur de Vaudémont, ou non ; et lesquelz d'iceulx tiltres seroient profictables, ou cas qu'il conviendroit
monstrer. Et ne sera oublié par ledict maistre Loys que le temps
des trois mois accordé par le Roy pour faire exhiber ce que dessus est prochain à expirer.

Faict en conseil à Nancy le dernier jour [de] décembre mil
v° xlix, les séneschal de Lorraine, sénateur Bellon, seigneurs
de Vigneul, de Neuflotte et procureur général de Barroys, M°
des requestes, présent.

   Signé : Chrestienne, Nicolas.

         Contresigné : Didelot.

  (*Bibliothèque nationale*, Collection de Lorraine, vol. 428, fol. 94.)

XXXI

12 AVRIL 1550

LETTRE D'ANTOINE DE GRANVELLE A LA DUCHESSE DE LORRAINE,
LUI INDIQUANT LA CONDUITE QU'IL LUI CONSEILLE DE TENIR
VIS-A-VIS DE LA FRANCE, ET L'ENGAGEANT A ACCEPTER UNE
CONFÉRENCE.

Adresse au dos :

> A Madame
> Madame la duchesse de Lorraine,

Et à côté de l'adresse :

Lettres de Monsieur d'Arras apportées par Messire Loys de la
Mothe le jeudi XVIIe avril 1550.

Madame, j'ay, tant par les lettres du docteur Belon que ce
que a escript à Sa Majesté son ambassadeur résident en Court
de France, et aussi par le rapport de vostre secrétaire porteur
de ceste, entendu ce que s'est fait en France touchant les deppendances du bailliaige de Clermont, et mesmes que la finale
résolution est que le Roy désire que ce différend se vuyde amya-
blement, et que l'on communicque encoires de dessus, avec contraincte par serement et excommunication, d'exhiber, d'un coustel et d'aultre, tous les tiltres que l'on pourroit avoir servans à
ceste matière ; désirant Vostre Excellence (comment j'entends
dudict secrétaire) que l'Empereur soit informé de tout ce que
passe, et que je vous escripve mon advis. Quant au premier, il y
est satisfaict, estant Sa Majesté, tant par lettres de son ambas-

sadeur que la relation que je luy ay fait, souffisamment informée du tout. Et pour venir au second, encoires que j'en aye divisé par le menu avec cedict porteur, si ne délesseray je de sommairement en toucher icy encoires quelque chose.

Et pour fondement je reprandray que le commencement de ceste négociation a prins fondement sur les remonstrances que l'on a fait cy devant de ce coustel là, et pour faire tout le bon office possible pour garanthir l'auctorité de Monseigneur le duc Vostre filz et éviter la foule et oppression de ses subgectz, au bailliaige de Clermont, contre ce que journellement actemptoient à l'encontre d'eulx les ministres du Roy de France.

Et se peuvent souvenir tous ceulx qu'il vous a pleu commectre pour en communiquer avec moy, combien ilz m'ont trouvé tousjours prompt pour procurer le remyde, et sçevent que j'ay toujours trouvé l'affaire difficile, congnoissant très bien ceulx à qui l'on a affaire, qui ne veullent subir nulle part jurisdiction, et prétendent de se faire la justice eulx mesmes, soit à droit ou à tort, et que comme l'estat de Lorraine est si prouche d'eulx et ont tant de moyen de l'endommaiger (et mesmes actendu ce que l'on pouvoit craindre qu'ilz s'attacheroient au duché de Bar pour contrevanche, selon qu'ilz en ont toujours ainsi usé en cas pareil), je suis tousjours esté d'advis que de ce coustel là l'on temporisast, tout ce qu'il seroit possible, pour éviter de leur donner occasion de se resentir contre les pays de mondict seigneur vostre filz, et que, à ceste fin, l'on devoit tenir regard d'user de ce coustel là de toute modestie, et mesmes que les remonstrances que s'en feroient de la part de Lorraine fussent toujours modestes ; démonstrant que l'on les feist non volontairement mais par pure nécessité, et pour non tomber aux peines comminées par les mandements de l'Empire sur les limites, et que l'on ne peust prétendre commise du fief pour avoir suby jurisdition au préjudice du droit de l'Empire.

Et pour donner occasion aux remonstrances que du coustel de Lorraine se pourroient faire et que l'on peust par icelle alléguer juste crainte, et éviter que du coustel de France l'on ne l'imputast à peu d'affection en leur endroit, de non leur vouloir complaire, je procuray, comme l'on scet (principalement à celle fin) l'envoy du conseiller Cueuritz, pour, oultre les mandemens publiez, prandre information particulière de l'estat des frontières dudit Saint Empire, et mesmes pour y envelopper Monseigneur de Verdun, afin que, joinctement avec ceulx de Lorraine, sur la commination que l'on luy faisoit pour non avoir soubstenu les rière fiefz mouvans de luy, ny fait son debvoir à la deffence des limites dudict Sainct Empire, qui sont soubz luy, le presser à faire instance où il seroit requis pour le remyde; et aussi feis je encharger à notre ambassadeur résident en France de faire les poursuytes et remonstrances requises en ce coustel là de la part de Sa Majesté, luy ayant envoyé les coppies du besongne dudict Cueuritz servans au fait dudict Clermont, afin de modestement et par manière de confidence le remonstrer, et induyre le Roy à ce qu'il procurast le remyde, sans actendre que Sa Majesté Impériale fust contraincte de faire entendre aux estatz dudict Sainct Empire ce que passoit, selon que sa dicte Majesté s'estoit enchargée de leur faire faire rapport, à la prouchaine diette, de l'estat ouquel se retrouvoient les frontières dudict Sainct Empire, sur quoy le dict roy a tousjours respondu qu'il se feroit informer pour y satisfaire, et après remit le tout à la communication d'entre voz deputez et ceulx qu'il commectroit pour traicter avec eulx.

Et, à ce que j'ay entendu du rapport de leur dict besongne, les Françoys tirent la chose à la longue et, à leur accoustumé, guignent temps et procurent de mectre crainte pour faire cesser toute poursuyte, agrandir leurs fins et joyr de ce qu'ilz prétendent, et à cest effect remectent la chose à nouvelle communication, menassans de non vouloir entretenir le traicté cy devant fait, touchant le duché de Bar, et d'user en ce, en l'endroit de ceulx de Lorraine, comment l'on fera envers eulx quant audict bailliage de Clermont.

Mais je ne voy toutesfois de quel effect pourroit estre le reffuz d'entrer en communication amyable, sinon pour les aigrir d'avantaige, sans aulcun fruict, et me sembleroit (à correction) mieulx d'accorder ladicte communication, quant ce ne seroit que pour entretenir la chose jusques à la prouchaine diette, et tant plus justiffier les actions du coustel de Lorraine, démonstrant que l'on se soit mis en tout devoir pour satisfaire au roy; tenant pour maxime ce que j'ay dit dessus, de démonstrer tousjours désir de leur complaire si avant qu'il se peust faire, sans contrevenir au devoir que l'on a en l'Empire, et faisant à cest seul effect protestation que la communication se face sans subir par ce jurisdition de France. Et par ce boult les députez auront tant plus de couleur et meilleur fondement pour non accorder chose que soit de préjudice à la Maison de Lorraine, chargeant tousjours le tout sur la crainte de faillir à l'endroit de l'Empire, et ne sçay appercevoir meilleur moyen pour parvenir à la bonne fin dudict affaire, si c'est chose que par quelque boult se puisse achever avec France. Et, se faisant la communication à ceste fin et avec les protestations et réservations avantdictes, et seullement pour remonstrer au Roy le cler droit de l'Empire, pour le faire départir du notoire tort qu'il fait à icelluy, je ne voy que le dict Empire s'en peust plaindre, mais bien que le reffus donnera occasion de grant sentement audict Roy de France contre ceulx de Lorraine.

Et quant à ce que ledict secrétaire m'a touché incidamment, que de ce coustel de deça l'on prinst l'affaire en main pour en mectre dehors ceulx de Lorraine, je ne vois que cela feist cesser le sentement que ledict Roy de France pourroit avoir contre ceulx de Lorraine pour le reffuz susdict, ny de quel effect cecy seroit, sinon que l'on écripvist une lettre audict Roy de France, comment l'on a jà fait cy devant, à laquelle il respondroit ce qu'il vouldroit, puisque il n'est (comment l'on sçet assez) pour se laisser attirer devant la justice de l'Empire, et ne sçay quel aultre remyde il y peult avoir en cecy, n'estoit que à ceste occasion l'on mist la main aux armes. Et je ne pense que ceulx mesmes du Conseil de Vostre Excellence le voulsissent conseiller, pour ce que emporte au pays, ny que ceulx qui sont auprès de Sa Majesté puissent trouver bon que à l'occasion des villaiges dont il est question il se feist. Et en fin ne voy que l'on y puisse faire d'icy aultre chose jusques l'on se trouve à la diette, que lors l'on fera rapport aux Estatz de ce que touche les limites, et en pourront lesdictz Estatz escripre audict Seigneur Roy, mais je ne puis diviner ce que sur leurs remonstrances il fera, sinon que (si je vouloye juger selon ce que j'ay veu du passé en cas semblable) il envoieroit aulcun président ou conseillier pour faire quelque justiffication. Mais lors, comment qu'il soit, l'on fera ce que l'on pourra, et prendra l'on conseil sur le champ, selon que l'on congnoistra l'estre des affaires. Et je ne voy qu'il se perde rien puisque il y a encoires temps de deux mois jusques-à là et que de[d]ans la fin du présent le roy prétend d'avoir responce sur le besongne de voz députez avant que l'on entre en ladicte communication.

Il y a ung aultre poinct qu'est touchant les tiltres que se devroient exhiber d'un coustel et d'aultre, que (à ce que j'entends dudict secrétaire) l'on treuve dur, m'ayant dit incidamment qu'il ne convient produyre les armes contre soy mesmes. Sur quoy (comme je luy ay dit) je ne pourroye convenablement donner advis, pour non scavoir s'il y a chose en iceulx tiltres que puisse préjudicier, ny si par iceulx ce que l'on prétend que lesdictz villaiges soient du bailliaige de Clermont est suffisamment prouvé et sans réplicque du coustel de France, qu'est chose que se doit là examiner sur le lieu. Et en cas que le droit que l'on prétend y soit cler, je ne sçay pourquoy l'on deust faire difficulté d'exhiber lesdicts tiltres, puisque l'on fait le semblable du coustel de France, estant chose ordinaire de le faire ainsi quant l'on veult esclercir le droit que l'on prétend à quelque chose, pourveu qu'il se face avec les susdictes protestations que ce ne soit pour subir jurisdition, pour crainte de faillir à l'endroit de l'Empire, mais seullement pour esclercir ce que du coustel de Lorraine l'on prétend.

Une chose, ay je dit audict secrétaire, a quoy il sera bien que Vostre Excellence face pourveoir, qu'est que l'on fasse passer ung verbal de substantial de ce que s'est passé en cest affaire, bien cler et distinct, avec addition des coppies et tiltres dont l'on se veult servir pour vériffier ce que l'on prétend, estans annotées et cothées comme il convient, pour meilleur intelligence, que se puisse meetre et garder en la chancellerie vers Sa Majesté, non pas pour en communicquer aulcune chose aux Françoys mais pour y recourir toutes les fois qu'il sera besoing, avoir information, pour secourir à la mémoire, puisque l'on n'a pas toujours icy ceulx de Lorraine à la main qui soient informéz du faict.

Et vela, Madame, tout ce que pour maintenant m'occurt sur ceste matière. Suppliant à Vostre Excellence croire que, si je y entendoye d'aventaige, comme son très humble serviteur, je le luy feroye sçavoir, et elle le pourra faire communiquer à cui il luy plaira de ceulx de son conseil, afin que, selon l'expérience qu'ilz ont plus particulière de cest affaire, ilz conseillent a vostre dicte Excellence ce qu'elle devra résoldre. Je prie le Créateur qu'il luy doint très bonne et longue vie.

De Bruxelles ce xɪɪᵉ d'avril 1550.

(*Signé.*) De Vostre Excellence, très humble serviteur.

L'évesque d'ARRAS.

(*Bibliothèque Nationale*, Collection de Lorraine, vol. 428, fol. 99; original sur papier, avec le cachet de l'évêque.)

XXXII

1561

EXTRAITS D'UNE ENQUÊTE FAITE PAR GAUCHER GÉRARDIN, COM-
MISSAIRE DU PARLEMENT, SUR LES PRÉTENTIONS ET LES ENTRE-
PRISES DU DUC DE LORRAINE.

Information et audition de tesmoings faicte par moi Gaül-
cher Gérardin, sergent à cheval du roy nostre sire en son bailliage de Vermandois, demourant à Chaallons, commissaire en
cette partie du roy nostre sire et de sa court de Parlement à
Paris, à requeste de monseigneur le Procureur général dudict
seigneur et de Claude de La Vallée, escuyer, sieur dudict lieu,
joinct avec lui, en vertu de certain arrest et de la commission
au pied d'iceluy rendu et esmané par la dicte Court le quatorziesme jour de may mil cinq sens soixante ung, soubscripts par
la chambre, signé : Camus, et seellé de cire jaulne sur simple
queue, ad ce faire présent et appelé Nicolas Chrestien, notaire
royal oudict bailliage, mon adjoinct, avec lequel furent par moy
oys et interrogez les personnes tesmoings présentez de la part
de mon dict seigneur le procureur général du roy et de La
Vallée joinct, sur le contenu audict arrest et commission, rébellions, entreprinses mentionnées et aultres faicts par articles y
attachez, signé de eulx, circonstances et deppendances ; les
dépositions desquels et d'iceux tesmoings rédigés par escript, et
ad ce faire vacqué avec ledict Chrestien par les jours et ainsi
qu'il suit :

Du troisième jour du mois de juin ou dict an mil cinq cents
soixante ung, en l'hostel de Claude Jacob, marchant, demeurant
à Triaucourt.

Maistre CLAUDE SANSON, licentié ez loix, advocat, demeurant

audict Triaucourt, aagé de cinquantes ans ou environ, après serment par luy faict, a dict et déposé qu'il est natif dudict Triaucourt où depuis vingt ans, depuis qu'il est de retour des universitez, il a faict comme encores de présent sa continuelle résidence, et par ce scet et a bonne congnoissance des terres et seigneuries de Beaulieu en Argonne, par les avoir fréquentées et en icelle exercé tant de controlleur que lieutenant du bailly, proche de Clermont de deux lieues ou environ, de la ville de Bar de six lieues, et de Verdun de sept, esquels lieux ledit déposant a souventes fois fréquenté, estans assis par deçà la rivière de Meuze, desquels et de toutes autres terres, villes et chasteaux an deçà de ladicte rivière, comme dict est, le roy nostre sire est seul souverain seigneur, en quelques parts les seigneuries, terres et chasteaulx soient assises an deçà de ladicte rivière et par qui elles soient tenues et occupées. Le scet par ce qu'il l'a tousjours ainsi oy dire aux anciens, et veu aussi coppies de tiltres et accord faict entre le roy de France, l'empereur Albert et princes de l'Empire, de la datte duquel il n'est recors, par lesquelles coppies est escript que les rois de France sont souverains princes et seigneurs et joyront à jamais, eulx et leurs successeurs, de toutes les terres assises an deçà la Meuse et spécifiées. Ne scet quelles terres sont par deçà la dicte Meuse, et ne les pourroit particulièrement spécifier, mais bien scet que tout ce qui est par deçà ladicte Meuse, comme dessus est dict, est de la souveraineté du roy, et que pour en faire séparation y ont esté plantées bornes de cuivre ou aultre métail au dedans du fleuve et rivière de Meuze, dessoubz le pont de Saincte Croix de Verdun ou assés près, comme il a oy dire, et si en y a près la ville de Sainct Mihiel en la dicte rivière; desquelles bornes le costé du royaume où est assise la terre et seigneurie de Beaulieu en Argonne, les armoiries de France, et de l'autre tirant vers l'Empire les armoiries de l'Empire sont empraintes. Scet aussi ledict déposant estre ainsi pour l'avoir oy dire et leu estre ainsi en aucuns tiltres, registres et papiers.

A en pareil oy dire et tient on pour certain au pays que les comtes et ducs de Bar se sont tenus et advouez lieges et vassaulx du roy de France, et repris de eulx les dicts conté et duché et les terres et deppendances estant an deçà ladicte rivière de Meuze, et si l'a veu et leu par une copie en papier

faisant mention d'accord faict à Remeilly entre le roy de France
François, premier de ce nom, et Anthoine, duc de Lorraine, en
l'an mil cinq cents trente neuf en apvril.

A veu iceluy déposant aultre papier et copie d'accord faict
entre le roy de France et l'évesque de Verdun, par lequel appert
ledict évesque soy estre advoué et associé avec le roy de France
et ses successeurs, et toutes les terres deppendantes de son éves-
ché, et iceluy mis, ensemble ses dictes terres et seigneuries, en
la garde, protection et seigneurie dudict sieur roy, et se soub-
mis, en ce faisant et pour l'entretenement dudict accord, ses
successeurs évesques, leurs subjects, terres et seigneuries en
semblable que ledict évesque, et en ce faisant recongneu le roy
de France leur souverain.

(Le déposant parle ensuite de la garde de Beaulieu, « laquelle
garde il a toujours oy dire et nommer, tient et répute estre
souveraineté du roy de France », puis il ajoute :) Icelle abbaye
et comté de Beaulieu estant comme dict est proche, sçavoir
dudict Clermont de deux lieues; Hyppécourt, Hosche et Ville
sur Cousance, deux lieues; Rampont, trois lieues; et Verdun,
six lieues, une mesme plaine et frontière de pays. Et partant
tient et répute ledict déposant les dessusdictes terres et seigneuries de Verdun, Clermont et aultres an deça de ladicte rivière
de Meuze estre de mesme nature, garde et souveraineté que
ladicte abbaye, comté, terre et seigneurie dudict Beaulieu, en
l'obéyssance dudict roy de France. Et encores a oy dire à aucuns
des anciens habitans du village de Yppécourt et Ville sur Cousance que èsdicts lieux plusieurs auroient obtenus rémissions et
grâces du roy de France et icelles faict enthériner au siège et
bailliage de Vermandois...

Et si sçait le dict depposant que les dicts officiers de Clermont
se dient nuement de l'Empire, ont en abomination le roy de
France et ses officiers; le sait le dict depposant pour l'avoir oy
dire pendant le temps qu'il a fréquenté audict Clermont; lesquels journellement font nouvelles entreprises sur ladicte souveraineté du roy, laquelle et ses ordonnances, stats et coustumes
ils mesprisent, réputent et mettent jusques a la fange, et n'y a
homme fréquentant leur justice qui leur oze dire le contraire.....

Honorable homme NICOLAS LE HÉRAT, notaire royal au bailliage de Vermandois, clerc juré en la terre de Beaulieu, demeu-

rant à Triaucourt, aagé de trente ans ou environ, après serment par lui faict, qui a dict estre natif de Riaucourt lez le dict Triaucourt, marié et résident audict Triaucourt, et audict lieu faict sa demeurance, où il a tousjours oy dire, dès le temps de sa jeunesse, que plusieurs terres, villes et villages et aultres assises an deça de la rivière de Meuze sont tenuz et reputez de la souveraineté du roy et que, en signe de ce, y a bornes mises en la rivière de Meuze pour la séparation du royaume et de l'Empire.

Aussy a oy dire que les ducs de Barrois ont faict reprise desdictes terres du roy, mesmement de la duché de Barrois, et que Clermont et villages dudict lieu sont, par deçà la rivière de Meuse et proches de trois lieues dudict Triaucourt, terre d'Argonne, et que de présent et dés longtemps a oy appeler ledict Clermont Clermont en Argonne; et est ladicte terre de Beaulieu en Argonne en la souveraineté du roy, ainsi l'a toujours oy dire aux anciens du pays; si y a plusieurs villages an deça la rivière de Meuze, comme Yppécourt, Rarécourt, Rembercourt, Baulzey, Tilly, qui payent garde au roy.....

HUMBERT MAULVARRY, escuyer, demeurant à Rarécourt, aagé de quarante ans ou environ, a dict, après serment par lui faict, estre natif du village de La Vallée, et venu en demeure audict Rarécourt, où il a le dict temps faict sa continuelle résidence jusques a présent, et veu toujours les habitans dudict Rarécourt en la prévosté dudict Passavant, et ledict Passavant, de l'ancien ressort de Vitry et subjects à la cour de Parlement, quant le cas y eschet; yceluy Rarécourt de la souveraineté du royaume, comme il a toujours oy dire par les anciens du pays.

Dict que les dictz habitans de Rarécourt ont eue assignacion depuis deux mois ou environ de comparoir au dict Vitry pour les estats du roy qui se doivent tenir à Melun, ainsi qu'il a oy dire; toutes fois n'y sont compris parce qu'il fust dict, estans les habitans assemblez audict village de Rarécourt, présent ledict depposant, par un religieux de Sainct Vanne à Verdun, qu'ils n'y devoient comparoir, et ainsi l'avoir donné par conseil...

CLAUDE AUBERT, marchand, demeurant à La Voy, lequel, après serment par luy faict, a dict et déposé qu'il est aagé de quarante huict ans ou environ, natif de Sembert (sic), et que tout son temps il a fréquenté le pays de Barrois, proche et sur les frontières du comté et abbaye de Beaulieu en Argonne, et que les villes, villages, chasteaux et terres estans an deça de la rivière de Meuze sont de la souveraineté de France, en la garde du roy. Le sçait pour l'avoir tousjours oy dire aux anciens du pays, et a veu en plusieurs desdicts villages des panonceaux et armoiries du roy, en signe de la dicte garde qu'il entend estre de la souveraineté...

JEHAN DE HOULONGNE, escuyer, demeurant à Agendum (sic), aagé de vingt ans ou environ, après serment par luy faict, a dict et depposé... que ce jourd'huy il est party de Clermont pour venir en ce lieu de Triaucourt. A veu par les villages plusieurs gens amassez en gros nombre et en armes, tant de cheval que de pied, estans des quatre prévostez de Clermont, suivant les commandemens faicts de par le bailly de Clermont, ausquels estoit enjoinct eulx tenir prests, pour ce qu'il avoit entendu que ledict de La Vallée vouloit faire exécuter quelques arrests audict pays. Le sçait pour l'avoir oy dire audict bailly et veu lesdicts gens estans en nombre, tant de cheval que de pied, plus de mille personnes. Et si luy a dict ledict bailly que ledict de La Vallée estoit audict Triaucourt avec les gens du roy, et qu'il feroit contre eulx ce qu'il pourroit pour le service du duc de Bar son prince. Et si a ledict depposant dict que le jour d'hier, à soupper, ledict bailly parlant dudict de La Vallée dict qu'il falloit aller contre ledict de La Vallée et que le plus fort emporteroit ce dont estoit question. Aussi que, si le dict de La Vallée alloit aux pays de Barrois avec les gens du roy, on les prendroit vifs ou morts.....

MILLET MATHIEU, maieur d'Yppécourt pour le trésorier de Beaulieu, aagé de trente six ans ou environ, dict que ledict trésorier est seigneur dudict Yppécourt pour un tiers, de Rampont pour un quart, de Ville sur Cousance pour le tout, estans iceux villages de Vermandois, en la souveraineté du roy..... Et si a dict que le bailly de Clermont, accompagné d'autres gens et officiers dudict lieu, fust mardi dernier audict Yppécourt, commander au maieur dudict lieu pour le duc de Lorraine que si le [dict] Claude de La Vallée joinct venoit audict Yppécourt avec les gens du roy, pour exécuter quelque commission ou arrest, se tenir prest pour les empescher, et prendre et les mener audict

Clermont. Et si demanda audict maieur des chanoines et chapitre de Verdun s'il le vouloit pas faire avec les gens dudict duc, lequel luy fist response qu'il avoit charge de ainsi faire dudict chapitre et n'oseroit faillir. Et si a faict ledict maieur assembler gens embastonnez de harquebuses, javelines, espées et aultres armes que luy depposant a veu audict Yppécourt en grand nombre, et si estoient encores hier au soir, et si on avoit en tous les aultres villages circonvoisins. A dict que le maieur dudict duc luy a ainsi dict et qu'il avoit charge dudict bailly de tuer ledict de La Vallée, s'il le pouvoit avoir, qu'il feroit riche celui que le tuerait.....

Du huictiesme jour desdicts mois et an.

Jehan Pierreau, clerc suivant la court, natif de Arrou pres Chasteldun, aagé de xxviii ans ou environ, après serment par lui faict, a dict que, au mois de septembre dernier passé, il, estant en la grande salle de monseigneur le chancellier de France à Sainct Germain en Laye, [où] estoit ledict sieur chancellier, un jour dont il n'est recors, une après disnée, vid Claude de La Vallée joinct, et pareillement un aultre homme que l'on disoit estre l'évesque de Verdun, qui s'approchèrent près l'un de l'aultre et, après qu'ils eurent se salué, ledict évesque dict haultement audict de La Vallée qu'il luy avoit faict bailler un beau bonjour par les gens du roy, lesquels luy avoient remonstré que ledict de La Vallée leur avoit dict qu'il avoit repris impudemment Clermont de l'Empire. A quoy ledict de La Vallée fist response et dict audict évesque qu'il n'avoit usé de ce mot *impudemment*, et fut monsieur Cochiment, son advocat, qui luy eust dict, et qu'il n'estoit pas ainsi. Et demanda audict évesque s'il n'estoit pas ainsi qu'il eust repris ledict Clermont, combien qu'il est à la vérité de la souveraineté du roy, et qu'il en avoit appointement passé à Romilly. Sur quoy ledict évesque dict qu'il n'avoit repris ledict Clermont, et avoit bon adveu de Monsieur le cardinal de Lorraine et qu'il s'addressast à luy. Et, ce dict, se retira ledict évesque hors ladicte salle, et y demeura ledict de La Vallée et luy qui deppose. . . . .

Jeanne Le Rond, veufve de feu Mathieu Le Maistre, demeurante à Genicourt, servante dudict de La Vallée, a dict, après serment par elle faict, que trois ans a, ou environ, elle est à la garde de la maison dudict de La Vallée, audict Genicourt ; laquelle arriva en icelle le lendemain qu'elle fut pillée par un nommé Le Vacher, bourguignon, lequel prist ses chevaulx, or, argent, robbes, linges et aultres biens y estans appartenans audict La Vallée, rompus ses buffets, coffres et bahuts, fenestres de ladicte maison ; et luy fut dict audict Genicourt. Aussi vid emmener trois des chevaulx dudict La Vallée, qu'il trouva en icelle maison, et lesdicts coffres, buffets, huis et fenestres rompus comme dict est. Il n'y eust aultre maison audict Genicourt pour lors pillée, et auparavant fut encores pillée par les Lansquenets qui prirent et emmenèrent tout son bestail ; le tout au contempt des procez qu'il a contre monsieur le duc et chapitre de Verdun et aultres. A oy par plusieurs fois menasses de tuer ledict La Vallée, par gens portans harquebuses et pistolets, entre aultres d'un nommé Lescureau, et estoit emmy le village disant que si ledict de La Vallée y alloit il le tueroit. Et si a dict que, absent ledict de La Vallée, estant en France, sont arrivez en sa maison audict Genicourt plusieurs personnes et à diverses fois, tant de pied que de cheval, ayans harquebuses et pistolets, demandans après luy et ses gens [1], disans que s'ils l'eussent trouvé, ledict de La Vallée et ses gens [1], ils l'eussent emmenez... Dict qu'il n'y a serviteur qui se veuille tenir en ladicte maison, pour les menasses que l'ont faict journellement audict La Vallée et à ses gens pour la haine que les officiers dudict duc de Lorraine et chapitre de Verdun et aultres ont contre luy, lesquels voudroient qu'il fut mort, comme le commun bruict en est, et est ladicte déposante contrainte pour ces raisons de partir. Dict encores que ladicte maison est fort ruinée, en laquelle se perdent les bois, pierres, tuiles et matières dont ledict de La Vallée avoit faict grand amas pour y bastir.

(Bibliothèque nationale, ms. français, n° 18865, fol. 117 et suiv. ; Publié dans les Titres de la maison de Rarécourt, pp. 373-376.)

[1] Le texte porte « chiens ».

XXXIII

9 JUIN 1561

LETTRES DE CHARLES IX AU SIEUR DE LA VALLÉE, LUI REPRO-
CHANT D'AVOIR FAIT EXÉCUTER L'ARRÊT RENDU EN SA FAVEUR,
MALGRÉ LES ORDRES DU ROI QUI PRESCRIVAIENT DE SURSEOIR
A CETTE EXÉCUTION JUSQU'A LA FIN DES NÉGOCIATIONS, ALORS
EN COURS.

La Vallée. J'ay entendu que vous estes allé au villaige de
Triaucourt, pour faire mettre à exécution certain arrest donné
par ma court de Parlement, à vostre proffict, encores que vous
sçachiez bien que j'ay ordonné que lad. exécution seroit sur-
cise jusques après l'assemblée qui se doibt faire, en ceste ville
de Paris, des depputez de mon frère le duc de Lorraine et de
ceulx du chappitre de Verdun, avec mes advocas et procureur,
pour la vuidange du différend qui est encores indécis de la souveraineté ; qui a donné cause et occasion que les officiers de
mondit frère et ceulx dudit chappitre ont faict lever nombre
d'hommes pour empescher ladicte exécution, en dengier d'allumer ung feu, duquel il ne sauroyt advenir que ung très grand
inconvénient : chose dont je vous say bien mauvais gré. Et
vous commande et ordonne, à ceste cause, que, en obéissant à
madicte ordonnance, vous ayez à surceoir l'exécution dudict
arrest jusques après lad. assemblée, et que par moy aultrement
en ayt esté ordonné. Mais n'y faictes faulte sur tant que vous
craignez me désobéir et d'estre grifféement chastié et puny.

Priant Dieu, La Vallée, qu'il vous ayt en sa garde. Escript à
Sainct Germain des Prez lez Paris, le ixe jour de juing 1561. Et
au desoubz est escript : Charles, au dessoubz : Bourdin. Et au
dessus desd. lettres est escript : à La Vallée.

Collation de la présente copie a esté faicte à l'original, sain et

entier en escripture et signature, par moy Anthoine Le Maistre,
tabellion de Chaalons pour monseigneur Jherosme de Burgen-
sis, évesque et conte dud. lieu, pair de France, à la requeste
de noble homme Claude de La Vallée, seigneur dud. lieu, pour
luy servir et valloir en temps et lieu, comme de raison. Faict
es présences de François Arnould et Claude Maguillot, le vingt
ungiesme jour de juing l'an mil cinq cent soixante et ung.

Signé : LE MAISTRE.

(*Archives nationales,* J 760, n° 36; copie collationnée de 1561).

XXXIV

1561

MÉMOIRE DES ENFANTS DE CLAUDE DE LA VALLÉE, RÉSUMANT
LE PROCÈS DEPUIS 1538 JUSQU'EN 1561.

Mémoire servant d'inventaire et explication des pièces que l'on envoye.

En l'an mille cinq cents trente huit fut interjetté appel en la cour de Parlement à Paris par Claude de La Vallée, escuyer, sieur dudit lieu, capitaine, prévost et gruyer de Clermont en Argonne, d'une sentence contre luy rendüe par Guillaume Roze et Jean Varin, juges des grands jours de Sainct Miel, commis et deputez en cette partie par le duc Anthoine de Lorraine; par laquelle sentence il avoit esté condemné à trente mille livres d'amende envers ledit duc.

Et par arrest dudit parlement Claude et Christophle de La Vallée, ses enfans et héritiers, reprenant le procez, ont esté receus appelans, le procureur général joinct, et ordonné que le duc de Lorraine envoyera procuration pour advoüer ou desadvoüer son advocat qui avoit desadvoüé le roi pour seigneur féodal de Clermont, disant que c'est un fief d'Empire, mouvant de l'évéque de Verdun; en haine duquel procés et que lesdits de La Vallée s'estoient pourveus auprès du roy, tous leurs biens leurs furent confisquez, qui estoient assis au bailliage de Clermont, que ledit seigneur duc alléguoit estre dépendant de l'Empire, tant en reprise et féodalité qu'en ressort de jurisdiction; mais quand bien ledit Clermont seroit de la dépendance de l'Empire (que non), il n'y a point de confiscation par toutes les terres de l'Empire, sinon en cas de crime ou de lèse majesté, et encore en ce cas faut il qu'elle soit jugée par les chambres impériales.

Les dits de La Vallée ayans obtenu arrest de restitution desdits biens, ils n'ont jamais peu en avoir l'exécution, tant à cause des rébellions que des surcéances et des grandes faveurs que les ducs de Lorraine ont tousjours eu dans le conseil du roy; les sieurs Chambon et Machaut, conseillers en la cour, ont esté députez pour ladite exécution, et estans dans le bourg de Bozey, qui estoit pour lors de la dépendance de Clermont et apartenoit pour partie au père desdits de La Vallée, en toutes justices haute, moyenne et basse, le sieur de Lemont, bailly de Clermont, leur avoit fait sçavoir qu'il ne souffriroit pas qu'aucune exécution se fit de la part du roy audit lieu, et que la douairière de Lorraine, Chestienne de Danemarc, qui estoit niepce de l'Empereur Charles V, avoit lettre et mandement de l'Empereur de ne souffrir dans Clermont et lieux de sa dépendance l'exécution d'aucun jugement d'autre part que de la sienne, et que, s'ils vouloient passer outre, qu'il avoit deux mille hommes de pied et quatre cents chevaux pour les en empescher, et ainsi ne fut rien fait.

Est à remarquer que de long temps auparavant le dit appel, il n'y avoit eu homme si hardy que d'interjetter un appel à la Cour des jugemens rendus au bailliage de Clermont et de Bar, et avoient les dits ducs de Bar trouvé moyen, depuis leur alliance avec la fille du roy Jean, de faire aller toutes les appellations à Sainct Mihiel, où ils avoient estably des hauts jours de réformation; et ayant ledict de La Vallée donné advis au roy des dites entreprises et usurpations, il auroit esté seul cause motifve de l'establissement des droits de la sonveraineté dans le Barrois et dans la frontière de la rivière de Meuze.

Et pour avoir titre desdits droits du roy ont lesdits de La Vallée obtenu compulsoire en date du 19 décembre 1564, le procureur général joinct, pour compulser titres dans les archives de Verdun et des monastères de Sainct Vannes, de Beaulieu, Monstier, et Moyermont en Argonne et autres lieux de la frontière, et fut à ce commis et député Me Jacques de Morillon, lieutenant de Vermandois à Chaalons, qui fut à cet effect par tous les lieux de la frontière, et fournirent lesdits de La Vallée tous les frais du voyage dudit de Morillon et des officiers qui l'accompagnoient, lequel envoya coppie collationnée de tous les titres qu'il peut recouvrer, au roy et à son conseil, pour l'intelligence desquels Claude de La Vallée donna pour lors à Sa Majesté des amples mémoires et enseignemens des droicts de sa couronne et des entreprises et usurpations d'iceux du long de la frontière.

Copie desquels mémoires, avec plusieurs pièces et arrest du Parlement, j'ay donné au roy et mis entre les mains de Mgr le garde des sceaux de Marillac, par le commandant de Sa Majesté, dans le temps du voyage de Monsieur Le Bret en Lorraine, pour servir au subject de sa commission, desquels mémoires est encor la copie cy jointe...

> (Bibliothèque de l'Institut, *Collection Godefroy*, vol. 343, fol. 290 et suiv ; copie. — Publié dans les *Titres de la maison de Harécourt*, p. 371-372.)

XXXV

1561 OU 1562

« MÉMOIRES ET EXPLICATIONS DE TITRES CONCERNANS LES DROITS
DE SOUVERAINETÉ DU ROY A CLERMONT ET FRONTIÈRES DE LA
RIVIÈRE DE MEUSE ».

S'ensuivent plusieurs coppies de titres... tous ou la plus part
d'iceux compulsez par maistre Jacques de Morillon... en vertu
d'un compulsoire... donné à Sainct Germain en Laye le 19e jour
de décembre 1561... Desquels titres ledit de La Vallée présente
et donne à vous messieurs les gens de son conseil ce présent
mémoire..., avec le discours et (*blanc*) dudit procez.

. . . .

..... Le dit François Ier, par le dit accord de Romilly, cognois-
sant de quelle conséquence et préjudice luy estoient lesdites places et souveraineté d'icelles ; voyant que le feu empereur Charles
et les princes d'Allemagne estoient descendus en armes pour les
dessusdites places et terre, pour venir devant Ligny et Sainct
Disier mettre leurs camps ; considérant aussi que c'estoit le vray
chemin et passage des Alemans et Lansquenets pour desendre
en ce royaume, fut fort ledit seigneur roy irrité contre ceux qui
luy avoient fait confirmer ladite donation du roy Louis XIe et
donné la neutralité audit pays de Barrois.....

Le dict feu roy François, incontinent après la paix faite avec
l'Empereur, voulut aller sur les frontières de Champagne et Barrois pour faire fortifier Ligny et y faire un chasteau, aussi sçavoir les occasions des dommages qu'ils y avoient soufferts pour
raison de passage dudit Empereur, s'enquestant de la nature du
pays au lieu de Saincte Menehoult. Il luy fut fait récit, par ses
officiers dudit lieu, de plusieurs entreprises que journelement
les dicts ducs ou leurs officiers de Clermont faisoient sur la sou-

raineté, bailliage et prévosté de Vitry, Vermandois et Saincte
Menehoult, et principalement ès terres de l'abbaye de Beaulieu
en Argonne ; sur quoy il manda frère Benoist de Villereau, prieur
et trésorier d'icelle, homme de bon esprit et qui résistoit fort
aux entreprises que lesdits ducs ou leurs officiers vouloient faire
sur cinq ou six villages, desquels il estoit seigneur à cause de son
office de trésorier ; leque[l] sieur, après que S. M. eût ouy ledit
trésorier sur lesdites entreprises et sur la nature du pays, il
trouva le dire à son gré et luy commanda d'aller trouver sadite
Majesté au lieu de Sedan, ce que fit ledit trésorier, ayant mené
avec soy le bailly dudit Beaulieu.

Auquel lieu de Sedan le procez dudit de La Vallée fut remis en
jeu, demandant ledit seigneur si ledit de La Vallée, son fils, en
avoit fait quelque accord avec ledit duc, au quel fut respondu
(ce que depuis les dessusdits de Villereau et Clément ont récité
au dit de La Vallée) que non, mais que depuis peu de temps
ledit baron des Guerres (sic) avoit mené ledit de La Vallée à
Lunéville en asseurance pour accorder avec ledit sieur duc Antoine ou ses officiers, qu'il estoit vray.

Et sur ce le dit roy commença à réciter à son chancelier Olivier les raisons de l'appointement fait audit Romilly, pour lés
rébellions qui avoient esté faites à Dupuy, huissier en la Cour
de Parlement, et son procureur La Planche au bailliage de Vitry,
qui alloient exécuter contre ledit duc Antoine le premier arrest
de la Cour rendu au profit de son procureur général et dudit de
La Vallée ; disant ledit seigneur estre marry qu'il n'avoit dès lors
exécuté sa volonté contre les entreprises de juridiction et rébellions faites par lesdits ducs ou leurs officiers, combien que ledit
seigneur disoit qu'il estoit bien mémoratif qu'il n'avoit jamais
voulu préjudicier, ny surseoir, ny appointer au préjudice des
droicts du dit de La Vallée, le laissant à la discrétion de sa cour
de Parlement, avec les droicts de souveraineté que son procureur
général prétendoit audit Clermont, après toutes fois en estre par
plusieurs fois prié et sollicité par ledit duc et ses plus proches ;
qui est vray, comme se peut cognoistre par le texte dudit appointement de Romilly et requeste dudit duc faite au roy pour
faire surseoir le procez dudit de La Vallée.

Demandoit outre ledit seigneur Roy aux dessusdits Clément et
Villereau si ledit de La Vallée jouissoit des terres adjugées par

ledit premier arrest, auquel fut respondu par les dessusdits qu'il
ne jouissoit que du bien des villages de Hipecourt et Ville sur
Cousance, qui lui estoient adjugez par ledit premier arrest,
lequel alloit exécuter l'huissier Dupuy lors que luy furent faites
les rébellions.....

... Depuis le décès [du duc Antoine] la mère dudit de La Vallée avoit été mandée aux estats qui se seroient tenus à La Motte,
à laquelle auroit esté dit que si elle se vouloit désister de playder
en France, mais aller plaider à l'Empire, où ledit Clermont
devoit ressortir, qu'on leur rendroit le bien ou la plupart d'iceluy; d'avantage, que M. de Luxieu, qui estoit lors envoyé pardevers lesdits Estats de Lorraine de par l'Empereur Charles [au]
jeune duc, les adresseroit envers l'Empereur, son maistre, pour
obtenir justice. Ce que ledit de la Vallée n'avoit voulu faire, ny
s'y fier.

Toutes lesquelles choses oüyes et entendues par ledit sieur
roy, dit audit de Villereau qu'incontinent qu'il seroit de retour,
qu'il dit au dit de La Vallée ne faillir de venir trouver S. M. la
part où il seroit, commandant lors au sieur de Nanteuil, bailly
de Vitry, d'en escrire autant audit de La Vallée, qui a encores lesdites lettres par lesquelles il lui mande de venir incontinent, que
le roy avoit volonté de luy faire bonne justice; lesquelles lettres
incontinent receues, et après avoir ouy parler ledit Villereau,
ledit de La Vallée alla trouver ledit bailly de Vitry en sa maison
de Nanteuil, lequel deux ou trois jours après les nopces de sa
fille mena ledit de La Vallée à Villers Costeray, et le présenta
au roy en sa chambre, revenant de la chasse des toilles dedans
sa littière.

Lequel seigneur, après avoir parlé de plusieurs sortes d'entreprises et rébellions faites par les dits ducs ou leurs officiers, suivant les propos qu'il en avoit desjà tenu au dessus dit de Villereau, il dit audit de La Vallée qu'il pensoit que, dès le dit voyage
de Romilly, il fusse au bien de son père; luy deffendit lors d'appointer avec ledit duc ou ses officiers, et qu'il leur feroit du bien
et leur feroit faire bonne justice; commandant au surplus audit
sieur de Nanteuil mener ledit de La Vallée pour parler et communiquer avec son chancelier Olivier et pour voir les titres que
ledit de La Vallée avoit apporté afin que, dedans deux ou trois
jours, luy en faire le récit à son lever, pour en ordonner ce que

seroit nécessaire, tant pour le droit dudit de La Vallée que pour
la tuition et défense de sa souveraineté et de sa couronne, disant
à son amiral M. d'Annebaut, que, dès le voyage de Romilly, qu'il
l'eust laissé faire, il eut mis fin à toutes ses entreprises, ce qu'il
désiroit de faire de son vivant, prévoyant et alléguant à peu près
tout tel temps qu'il est advenu du règne présent et du feu roy
Henry, son fils.

Alléguant hautement et quasi en cholère sçavoir bien que les
Comtes et Ducs de Bar ne tenoient rien, par deça la Meuse, de
l'Empire, et que le duc de Lorraine, en cette qualité et à cause
de leur duché de Lorraine, n'avoit jamais eu un pied de terre
par deça la dite rivière de Meuse, et que si pour nuire à sa souveraineté ledit duc voulloit appeler l'Empire en ayde et pour
faire teste, cuydant s'en aider contre les droits de sa souveraineté et de la couronne, ledit seigneur aura pour satisfaire et
respondre à tous deux : à sçavoir audit Empire, suivant les
accords faits entre les empereurs et les roys de France, touchant
la souveraineté de tout ce qui est généralement par deça ladite
rivière de Meuse; et quant audit duc, il avoit de deux voyes la
quelle il vouloit eslire contre luy, dont l'une ne luy pouvoit fuir
ny manquer, qui estoit la force : mais il aymoit mieux l'autre,
qui estoit plus douce, qui est la voie de justice, sçachant bien que
par icelle et autres vérifications de tiltres, il otiendroit, ou son
procureur général, ses conclusions contre ledit duc, partout où
ladite affaire se mettroit en avant.

Après lesquels propos ledit sieur de Nanteuil mena ledit de
La Vallée parler et monstrer tous ses titres audit chancelier,
lequel deux jours après il communiqua le tout au lever du roy,
comme depuis il dît au dit de La Vallée, avec le sieur de Longueval, que le roy avoit trouvé bon son dire et ses titres et qu'il
luy seroit fait bonne et briefve justice, mais qu'il présentast une
requeste au roy tendante à fin d'avoir justice et sauvegarde
contre ledit sieur duc, au moyen que ledit de La Vallée luy dit
les menaces dont on le menassoit, ce que fit ledit de La Vallée,
laquelle ledit seigneur roy donna à l'évesque de Rennes, maistre
des requestes, pour la faire depescher au conseil et y appeler
ledit de La Vallée.

Ce qui fut fait, en sorte que furent données audit de La Vallée
sauvegardes bien amples et autres lettres patentes dudit conseil

privé, qu'il a encores, par lesquelles ledit seigneur et son conseil mande à la cour de Parlement d'exécuter vivement et avec main forte, si mestier est, les arrests obtenus par son procureur général et ledit de La Vallée contre ledit duc...

Non content de ce, envoya lettres missives à son procureur général et advocat en icelle, signées de sa main, pour poursuivre le plus vivement qu'ils pourroient ladite affaire et faire vuider tous différens qui pourroient estre entre ledit seigneur roy et duc de Lorraine, pour le regard de sa souveraineté en tout ce qui est deçà la rivière de Meuse généralement et autres par deçà. Renvoyant ledit sieur roy ledit de La Vallée avec tous les titres devers iceux gens en ladite Cour, après toutes fois luy avoir commandé de faire faire une charte de toute la terre de Barrois et pays d'Argonne, depuis la source et commencement de ladite rivière de Meuse jusques à la fin et conduite d'icelle hors du royaume, comme auparavant il avoit desja ordonné audit de Villereau de faire, ce qu'ils firent les dits de Villereau et La Vallée, après avoir receu quelques deniers pour ce faire par le commandement dudit seigneur. Mais comme ils s'en retournèrent avec ladite charte devers ledit seigneur, pour luy monstrer leur besongne, le trouvèrent malade à Rambouillet, où il décéda, au grand préjudice et ruine totalle dudit de La Vallée.....

..... Le feu roy Henry, tout du commencement de son règne, adverty (ne sçait ledit de La Vallée de par qui) de quelle conséquence et poids luy estoit ladite affaire et procez, manda à son procureur général Boulard de remander ledit de La Vallée, lequel de La Vallée alla, avec sa mere, trouver ledit sieur à Dolnan et, après luy avoir communicqué dudit affaire, messieurs les connestable et chancellier Ollivier leur promirent faire justice, et pour ce envoyèrent lettres à la Cour de Parlement à Paris et ses gens en icelle cy dessus alléguez, et fit donner quelque argent audit de La Vallée pour aller à Verdun recouvrer des titres concernans la vérification de sa souveraineté, ce que fist de La Vallée et s'en alla au dict Verdun, mais n'y peut rien recouvrer, au moyen que ceux de Verdun, qui n'ont jamais aidé la Couronne de France, n'en tindrent grand conte, respondant qu'il faudroit bien estre demi an pour assembler le Sénat de la ville et les officiers de l'évesque pour chercher lesd. titres tous ensemble, et que la plupart des titres estoient aux chambres impérialles.

Le roy... fut grandement irrité et délibéra, en suivant les voyes du feu roy François son père, faire exécuter lesd. arrestz avec main forte..., mais la duchesse, au moyen des faveurs qu'elle ou ses alliez avoient envers le roy, fit rompre les coupz..., feignant ladite dame vouloir obéir aux rois et à leurs commandements, mais le prioit vouloir ouïr ses raisons.

... Laquelle requeste le roy octroya, et fut dict que ladite dame viendroit ou envoyeroit de ses députez au lieu de Fontaine-bleau, avec ses tiltres et enseignemens, pour veoir le droict d'un chacun et comment lesdicts arrests estoient rendus, ce qui fut faict; et envoya ladicte duchesse un sénateur de Milan, nommé Blondel, avec M^r de St Bléen, chef de son conseil, et autres qui montrèrent quelques tiltres né servans de beaucoup et ausquels les sieurs gens du roy, en la présence dudict de La Vallée, respondirent suffisamment en plein Conseil Privé, par deux ou trois jours, en sorte que les députez de lad. dame demeurèrent tout court et demandèrent un plus long délay pour trouver autres tiltres et enseignemens de dessus la frontière.

Ce que dessus, toujours au moyen des faveurs, luy fut accordé, et conclu que ledit sieur de Marillac et Monsieur de Péan, lors maîtres des requestes, se transporteroient sur les lieux avec le s^r de Vieilleville et autres pour communiquer de rechef de touts tiltres et faire une fin par amiable composition, si possible estoit, tant de la souveraineté du roy que du faict dudit de La Vallée, mais peu de temps après le dict de Marillac devint malade, dont il décéda.

Et en son lieu fut commis Mr Séguier, lors advocat du roy, et le lieutenant civil des Issarts, qui mourut au voyage; aussi furent commis avec eux les sieurs de Bourdillon et de Sansacq, qui se trouvèrent au lieu de Ste Menehoud et commancèrent d'entrer en disputte de plusieurs tiltres, en l'absence dud. de La Vallée, qui en avoit une grande partie avec soy et qui avoit suivy le roy jusques à Chasteaubrian, en Bretagne, pour recouvrer deniers pour les frais de lad. exécution.

Mais pour response le roy manda par la poste ausd. Séguier et Bordillon où ils prendroient argent en Champagne, comme il dict au dict de La Vallée, lequel il envoya après eux pour estre à lad. commission, avec des lettres signées de sa main, qu'a encores led. de La Vallée, par lesquelles led. sieur mande aus

d. s' Séguier et de Bourdillon avoir la personne du dit de La Vallée en recommandation, en sorte qu'aucun outrage ne luy soit faict à ladicte assemblée... Et comme ledict de La Vallée s'en alloit en diligence pour se trouver à lad. assignation, avec lesd. tiltres, il tomba malade par les chemins, comme desja de malheur il avoit faict au voyage de Romilly, en sorte qu'il arriva trois jours après le parlement et assamblée faicte aud. Saincte Menehout, à son regret.

Car à la vérité ledit sieur Séguier a fort bien desduit et pris le faict des villes et chasteaux de Bar, Clermont et autres, mais n'auroient entendu la nature des villages que lesd. Ducz ont joint aud. Clermont et qui sont adjugez par lesd. arrestz, pour autant que led. sieur Séguier, qui depuis demi an seulement estoit advocat du roy, n'avoit esté nourry ausd. affaires et plaidoiries, mais led. feu de Marillac, et aussi que ledict de La Vallée avoit, comme dict est, la pluspart des tiltres desdictz villages.

... Et que peu de temps après, et advant le décez dud. seigneur roy, led. de La Vallée eut hautement demandé justice et luy eut dict et remonstré et à son conseil que ce qu'il avoit faict estoit par le commandement du feu roy François... il obtint autres lettres dud. sieur, adressées à lad. cour de Parlement, que led. de La Vallée a encores, par lesquelles led. sieur roy Henry mandoit qu'il n'entendoit, ny avoit entendu autres sieurs estre compris dans lesd. lettres de surséance, fors led. sieur duc et non led. évesque et chapitre de Verdun, etc... Comme ledict de La Vallée commanceoit à les faire exécutter par un sergent royal de Chaâlons, ledit sieur roy décéda, après avoir faict le mariage dudit duc et de sa fille...

Par laquelle vériffication ou debvoir auquel s'est mis pour ce faire, l'on a par plusieurs fois cherché led. de La Vallée à mettre à mort, comme bien il a desjà donné à entendre aud. conseil et suffisemment prouvé par des informations, après toutes fois que depuis un an ses malveillans ont malheureusement tué ou faict tuer d'un coup de pistolet, devant la porte de son chasteau, un sien allié nommé M. de La Tour, par un prévost de maréchaux de Lorraine ou ses gens, pour ce que semblablement led. de La Tour soustenoit la souveraineté de France avec led. de La Vallée...

La cruelle mort et meurtre commis audit de La Tour, et efforcement de faire aud. de La Vallée et autres qui font service au roy, se prouveront et verront par trois ou quatre subsécutives informations..., comme bien le vérifiera led. de La Vallée par la cognoissance publique de plusieurs gens de ceux à qui on avoit voulu marchander de le tuer ; pour lesquelles menasses led. de La Vallée, passé neuf mois, a esté constraint se retirer au lieu de Chaalon, duquel lieu il n'osoit bonnement sortir, en sorte qu'il sera constraint à l'advenir abandonner le royaume de France, si le roy et sa cour n'y pourvoient et luy font faire justice, qui sera mauvais exemple à toutes personnes qui voudront faire service au roy sur la frontière.

> (Bibliothèque de l'Institut, *Collection Godefroy*, vol. 343, fol. 298 et suiv. ; Copie. — Cf. Musée Condé, à Chantilly, registre de Cler- mont-en-Argonne, R 2468 (p. 138 et suiv.) et *Archives nationales*, J 760, n° 22).

XXXVI

EXTRAIT, EN CE QUI CONCERNE CLERMONT, DES REMONTRANCES FAITES PAR LE PROCUREUR DU ROI AU COMTÉ ET GOUVERNEMENT DE VERDUN PAR DEVANT MONSIEUR LEBRET, COMMISSAIRE DU ROI.

Remonstre... que le plus grand préjudice que le roy auroit receu des alliénations faictes aux estrangers estoit pour la seigneurie de Clermont en Argonne et le marquisat de Hattonchastel, car quant audict Clermont il estoit certain qu'anciennement il estoit mouvant du comté de Champagne, ainsy qu'il en appert par les anciens reliefs ou reprises qui en ont esté faictes à Thibault, comte de Champagne, par aucuns seigneurs dudict Clermont, et qui se vériffie encores à présent en ce que la plupart des fiefs et les plus qualifiez qui despendent dudict Clermont sont scituez dans la Champagne et au bailliage de Vitry, comme la baronnie de Han, Sambionne, Dompmartin, Courtemont et Virgini, ce qui ne seroit point si le fief dominant qui est Clermont n'eust esté fief de France, mouvant médiatement ou immédiatement de la couronne, et qui fut une des raisons pour lesquelles en l'an mil trois cens septante trois le roy qui estoit lors feit saisir ledict comté de Clermont, et n'en fut faicte mainlevée jusques à ce que Iollande de Cassel, mère et tutrice de Robert son filz, comte de Bar, en eust faict la foy et hommage au roy Charles cinquième.

Et quant ce moyen cesseroit, qui est cependant indubitable et que le temps n'a peu oster, il estoit tousjours certain qu'aux derniers temps ledict Clermont auroit esté tenu par les ducz de Bar en foy et hommage de l'évesque et comte de Verdun, comme il en appert tant par les actes de foy et hommage faicts audict évesque par les dicts ducs de Bar que par les desnombrements baillez à l'Empereur par lesdicts évesques, dans lesquelz ledict Clermont est nommément compris comme despendant du comté de Verdun.

Que ceste vérité se confirmoit par le traicté faict entre feu Nicollas Pseaulme, lors évesque dudict Verdun, et Charles duc de Lorraine et de Bar en l'an mil cinq cens soixante quatre, par lequel, entre autres choses, ledict évesque auroit quitté audict sieur duc l'hommage et la souveraineté qu'il disoit avoir sur ledict Clermont.

En sorte qu'ayant ceste alliénation d'hommage et souveraineté esté faicte par ledict évesque sans cause ny pouvoir légitime et de chose qui appartenoit plus tost au roy qu'à luy mesme, longtemps depuis la protection de Sa Majesté et sans son consentement, il estoit certain qu'elle debvoit estre déclarée nulle, ou du moins debvoir estre dict qu'elle ne pouroit préjudicier aux droilz du roy et à l'auctorité de sa protection, et qu'à toujours sadicte Majesté n'aye la mesme puissance sur ledict Clermont comme elle l'a sur le comté de Verdun...

Requérant partant le dict procureur du roy... qu'il sera permis à tous les habitans, tant de ceste ville que dudict comté, d'acquérir héritaiges et succéder dans l'estendue du duché de Bar, de Clermont, marquisat de Hatonchastel, et en toute l'estendue de la souveraineté et protection du roy, et deffences à toutes personnes de les y troubler et empescher...

Que toutes les alliénations qui ont esté faictes à princes estrangers ou autres des terres, seigneuries et heritages scītuez dans l'ancien ressort de ce comté, depuis ladicte protection et règlements faictz en conséquence, soient cassées et revocquées, ou du moins qu'il soit dict que ce sera sans préjudice de l'auctorité et droiets de protection du roy, ny des droiets particulliers prétendus par sadicte Majesté sur aulcunes desdictes terres, et spéciallement de Clermont en Argonne...

(Le procureur produit ensuite les pièces sur lesquelles il appuie ses remontrances, et Lebret procède à une enquête le 30 mai 1625.)

(*Bibliothèque nationale*, ms. Français 18903, ancien fonds Séguier, fol. 104 et suiv.)

PIÈCES SUR RARÉCOURT ET SUR LE FIEF
DE LA VALLÉE

Le village d'où la famille de Rarécourt tire son nom, par suite d'un ancien droit d'avouerie [1], fait aujourd'hui partie du département de la Meuse (arrondissement de Verdun, canton de Clermont) ; il est situé sur la rivière d'Aire, à 6 kilomètres environ au sud de Clermont-en-Argonne.

Autrefois, il appartenait à l'abbaye de Saint-Vanne, à laquelle il avait été donné au xe siècle par Vicfrid, évêque de Verdun. Les habitants, profitant de la situation de leur pays sur les limites de la France, de la Lorraine et de l'Empire, obtinrent successivement, des souverains leurs voisins, des lettres de sauvegarde, qui, moyennant le paiement d'une assez faible redevance, les exemptaient de toutes charges et les constituaient en une sorte de petite république indépendante.

A la fin du xviie siècle, le fermier des gabelles ayant

---

[1] *Titres de la maison de Rarécourt*, p. 1. (On nommait avoué ou voué un seigneur laïc ayant des droits sur une terre ecclésiastique, à charge de la défendre).

voulu porter atteinte aux franchises des habitants de
Rarécourt et les obliger à se fournir de sel au magasin de Verdun, la communauté réclama et, après de
longues procédures devant le conseil du roi, finit
par obtenir, le 1ᵉʳ juin 1728, un arrêt par lequel
« sa Majesté les a maintenus dans la jouissance des
privilèges, franchises et exemptions dont ils ont joui
et dans lesquels ils demeureront conservez [1] ».

[1] Pièces justificatives, n° VII.

I

SAUVEGARDE ACCORDÉE AUX HABITANTS DE BARÉCOURT PAR RENÉ, DUC DE LORRAINE

René, filz du roy de Jhérusalem et de Sicile, duc de Bar et de Lorrayne et marchis, marquis du Pont, etc. A tous ceulx qui ces présentes lettres verront, salut. Sçavoir faisons que pour la bonne affection et vraye amour que nous congnoissons avoir envers nous et nostre seignorie noz amez les habitans et communaulté de la ville de Barécourt, apartenant à noz bien amez les religieux abbé et couvent de sainct Venne de Verdun, sous ladicte ville, ensemble tous les habitanz manans et demourans en icelle, leurs femmes, enffans, familles, mesgnies, biens et chaptels quelzconques, à champs et à la ville, avons pour nous, noz hoirs, successeurs et ayans cause, ducs de Bar, prins et receu, prenons et recepvons par ces présentes pour tousjours maix, héréditablement, en nostre garde et protection, à la conservation de leurs droitz tant seulement, et la dicte ville, ensemble les dictz habitans, leurs femmes, enfans, famille, mesgnye, biens et chaptelz quelzconques, à champs et à la ville, garderons, requerrons et deffenderons envers tous et contre tous jusques à droict, comme noz propres hommes et ceulx de noz anciennes et héritables gardes, et moyennant et parmy ce que chacun chief d'hostel ou conduict (deux vefves femmes pour ung conduict, le fort portant le féble), qui à présent demeurent et demouront en ladicte ville, sera tenu de nous doresenavant rendre et paier chascun an, au jour de feste sainct Remy, ou chief d'octobre, ès mains de nostre prévost et recepveur de Clermont, ung gros et demy de bon argent, monoye courant en nostre pays du duchié de Bar, dont le premier terme et payement voulons comancier au jour de feste sainct Remy prochainement venant. Sy donnons en mandement par ces mesmes présentes à noz bailly et prévost de Clermont, et tous aultres noz justiciers et officiers présens et advenyr, que ladicte ville, ensemble les habitans et demourans en ycelle et qui y viendront demourer, leurs femmes, enffans, familles, mesgnies, biens et chaptels quelzconques, à champs et à la ville, gardent, requièrent et deffendent ung chacun d'eulx en droict soy, sans attendre l'un l'autre ou eulx ensemble, ainsi que le cas le requerra, envers et contre tous, comme ceulx de nos aultres anciennes et héritables gardes, en payant chacun an par iceulx habitans leur dicte garde en nostre dicte prévosté par la manière dessusdicte. Toutes voyes nous n'entendons ceste nostre garde aulcunement préjudicier à leurs seigneurs, en manière que ce soit.

En tesmoing de ce, nous avons faict mettre nostre seel à ces présentes. Donné à Sainct Mihiel le xxii° jour de juing l'an mil quatre centz trente troix. Et sur le reply est escript : Par Monseigneur le duc, Robert de Haeowel et aultres présens, J. Ourriet, et seellées en double queue de cyre rouge.

Collation de la présente copie a esté faict à l'original, sain et entier, présenté par les manans et habitans de Rarécourt comparans par Pierre Gérard, François Bertrand, Jéhan Guillaume et Regnault Outremet, quatre d'iceulx, comparans en personnes, en présence de monsieur le procureur général du Roy, comparant par maistre Jacques Ytam son substitud en ceste partie, au deffault et absence de monseigneur le duc de Lorraine et des vénérables doyen, chanoines et chapitre de Verdun, parties adverses, et se concordent, par nous Jacques de Morillon, escuier, licencié es droictz, lieutenant au siège de Chaallons de monsieur le bailly de Vermandois, commissaire en ceste partie, [conseiller] du roy nostre sire en son privé conseil, estant lors au lieu de Saincte Menehould, le dixhuictiesme jour du mois de janvier l'an mil v° soixante et ung, soubs nostre seing cy mis avec cellui de M° Jacques Raulet nostre greffier, les jours et an que dessus.

(Signé :) DE MORILLON, RAULET.

(Musée Condé, à Chantilly, E. 5, n° 8 : Vidimus, donné le 7 mai 1489 par le garde du scel du tabellionnage de la prévôté de Saint-Mihiel, d'un autre vidimus donné par l'officialité de Verdun, le 12 décembre 1485. Ce vidimus a été collationné avec une copie du xvi° siècle, des Archives nationales, J 760, n° 53. — Analyse, aux Archives de la Meuse, B 261, fol. 1045 v°.)

II

26 JUILLET 1486

LETTRES DE NON-PRÉJUDICE DONNÉES PAR LE DUC RENÉ AUX
HABITANTS DE RARÉCOURT, QUI LUI AVAIENT PAYÉ UNE AIDE
MALGRÉ L'EXEMPTION DONT ILS JOUISSAIENT.

René, par la grâce de Dieu, duc de Lorraine, de Bar, de Calabre, etc., marchis, marquis du Pont, conte de Prouvence, de
Vaudemont, de Harecourt, etc. A tous ceulx qui ces présentes
lettres verront, salut. L'umble supplication de noz chiers et bien
amés lez religieulx abbé et convent de l'église et monastère de
Sainct Vanne de Verdun avons receüe, contenant que, combien
que à cause de ladicte (sic) abbaye ilz soient seigneurs de la ville,
ban et finaige de Rarécourt, qu'ilz tiennent en foy et hommage
de nostre très chier et féal conseillier l'évesque et conte de
Verdun aiant total ressort, congnoissance et juridiction sur lez
manans et habitans desd. villes, ban et finaige, et soient en
nostre saulve garde héréditable, pour laquel ilz doivent pour
chacun conduict six blans à la fin du mois d'octobre, par chacun
an, ainsy qu'il appert par le vidimus des lectres à eulx sur ce
octroyées par nostre très chier seigneur et ayeul le roy René,
que Dieu absoille ; aussy ne nous soient tenus iceulx supplians
en quelque autre charge, droit ou redevance, toutes voyes, pour
ce que, le temps passé, à la prière et requeste de nous et noz
officiers de la ville de Clermont, dont ledit lieu de Rarécourt est
prochain, ilz nous ont fait par manière de ayde et subvention
plusieurs crowées et charrois pour noz murailles et fossez, et
autres noz affairez, et sont venus à noz mandemens en fait de
guerre, à pied et à cheval, à quoy ilz ont voulentiers obéy, et
avec ce nous ont donné et payé les aydes qui ont esté demandées
en la congrégation des Estatz de noz pays, comme lez autres

enclavez en iceulx, lesd. supplians, doubtans que ce tournast à l'advenir à conséquance de servitude, ou autrement fust préjudiciable à eulx ou leurs successeurs, nous ont demandé et requis noz lettres pour y obvier, et sur ce leur servir et valoir. Pour quoy nous disons et déclairons que nous n'avons prins ne accepté lesd. aydes, crovées, charrois, mandemens ne autres servicez ou subventions desd. habitans [de] lad. ville, ban et finaige de Rarrécourt par quelque présomption de servitude sur eulx, mais par prière et requeste, comme non tenus les nous faire ne payer sy bon n'eust semblé ausd. supplians. Et à ceste cause ne lez voulons tourner à aucun préjudice ou détriment à iceulx supplians, ladicte abbaye ne leurs successeurs, ne que on lez puisse ne doye dire ne maintenir y estre contribuables en quelque manière que ce soit. Ains voulons et entendons qu'ilz joyssent à tousjours de telz libertez, franchisez et exemption qu'ilz ont estés le temps passé, et selonc qu'il est contenu et déclairé esd. lettres patentes de nostred. feu seigneur et ayeul, au vidimus desquelles dessus dictes, fait soubz les seaux de la court de Verdun, ces présentes sont annexées. Sy donnons en mandement par ces d. présentes à noz très chiers et féaulx gens de nostre conseil, bailly, procureur, prévost et autres officiers de nostred. duchié de Bar que, en faisant lesd. supplians et leurs successeurs joyr et user de noz présens déclaracion, vouloir et plaisir, ilz ne molestent, ne travaillent eulx ne leursd. hommes à faire lesd. crovées, charrois, ne autrement leur facent quelconcque destourbier ou empeschement au contraire ; lequel, se fait, mis ou donné leur estoit facent oster, mettre sans délay au premier estat et deu, car tel est nostre plaisir. En tesmoing de ce avons à ces dictes présentes, soubscriptes de nostre main, fait appendre nostre seel. Donné à Vitry, le vingt sixiesme jour de juillet l'an de grace mil quatre centz quatre vingtz et six ; et sur le ploy desdictes lettres est escript : Par Monseigneur le duc, etc. les seneschal de Barrois, signeur de Sypières et autres présens : Michiel.

(Vidimus, donné le 7 mai 1489, par le garde du scel du tabellionnage de la prévôté de Saint-Mihiel, d'une lettre « escripte en parchemin donnée de nostredict tres redoublé et souverain Seigneur Mgr le duc et scellée de son petit seau armoyé de ses armes, à double queue pendant ».

(*Musée Condé*, à Chantilly, E 5, n° 8.)

III

30 JANVIER 1496 (n. st.)

LETTRES PAR LESQUELLES LES HABITANTS DE RARÉCOURT DÉCLA-
RENT RENONCER A LA GARDE DE FRANCE, EN TOUT CE QUI SE-
RAIT CONTRAIRE AUX DROITS DE JURIDICTION DE L'ABBÉ DE
SAINT-VANNE, LEUR SEIGNEUR, CONFORMÉMENT A UNE SEM-
BLABLE RENONCIATION QUE LEURS PRÉDÉCESSEURS AVAIENT
DÉJA FAITE LE 6 SEPTEMBRE 1320.

A tous ceulx qui ces présentes lettres verront et orront Jehan
Errard, conseiller du roy de Sicille, duc de Lorraine et de Bar,
nostre tres redoubté et souverain seigneur, et son prévost de
Clermont, Guillaume de Maulion, clerc juré dudit lieu, et
Jehan Caillon, gardes du seel du tabellionnage de ladicte prévosté de par icellui Seigneur, salut. Scavoir faisons que pardevant vénérable et discrette personne messire Jacque Gillet, et
ledict Guillaume de Maulion, jurez oud. tabellionnage et establis ad ce faire de par nostredict Seigneur, vinrent et comparurent en leurs personnes Pierre le Houdinet, mayeur de Rarécourt, ensemble tous ou la plus saine partie des habitans
d'icelle ville, c'est assavoir Symon Le Tourneur, Jacques Fler-
rion, Jacquemet Le Cuillery, Jehan le Mareschal, Bertrand
Le Clerc, Jehan Le Maugirard, Lambert le Permentier, Didier
Baguet, Christofle Gillet, Jehan le Grand Gérard, Jehan Martin,
Jacquemet Postier, Jehan Wuillermet le Maugirard, Collesson
Baguet, Cugny Regnault, Jacquemet Wuyriet, Jacquemin Le Bra-
connier, Symon Le Gros, Jehan Jacquemin Mahin, Jehan Hutaut,
Jehan Ganot, Symonet Ganot, Petit Jehan Le Clerc, Collin Mahin, Jehan Chierron, Jehan Cayot, Pierre Le Gros, Jehan Jac-
quemin Le Gros, Jehan Pierre de La Tour, Jehan Louvet, Jac-

quemin Noel, Jehan Gillet, Jacquemet Victor, Jehan Mathie (?),
Christofle Noel, et Mengin Nicolas, assemblez et convocquez en
communaulté et faisans et représentans toutte ladicte communaulté dudict Rarécourt, pour ce que s'ensuyt; et recongnurent
que combien de très long temps leurs prédécesseurs se fussent
mis et constituez en la garde et protection du roy de France, parmy rendant pour chacun conduict, chacun an, six blans monnoye royal, et payans à son recepveur de Passavant; et, depuis
ce, venu à la congnoissance de feu messire Errard de Bassalles,
lors abbé de l'église et monastère de Sainct Venne de Verdun,
pour ce que led. Rarécourt et tous les habitans d'icelle ville sont
hommes de condicion, subjectz à lad. église en toutte justice,
haulte, moienne et basse, et en ressort et souverainetté de l'éveschié et conté de Verdun et non d'aultres, en l'an mil ccc et vingt,
le vᵉ jour du mois de septembre, led. an, led. Sʳ abbé fist appeller lesdicts habitans par devant luy, leur remonstant pourquoy
et à quelle cause ilz s'estoient mis en lad. garde, ce que faire ne
povoient sans son grey et consentement; lesquelz luy répondi-
rent tous ensembles et en une semblable voix qu'ils ne l'avoient
prinse, ne entendoient avoir prinse contre luy, sa dicte église,
justice ou juridiction, et dès lors ne entendoient ne vouloient
entendre eulx en aider contre luy ne sadicte église, en nul
temps advenir, et de ce furent lettres passées, comme disoient
lesdietz habitans, et recongnurent par devant lesd. jurez; et aujourd'huy datté de ces présentes, pour ce que lesd. habitans recongnoissans, comparans pardevant lesd. jurez, comme dit
est, pour ce que les officiers dudict seigneur Roy de Sicille, duc
de Lorraine et de Bar, les vouloient contraindre à payer un
impost, que ledict seigneur avoit gecté sur ses subjectz, de ung
fleurin pour chacun conduit, à luy accordé par les estatz de ses
duchiez, à quoy ils ne vouloient obtempérer, pour ce qu'ils
n'estoient de sa juridiction ne ressort, ils s'étoient tirez devers
les officiers dudict seigneur roy de France à Vitry, requérans
que, par vertu de ladicte garde, ilz fussent soustenus, deffendus
et gardez desd. officiers, affin que nulz ne payassent led. impost; lesquelz officiers de Vitry en avoient escript à révèrend
père en Dieu messire Loys de Seroncourt, évesque de Pana-
densis et abbé à présent dudict Sainct Venne de Verdun et
seigneur dud. Rarécourt, et, leurs lettres venues à sa congnois-

sance, pour ce qu'il sembloit par icelles que, par vertu de lad. garde, ilz vouloient entreprandre aucune congnoissance sur lesd. habitans et sa seigneurie dud. Barécourt, doubtant que, ou temps advenir, ce ne luy tournast et à sad. église à préjudice, il avoit fait assembler lesd. habitans par devant luy, comme dit est, et leur demanda pourquoy et à quelle cause ilz estoient allez ou envoyé par devers lesd. officiers de Vitry à complaincte, sans son sceu, congié ne licence, et leur remonstra comment leurs prédécesseurs avoient autresfois renoncé à lad. garde contre luy, sa justice ou juridicion, recongnoissans que jamais à l'advenir ne s'en vouloient aider à son préjudice, et leur montra les lettres de renunciacion en la présence desd. jurez, saines et entières; lesquelz susnommés, pour toute ladicte commune et eulx portans fors d'icelle, oye la lecture desdictes lettres de renunciacion, en ratiffyant et confirmant icelles lettres, dirent et recongnurent qu'ilz n'avoient jamais esté advertis desdictes lettres, et qu'ilz ne vouloient ne entendoient jamais user de ladicte garde en nulle manière, qui ne fust contré ne ou préjudice dud. sieur abbé, de sadicte église, seigneurie et juridiction dud. Barécourt, et y renonçoient à pur et à plain en ce cas, et se aucune chose en avoit esté fait ou requis de nouvel au contraire dud. S^r abbé ou de sad. église, touchant lesd. fleurins ou autrement, ils n'entendoient point, ne vouloient poursuivre, advouer le contenu des lectres que les officiers de Vitry en avoient escriptes aud. S^r abbé, en luy supplyant qu'il leur volsist pardonner leur ignorance, de quoy led. S^r a esté content, et leur a pardonné. De toutes lesquelles choses ci dessus dictes et recongnues par lesd. habitans led. S^r en a requis et demandé instrument ausd. jurez, lesquelz luy ont octroyées en ceste forme. En tesmoing de ce, nous, gardes dessusd., par le rapport et relacion desd. jurez avec leurs seingz manuelz cy mis, avons seellé ces présentes lectres du seel du tabellionnage de lad. prévosté de Clermont, qui furent faictes le penultiéme jour de janvier l'an mil quatre cens quatre vingt et seze. Signé : G. de Maulion, et Gillet, et seellées du seel dudict tabellionnage. Et sur le doz est escript : Comment ceulx de Barécourt, que à présent sont, ont renoncé et renoncent eulx jamais ayder de la garde de France contre l'église et les seigneurs de Sainct Venne.

Copie extraicte de l'original et sur icelluy deument, par nous

notaires jurez des cours de Verdun soubscriptz, de mot à
mot collationnée, ce jourd'hui XXVIIIe du mois de jung mil v[e]
cinquante et ung, et se concordent. Tesmoing noz seingz manuelz cy mis.

(Signé :) N. LAMBINET et J. JOLY.

(Bibliothèque nationale, Collection de Lorraine, vol. 427, fol. 112.)

IV

10 JUILLET 1497

SENTENCE INTERLOCUTOIRE DU BAILLI DE CLERMONT, DÉBOUTANT LE PROCUREUR DU ROI DE SICILE DE SA PRÉTENTION A ÊTRE ENTENDU AU PROCÈS SOULEVÉ ENTRE LES HABITANTS DE RARÉCOURT ET CEUX DE FROIDOS ET PORTÉ EN APPEL DEVANT LED. BAILLI, AU SUJET DE LEURS LIMITES.

A tous ceulx qui ces présentes lettres verront et orront, Waultrin de Netancourt, conseillier du roy de Secile, duc de Lorraine et de Bar, nostre très redoubté et souverain seigneur, et son bailly de Clermont, salut. Comme procès ait esté meu et demené par devant Jean Errard, prévost dudict [lieu] de Clermont, entre les manans, habitans et communaulté de Rarécourt, demandeurs, d'une part, à l'encontre des habitans et communaulté de Fredoz défendeurs, d'autre part, à cause des pasturaiges de leurs finaiges, et tellement procédé oudit procès que par la sentence diffinitive dudict prévost lesdicts de Fredoz ont esté décheuz et déboutez d'icelluy au proufict desdictz demandeurs; de laquelle sentence iceulx de Fredoz auroient appellé à noz premières assizes, ausquelles assises lesdictes parties comparans suffisamment, après ce que ledict procès qui est par escript fut mis en court par devers nous, concluans par lesdicts demandeurs que par nous ladicte sentence fust confirmée, le procureur oudit bailliage s'estoit présenté disant que à la confirmation d'icelle sentence il s'opposoit pour ce que ledict procès touchoit limites et séparations de finaiges et seigneuries, où ledict seigneur Roy pourroit estre intéressé comme seigneur souverain, hault justicier, moyen et bas dudict Fredoz, à cause de sondict duché de Bar, et seigneur dudict Clermont, pour ce qu'entre les bancs et finaiges desdicts Fredos et Rarécourt y a

une place et maison forte, fossillée de fossez et de porte, appellée
La Vallée, seigneurie divisée et aultreffois partie entre les pré-
décesseurs dudict seigneur Roy, ducs de Bar, et ung abbé de
Beaulieu en Argonne.

La part duquel abbé est assize du costé dudict Rarécourt, prenant environ au milieu de ladicte maison à ung fresne qui souloit estre sur la dolve des fossez de ladicte maison, en allant
vers Verdun, visant à deux bonnes qui sont hors desdicts fossez, environ la fontaine de ladicte maison, ainsy que le tout se
contient jusques au petit pré, et la part dudict seigneur Roy est
prenant ès bonnes et fresne susdicts, du costé dudict Froidos,
jusques à ung pré nommé Grandpré ; hors lesquelz fossez et
place de La Vallée les héritaiges, jardins, prez et terres du finaige
de ladicte Vallée se partent diversement, car en aulcun lieu et
finaige d'icelluy ledict seigneur Roy a son fief à part et séparé,
pareillement ledict seigneur abbé en ung aultre lieu, ou joignant ;
et en aultre lieu, lesdicts héritaiges se partent en deux comme
en Grandpré et aultre part dudict finaige. En laquelle maison
y a ban et finaige à bonne, séparé et divisé entre les finaiges de
Rarécourt et Froidos.

Mesmement du costé dudict Rarécourt en lieu dict à Petit Pré,
sur la rivière, vers le moulin dudict Rarécourt, tirant au contre-
mont vers Verdun, a trois ou quatre bonnes qui sont entre les
terres desdicts finaiges de Rarécourt et de La Vallée, faisant
séparation d'iceulx finaiges, et ainsi appert que à ladicte Valée
y a ban et finaige, entre lesdicts finaiges de Rarécourt et Froidos,
séparé et abonné. Par quoy lesdicts de Rarécourt ne peuvent
aller sur le finaige desdicts de Froidos sans transfiner aultre
finaige, et que nulles communaultez ne peuvent ne doibvent
entreprendre ne conduire procès qui touche limittes ou abonne-
ment de seigneuries de diverses juridictions, sans appeller le
procureur et aultres à qui il touche.

Et plusieurs aultres causes et raisons alléguoit icelluy procureur, tendant à fin d'estre receu à ladicte opposition, offrant de
prouver ses faitez suffisamment.

Et de la part desdictz de Rarécourt a esté contredict et obiscé,
disans que ledict procureur n'estoit recevable à ladicte opposition, pour ce que ledict procès ne touche aulcunement limittes
ne séparation desdicts finaiges, mais seullement pour les vaines

pastures du finaige dudict Froidos ; par quoy ledict seigneur
Roy n'y est ou peult estre en riens intéressé ; concluans sur lesdicts procès comme sur procès par escript et demandans droict
sur icelluy en l'estat qu'il estoit ; protestans que les informations
faictes par ledict procureur ne luy vaillent, ne prouffitent ausdicts de Froidos appellans, et ne nuisent ausdicts de Rarécourt,
pour ce qu'ilz ne se rapportent de riens à icelles et qu'elles ont
esté faictes par ledict procureur, leur partie adverse en ceste
partie, et par manière de préparation pour sçavoir se ledict
procès touche les limites et séparation du Royaulme de France,
du duché de Bar et du comté de Bar, et si ledict procureur se
doibt opposer ou non, et sans appeller lesdicts de Rarécourt,
pour veoir jurer les témoins produictz en icelle, tendans à fin que
par nous fut dict et déclaré que ledict procureur n'est recevable
à ladicte opposicion, en le déboutant d'icelle ; concluans au surplus au principal leurdict procès en l'estat qu'il estoit, et
demandant droict sur icelluy, et plusieurs raisons disoient et
alléguoient lesdictes parties. Pour la contrariété desquelz les
appoinctasmes à escrire sur ce que dict est, à rapporter à certain
jour en suivant, ce qu'ilz feirent, et le tout mis en court, escri-
tures et informations dudict procureur, icelles parties con-
cluèrent sur iceulx et demandèrent droict ; pour quoy faire leur
assignasmes jour par continuation d'aultre, revenant à huy.
Sçavoir faisons que, veuz lesdicts articles, informacion et production mis en court de la part dudict procureur, les motifz desdicts de Rarécourt, et ce que faisoit à veoir sur iceulx ; eu sur tout
meure délibération de conseil avec plusieurs saiges et practi-
ciens, nous disons, jugeons et sentencions par nostre sentence
interlocutoire que ledict procureur ne faict à recevoir à requérir estre receu à ladicte opposicion et l'en déboutons, et sera
veu ledict procès pour congnoistre s'il a esté bien ou mal jugé
par ledict prévost. En tesmoing de ce nous avons scellé ces
présentes lettres de nostre seel, armoyé de noz armes, nous
estans en jugement audict Clermont, le mardi dix huictiesme
jour de juillet, l'an mil quatre cens quatre vingtz et dix sept.
Signé : G. Maulion ; et scellé en doble queue de cire vert.

Collation de la présente copie a esté faicte à l'original estant
en parchemin, sain et entière en escriptures, seel et signature,
présenté par les manans et habitans de Rarécourt, en présence

de monsieur le Procureur général du Roy, comparant par
Me Jacques Ytam, licencié ès loix, son substitud en ceste partie,
au deffaut et absence de monseigneur le duc de Lorraine et des
vénérables doyen, chanoines et chappitre de l'église cathédralle
de Verdun, parties dudict seigneur procureur, par nous Jacques
de Morillon, licencié en droict, lieutenant de monseigneur le
bailly de Vermandois au siége de Challons, et se recordent.
Le dix huitiesme jour du mois de janvier, l'an mil v^c soixante
et ung, soubz nostre seing mis avec celluy de maistre Jacques
Raulet, greffier ordinaire dudict baillage, les jour et an que
dessus.

   (*Signé* :) J. DE MORILLON.   RAULET.

   (*Archives nationales*, J 766, n° 56.)

V

22 AVRIL 1531

SAUVEGARDE ACCORDÉE PAR L'EMPEREUR CHARLES-QUINT
AUX HABITANTS DE RARÉCOURT

Charles, par la divine clémence empereur des Romains, tousjours auguste, roy de Germanie, de Castille, de Léon, de Grenade, d'Arragon, de Navarre, de Naples, de Secile, de Mallorque, de Sardaigne, des Isles, Indes, et terre ferme de la mer occéane, archiduc d'Austriche, duc de Bourgongne, de Lothier, de Brabant, de Lembourg, de Luxembourg, etc., comte de Flandres, d'Arthois, de Bourgongne, palatin de Haynnau, de Hollande, de Zélande, de Ferrette, de Haguenot, de Namur, etc., seigneur de Frize, de Salins, de Malines, des citez, villes et pays d'Utrecht et d'Overyssel, et dominateur en Asie et en Africque, à tous qui ces présentes verront. De la part de noz bien amez les abbé, religieulx et couvent du monastère de Sainct Vennes en nostre cité impérialle de Verdun, tant pour eulx que pour leurs hommes et sujectz, manans et habitans en la terre de Rarécourt lez Clermont en Argonne, pays de Barroys, nous a esté remonstré que à leur préservacion des courses, pilleries, foulles, oppression et dommaiges que par cy devant et ou temps des guerres passées, ilz ont soustenuz, nostre très cher et féal cousin le marquis Philippes de Baden, lors gouverneur de nostre pays de Luxembourg, à leur requeste et par l'advis des gens de nostre conseil audict païs, les ait de nostre part par cidevant prins en nostre protection et sauvegarde perpétuel, et de noz successeurs ducz de Luxembourg, moyennant et parmy payant chacun an, au jour de sainct Martin à perpétuité, à nostre domaine dudict Luxembourg, et pour chacun conduict et mesnaige, qui sont et seront ou dict villaige et terre de Raré-

court, six blancs faisans gros et demy, monnoye de Barrois, és
mains de nostre receveur général de Luxembourg, présent et
advenir; et du nombre desquelz conduictz et mesnaigés ilz sont
tenuz faire leur serment, luy apporter et délivrer annuellement
la déclaration, et à condition que lesd. abbé et religieux
remonstrans seront tenuz annuellement célébrer au quinziesme
jour de novembre, ou aultre jour prochain plus convenable,
ung service solennel pour le salut et repos des ames de noz prédécesseurs et de nous et de noz successeurs; et que combien
que lesd. manaǹs et habitans de Rarécourt tousjours puis
aient payé lesd. six blancs par an, et iceulx abbé et religieux aient célébré ledict service, jaçoit aussy que d'ancienneté
ilz et leurs suppostz aient esté en la garde de nosd. prédécesseurs, ce néantmoins doubtans qu'à l'advenir, mesmement se
guerre (que Dieu ne veuille!) survint, aulcuns cappitaines, gens
de guerre, ou aultres noz sujectz et de nostre partie, s'il ne leur
apparust de lad. garde par noz lettres patentes, leur vouldroient
ou pourroient traviller et molester, au préjudice de leurdicte
sauvegarde, qui seroit leur destruction, ilz nous ont très humblement supplié vouloir confirmer et, en tant que mestier seroit,
leur accorder nostredicte sauvegarde et leur en faire expédier
noz lettres pertinentes : Sçavoir faisons que nous, ces choses
considérées, inclinans à la requeste desdicts abbé et convent
dud. monastère de Sainct Vennes de Verdun, supplians, avons
les lettres de sauvegarde à eulx et aux manans et habitans dud.
lieu de Rarécourt, de nostre part, accordé par nostredict cousin
le marquis Philippe de Baden, gouverneur, confirmé, ratifié et
approuvé, confirmons, ratifions et approuvons de grace spéciale
par ces présentes, selon leur forme et teneur, et de nostre plus
ample grace; et afin de plus astraindre lesd. abbé, religieulx et
couvent à prier Dieu pour la prospérité de nous et de noz successeurs, avons iceulx, ensemble leurs censiers, familiers et
supostz, ensemble tous leurs hommes, manans et habitans de
Rarécourt et leurs maisons, possessions, granges, familliers, bes-
tiaux et tous et quelzconques leurs biens prins et mis, pren-
drons et mettons d'abondant et de nouvel en nostre protection
et sauvegarde especialle et de noz successeurs duez de Luxembourg à perpétuité, à la tuytion de leurs personnes et de leur
bon droict tant seullement; et en signe de ce, leur avons con-

senty et consentons qu'ilz puissent et pourront faire mettre et
asseoir aux advenues et entrées dudict couvent et aux maisons,
censes et édifices d'icelluy et dudict lieu de Barécourt, noz
blasons et panonceaux armoyéz de noz armes. Si mandons et
expressément défendons à tous cappitaines, gens de guerre et
aultres de nostre obéissance, qu'ilz ne aulcuns d'eulx ne
molestent, travcillent, troublent ou adommagent lad. abbaye et
couvent, les maisons, censes, granges et aultres édiffices d'icelluy, ny leurs hommes et suppostz, censiers, serviteurs et habitans dud. Barécourt par logis, fourragemens, prinse ou emprisonnement de leurs personnes ou aultrement, en manière que ce
soit, ains d'icelle nostre garde les facent, souffrent et laissent
joyr et user plainement, paisiblement et sans difficulté. Mandons
en oultre à noz amez et féaulx les gouverneur ou son lieutenant
et gens de nostre conseil à Luxembourg, baillyz, prévostz et à
tous aultres noz justiciers, officiers et sujectz, cui ce regardera,
qu'à la requeste desd. supplians ilz publient ou facent publier
nostre d. garde ès lieux, et insinuer aux personnes qu'il appartiendra et dont requis seront, et icelle entretiennent et observent
et facent entretenir et observer, et si, au préjudice d'icelle,
aulcune chose peust attemptée, le facent réparer et remettre
tantost et sans délay en son premier estat et deu, pourveu
qu'en recognoissance de nostredicte garde lesd. abbé et religieux
seront tenuz annuellement à perpétuité célébrer un service
solennel pour le salut et repos des armes de noz prédécesseurs
et de nous et de noz successeurs. Et que lesd. manans et habitans de Barécourt, hommes desd. abbé et couvent, seront tenuz
payer et payeront par chacun an à perpétuité, aux termes
accoustumez, pour chacun conduict et mesnaige dud. lieu, dont
ilz seront tenuz apporter certification, lesd. six blancs faisans
gros et demy, monnoye de Barrois, ès mains de nostre receveur
général de Luxembourg présent et à venir, qui sera tenu en
faire recepte et rendre compte et reliqua à nostre prouffict, avec
les aultres deniers de sa recepte, et de ce lesd. supplians baille-
ront et délivreront en la chambre de noz comptes de Luxembourg, à Bruxelles, leurs lettres obligatoires en bonne forme, ès
quelles ces présentes seront insérées, pour y estre gardées, et y
seront enregistrées ces présentes, et les coppies autenticques
d'icelles délivreront en la trésorerie de nostre (*sic*) chartres aud.

Luxembourg, pour y estre gardées à nostre seureté, le tout avant que joyr de l'effect d'icelles; et pour ce que de ces présentes l'on pourra avoir afaire à divers lieux, nous voulons qu'au vidimus d'icelles soubz scel auctenticque, ou à la coppie collationnée et signée de l'un de noz secrétaires, foy soit adjoustée comme à cesd. présentes, ausquelz en tesmoing de ce nous avons faict mettre nostre scel. Donné en nostre ville de Gand le xxm͏ᵉ jour d'avril l'an de grace mil v͏ᶜ trente ung après Pasques, de nostre empire le second et de noz règnes des Espaignes, des Deux Seciles et aultres le xv͏ᵉ.....

Et au dessouz est escript : Ces coppies cy dessus escriptes ont esté colationnés aux lettres originalles et trouvés concordantes le sixième de may xv͏ᵉ trente six.

Collation de la présente copie faicte à l'original présenté par les manans et habitans de Barécourt, comparans par Pierre Gérard, Françoys Bertrand, Jehan Guillaume et Regnault Oudinet, quatre d'iceulx, en personnes, en présence de M͏ᵉ Jacques Ytam, substitud du procureur du roy en ceste partie, au deffault et absence de monseigneur le duc de Lorrainne, et desdictz doyen et chappitre de Verdun, par nous Jacques de Morillon, escuier, licencié ès droictz, lieutenant au siège de Chaallons de monsieur le bailly de Vermandois, commissaire du roy en ceste partie au lieu de Saincte Menould, le dix huitiesme janvier mil v͏ᶜ soixante et ung, soubz nostre seing cy mis avec celluy de maistre Jacques Raulet, nostre greffier, les jours et an que dessus.

(Signé :) DE MORILLON, RAULET.

(Archives nationales, J 760, n° 58.)

VI

PRIVILÈGES DE LA PAROISSE DE RARÉCOURT

François, par la grâce de Dieu, duc de Loraine et de Bar, etc.,
à tous présents et à venir, salut. Les maire, habitans et communauté de Rarécourt proche Clermont en Argonne, constitué en
neutralité sous les sauf garde et protection des rois très chré-
tiens et catoliques, nous ont très humblement fait représenter
que par patentes du Duc René l'un de nos prédécesseurs, du
vingt quatre juin quatorze cent trente trois, il est porté qu'ils
sont pareillement reçu en sa protection et sauf garde et de ses
successeurs ducs, en payant néantmoins pour reconnoissance
par chacun chef ou conduit, au jour de St Remy de chacunne
année, un gros et demy de bon argent ; que ce privilège les exempte
de payer les droits de foraine et passage dans nos états pour
les denrées qu'ils y conduisent, vendent ou acheptent ; qu'ils y
ont été confirmés par décret du conseil du Duc Charles trois,
aussy l'un de nos prédécesseurs, du vingt trois aoust quinze cent
soixante quatre, et par autres patentes du dix avril seize cent
quarante trois, données par le Duc Charles quatre ; qu'en l'année
mil sept cent huit, ils ont demandé la confirmation de ses titres
et privilèges à feu notre honnoré et tres cher seigneur père de
glorieuse mémoire, ce qui fut accordé par decret de son conseil du vingt sept juin de la même année, qui ordonne que les
lettres à ce nécessaires leur en seroient expédiées, lequel
décret s'étant trouvé adhieré jusqu'à présent, et les lettres
patentes susdittes perduës, les dittes lettres de confirmation ne
leur ont pas été délivrées, et comme ils ont recouvré le décret
dudit jour du vingt trois aoust quinze cent soixante quatre, mis
au bas d'une requeste dont la teneur suit :

A Monseigneur Monseigneur le Duc. Exposé vous font très humblement les manans, habitans et communauté de Rarécourt, que comme dans le mois de juin quatorze cent trente trois il ait plu à feu d'heureuse mémoire le Duc René votre prédécesseur prendre et recevoir en sa garde et protection, pour luy et ses prédécesseurs Duc de Bar, charitablement tous et chacun lesdits exposans, leurs familles et ch..... tant des champs comme en la ville, moyennant et parmi [ce] que chacun chef d'hotel ou conduit demeurant en laditte ville payeront par chacun an, au jour de feste St Remy chef d'octobre, es mains de votre prévot et receveur de Clermont, un gros et demie bon argent monaye courante de votre pays et duché de Bar, comme en appert et est plus emplement contenu és lettres dudit seigneur Duc sur ce faitte et données, desquelles copies cy attachées, en vertu de quoy lesdits remontrants et leurs prédécesseurs habitans dudit Rarécourt auroient toujours payés à vos prévosts et receveurs de Clermont la somme susditte et continué le payement jusqu'à présent, comme ils le veuillent continuer à l'avenir, sans que cependant on leurs ait jamais fait aucun trouble ou empechement, ne les contraints à vous payer autres droits, charges ou redevances, c'est néantmoins un nomé Jean Drouot, fermier des nouveaux impôts et prévost dudit Clermont et des Montignons, veut contraindre et assugetir les dits remontrans à payer lesdits droits d'impots, quant ils tirent quelque marchandise de votre baillage pour les mener audit Rarécourt, semblablement quant ils amènent marchandise audit Rarécourt, es villages dudit baillage, et les traite ledit Drouot comme s'ils étoient étrangers et non sous votre garde et protection ; et même au présent mois d'aoust quinze cents soixante trois auroit fait gager un nomé Amant Simon dudit Rarécourt ou sa caution, pour avoir conduit audit lieu trois reds avoine qu'il avoit achepté à Auzéville, village de la prévosté dudit Clermont, et sy auroit encore ledit Drouot fermier fait saisir une voiture avoine que ledit Amand Simon auroit aceptée audit Auzéville pour mener en sa grange audit Rarécourt, ce qui tourne à grand préjudice desdits remontrants et leurs anciennes garde et protection et franchise, et leur cause incomodité plus grande, d'autant que ledit village de Rarécourt est enclavé dans ledit baillage et ne savent ceux qui demeurent sortir de leurs finages sans entrer audit baillage, comme aussy ceux dudict bailliage, du moins la part, ne sauroit bonnement ny commodément conduire leurs marchandises à Bar et pays de Barrois sans passer et repasser par dessus le ban et juridiction dudit Rarécourt, de sorte que vos propres agents dudit baillage de Clermont et autres par là passants requèrent autant de perte au plus que lesdits remontrans s'ils étoient contraints réciproquement payer les droits desdits impots sur le ban et finage dudit Rarécourt, ce que vous Monseigneur n'avès jamais entendu être fait, et espèrent lesdits remontrans que ne voudrez permettre à l'avenir; à cette cause, ils retournent vers votre bénigne grace et supplie humblement qu'il plaise en considération de ce, et en faveur de votre ditte garde et protection, dire et déclarer lesdits manans, habitans et communauté de Rarécourt, dudit Rarécourt, non sujets ny attenus aux droits desdits nouveaux impots, ains d'iceux droits les exempter et affranchir et leur permettre de mener et conduire leurs marchandises et danrées partout ledit baillage, et semblablement les en tirer et conduire audit Rarécourt à leurs commodités et par dans vos pays de Barrois et Lorainne, sans payer aucune chose pour les droits d'impots; deffendant bien expressément audit Drouot et à tous autres vos fermiers desdits impots de ne plus travailler en ce lesdits remontrants, déclarer lesdittes reprises, gagers et saisies nulles, en ordonnant que mainlevée en sera faitte audit Amand Simon franchement et quittement sans autre figure de procez, avec mandement à tous vos justiciers et oficiers de faire jouir lesdits suplians dudit affranchissement, et vous ferez bien. Veu en conseil la présente, pour les causes y contenues et autres considérations nous mouvans à traiter favorablement les manens, habitans et communauté de Rarécourt; attendu qu'ils sont scitués et enclavés dans nos pays et d'ancienneté sous notre garde et protection spécial, disons et déclarons par cette que nous n'avons entendu iceux être compris, sujets ny attenus aux nouveaux impots par nous mis sur la traite des grains, vins et bétail hors nos pays, ainsi les en avons de notre grace spécialle exempté et affranchis, exemptons et affranchissons par cette, leur permettans de mener et conduire leurs marchandises et denrées, bleds, vin et bétail à Clermont, à Bar et autre part dans nos pays, et tirer et enlever d'iceux autres marchandise, bleds, vin, danrées, bétail pour

leur commodité et usage, sans pour ce payer aucune chose pour le
droit desdits impots, pourvu qu'il n'y commettent fraude, abu ny
intelligence pour les autres. Si mandons et ordonnons très expressement à nos amez et féaux conseillers les présidens et gens de
nos conseils et des comptes de Barrois, bailly, prévosts, justiciers
officiers et fermiers desdits impots et leur commis, que de cette
notre présente grace, octroy, exemption, et affranchissement ils
fassent, souffrent et laissent lesdits supplians jouir et user
pleinement et paisiblement, sans leur donner aucun empeschement au contraire, inhibitants et deffendants à tous fermiers et
commis de prendre et exiger aucune chose pour lesdits droits
d'impots sur lesdits habitans, leurs marchandises et danrées,
commandant expressément au nommé Jean Drouot de rendre
les grains saisis par luy sur Armand Simon, laquelle saisie
nous avons déclarée nulle, et voulons luy en être fait main
levée franchement et quitte, sans aucune difficulté, car ainsy
nous plait. Donné le vingt trois d'aoust mil cinq cent soixante
quatre, les sieurs comte de Salins maréchal de Lorraine et
grand maitre de Metz, baron de Haussonville, maréchal de
Barrois, de Sygnuttes, sénéchal de Lorrainne, de Themeires,
baillis de Vogues, et lieutenant général de Bar présents; signé :
Charles, et pour secrétaire J. Merlin.

Lequel décret lesdits maires, habitans et communauté nous
ont très humblement remontrés, fait suplier d'agréer et confirmer, ensembles les patentes desdits ducs René et Charles quatre,
sy en conséquence de les conserver eux et leurs successeurs dans
les protections, seuregarde, privilèges et franchises qui leur ont
été accordées; à quoy inclinant, après leur avoir renvoyé la re-
quete qu'ils nous ont présentée à ce sujet, à notre très cher et féal
conseiller d'État et procureur général en nos chambres des
comptes de Lorrainne et de Bar le sieur Lefebvre, et eû sur ce son
avis et pris celuy de gens de notre Conseil, Nous, de notre grace
spécial, pleine puissance et authorité souveraine avons confirmé et
confirmons, par les présentes, les privilèges accordés aux suplians
par nos prédecesseurs ducs, pour en jouir conformément au décret du vingt trois aoust quinze cent soixante quatre cy devant
transcrit, à charge par eux d'acquitter les anciennes redevances
auxquelles ils sont attenus par lesdits privilèges, et en outre,
lors de l'entrée dans nos états, de certifier que les danrées et mar-

chandises qu'ilz y font conduire sont à eux et de prendre des acquits à caution, comme c'est à eux et pour décharger dans nos dits états, ou dans le dit lieu de Rarécourt, lesquels ils feront certifier par leurs officiers des lieux du déchargement et le feront remettre au bureau dans le mois, à peine de confiscation desdittes marchandises, daurées, chevaux, char, charette et harnois, et de cinq cent francs d'amande en cas de contravention. Si donnons en mandement à nos chers et féaux les présidants, conseillers et maitre auditeur en notre chambre du conseil des comptes de notre duché de Bar et tous autres qu'il appartiendra, que du contenú és presentes et de tous leurs effets ils fassent et souffrent et laissent jouir et user lesdits maire, habitans et communauté de Rarécourt pleinement et paisiblement cessant et faisant cesser tous troubles et empéchemens contraires, car ainsy nous plait. En foy de quoy nous avons aux présentes, signés de notre main et contre signés par l'un de nos conseillers secrétaire d'état, commandement et finance, fait mettre et joindre notre grand scel. Donné à Luneville le huit décembre mil sept cent trente, signé François; par son altesse royalle, etc. Les présentes cy dessus ayant été vus, lus et examinés, à l'instant scellé à l'audiance des sceaux à Lunéville le neufieme decembre mil sept cent trente, les droits en ont été réglés ainsi qu'ils seront incéré dans la quittance qui en sera délivrée avec lesdittes patentes, ce que le soussigné conseiller secrétaire du cabinet de son altesse royalle et greffier en chef de son conseil d'État certifie audit Lunéville les an et jour que dessus, signé Poirot. Ce jourd'hui, dixhuitième décembre mil sept cent trente un, les lettres patentes cy devant énoncées ont été registrées sur le registre ordinaire du Greffe de la chambre du conseil et des comptes du duché de Bar, par le soussigné, greffier en icelles, pour y avoir recourt le cas en échéant, en conséquence de l'arret rendu en la ditte Chambre ledit jour.

Signé : Millat, greffier.

(Archives nationales, G³ 38 ; copie défectueuse du xviiie siècle).

VII

1ᵉʳ JUIN 1728

EXTRAIT DES REGISTRES DU CONSEIL D'ÉTAT

Vu par le Roi en son Conseil les arrêts rendus en icelui les 30 octobre 1688, 14 novembre 1724, 1ᵉʳ octobre 1726 et 25 mars 1727, par lesquels et pour les causes et moiens y contenus, sa Majesté a, entre autre chose, ordonné, sçavoir par celui du 30 octobre 1688, rendu sur la requête de Didier Rampont, arrière fermier des gabelles des évéchés de Metz, Toul et Verdun, Clermontois et frontières de la Meuze, que les habitans du lieu de Rarécourt seroient tenus de se fournir de sel au magasin de Verdun au prix et de la même manière que les autres habitans du dioceze de Verdun, sous les peines portées par les baux et réglemens de la ferme des gabelles de Metz, comme aussi qu'ils seroient imposés annuellement à la subvention qui seroit levée sur ledit dioceze de Verdun, ainsi qu'il est accoutumé.

Par celui du 14 novembre 1724, rendu sur la requête de Jean Grillau, lors fermier des gabelles des trois évéchés, sans s'arrêter à l'appel interjetté par les habitans de la communauté de Rarécourt, de l'ordonnance rendue par le sieur intendant de Metz le 15 septembre précédent, dont sa Majesté les a débouté, que laditte ordonnance seroit exécutée selon sa forme et teneur.

Par celui du 1ᵉʳ octobre 1726, qui déboute pareillement les habitans de leur opposition à l'exécution de l'arrêt dudit jour 14 novembre 1724, et avant faire droit sur le fond, que dans deux mois du jour de la signification dudit arrêt les dits habitans et communauté raporteroient devant le Sʳ de Creil les titres de leurs prétendus privilèges et exemptions, dont seroit par lui dressé procès verbal, ensemble des dires, réquisitions et contestations

des parties, pour, icelui vû et raporté au Conseil, avec l'avis du
dit S⁰ de Creil, être par Sa Majesté ordonné ce qu'il appartiendroit, sinon, et à faute par les dits habitans d'y satisfaire dans
ledit délai et icelui passé, l'ordonnance provisionnelle du S⁰ de
Creil convertie en deffinitive, en vertu dudit arrêt.

Et par celui du 25 mars 1727, rendu sur la requête des maire,
sindic, habitans et communauté de la paroisse de Rarécourt lès
Clermont en Argonne, sa Majesté a prorogé de deux mois le
délai accordé auxd. habitans et communauté de Rarécourt par
l'arrêt dudit jour 1ᵉʳ octobre 1726, pour représenter leurs titres
par devant le S⁰ de Creil ; en conséquence a ordonné que dans
deux mois à compter du jour de la signification dudit arrêt lesd.
habitans et communauté seroient tenus de représenter leurs
dits titres pour en être par ledit S⁰ de Creil dressé procès verbal,
ensemble des dires et contestations des parties pour, icelui vu et
raporté au dit Conseil avec l'avis dudit S⁰ de Creil, être par sa
Majesté ordonné ce qu'il appartiendroit, sinon et à faute par lesd.
habitans et communauté d'y satisfaire dans ledit tems et, icelui
passé, que l'arrêt dudit jour 1ᵉʳ octobre 1726 et l'ordonnance
dudit S⁰ intendant du 10 janvier audit an seroient exécutés
selon leur forme et teneur ; le procès verbal de la représentation faite le 23 juin 1727 par lesdits habitans par devant le
S⁰ de Creil des titres de leurs priviléges et exemptions, ensemble
des dires et réquisitions tant desd. habitans et communauté que
de Pierre Carlier, adjudicataire des fermes générales unies ; vu
aussi les requêtes respectivement présentées tant pour les habitans et communauté de Rarécourt, que par ledit Pierre Carlier,
celle desdits habitans et communauté tendante à ce que, pour les
causes et moiens y énoncés, il plût à sa Majesté les recevoir opposans à l'exécution de l'arrêt du Conseil du 14 novembre 1724 et en
tant que de besoin à celui du 30 octobre 1688, ce faisant, débouter
le fermier des gabelles des trois évéchés et tous autres fermiers
de leurs demandes ; faisant droit sur l'appel par eux interjettée,
mettre les appellations et les ordonnances dont est appel au
néant ; émendant, les décharger des impositions sur eux faites
et condamner le fermier des gabelles en leurs dommages intérêts et aux dépens, aux offres de renouveller avec lui leurs pré-
cédents traittés pour la délivrance des sels nécessaires pour leur
provision, sans que ces traittés et conventions puissent nuire ni

préjudicier aux privilèges, franchises et exemptions dont ils ont
joui et dans lesquels ils demeureront conservés; et celle dudit
Pierre Carlier tendante à ce que, pour les causes et moiens y
contenus, il plût à sa Majesté débouter les habitans et communauté de Rarécourt de leur oposition à l'exécution des arrêts
du Conseil des 14 novembre 1724 et 30 octobre 1688; en conséquence, sans avoir égard aux offres que font lesd. habitans de
renouveller avec le supliant leurs traittés et conventions, ordonner que lesdits arrêts seront exécutés selon leur forme et teneur;
ensemble l'avis dudit Sr de Creil du 28 décembre 1727, ouï le
rapport du S[r] Le Peletier, conseiller d'État ordinaire et au Conseil Roïal, controlleur général des finances. Le roi en son Conseil, faisant droit sur l'instance et sans s'arrêter à la demande
de Pierre Carlier, dont sa Majesté l'a débouté, a reçu et reçoit
lesdits habitans et communauté de Rarécourt opposans auxdits
arrêts des 30 octobre 1688 et 14 novembre 1724. En conséquence
Sa Majesté les a maintenus dans la jouissance des privilèges,
franchises et exemptions dont ils ont joui et dans lesquels ils
demeureront conservés; donne acte au surplus des offres faites
par les habitans et communauté de Rarécourt de renouveller
les traités qu'ils ont ci devant faits avec les fermiers des gabelles
des trois évéchés pour la délivrance des sels nécessaires pour
leur provision, sans néantmoins que lesdits traittés et conventions
puissent nuire ni préjudicier à leurs privilèges et exemptions.
Fait au Conseil d'État du Roi tenu à Versailles le 1er juin 1728.

(Signé :) D'AGUESSEAU. — CHAUVELIN. — LE PELETIER.

(*Archives nationales*, E 1034, n° 9.)

VIII

XVIIIᵉ SIÉCLE

« OBSERVATIONS SUR LES PRIVILÈGES ACCORDÉS AUX HABITANS DU VILLAGE DE RARÉCOURT EN CLERMONTOIS, DISTANT D'UNE LIEUE DE CLERMONT, QUI EN EST LA CAPITALE ».

Ce village est composé d'environ 200 feux. Mʳ l'évêque de Verdun en est seigneur; les habitans sont sous la protection des Roys de France, d'Espagne, de l'Empereur, des cydevant ducs de Lorraine et encore de Monseigneur le prince de Condé. C'est Mʳ l'évêque de Verdun qui nomme les officiers de justice, c'est le maire de Mʳ l'évêque, conjointement avec le procureur fiscal, qui jugent des affaires contentieuses, soit pour le civil, soit pour le criminel, et par appel au parlement de Paris; il est cependant à observer que ces appels dépendent de la volonté des particuliers de Rarécourt qui les portent, quand ils le veulent, au baillage de Vitry pour le civil seulement, mais les officiers de ce baillage ne peuvent juger définitivement.

On ne tire point de milice de Rarécourt, les habitans ne sont assujettis à aucune corvée, ils ne payent ni taille ni capitation, et au moyen d'un gros huit deniers quils payent annuellement à un receveur du Roy dans telle province, s'ils jugent à propos, ils sont exempts de tous droits généralement quelconques dans les Royaume et Souveraineté dénommés cy dessus; cependant chaque habitans paye annuellement 3 s. monnoye de Brabant à l'Empereur et un gros et demi à Mʳ le prince de Condé : au moyen de cette modique rétribution ils peuvent faire tel commerce qu'ils jugent à propos et tirer toutes les marchandises et denrées nécessaires à leurs usages, ils peuvent prendre le tabac[1] nécessaire à

[1] On lit en marge : « Faux; la vente du tabac n'avoit pas lieu lorsque les privilèges leur furent accordés. »

leur consommation dans tel pays où ils veulent sans que les employés d'aucune ferme puisse les exercer ni les empêcher, quand bien même ils en feroient trafiques dans le lieu, seulement il n'i a aucun bureau établi à Rarécourt pour telle partie que ce puisse être, ni pour aucun genre de commerce.

Toutte personne ne peuvent s'établir dans ce village : quand les habitans en reçoivent de nouveaux ce ne peut être que de l'agrément de M. l'évêque de Verdun, en justifiant de leurs vie et mœurs.

Leurs affouages sont considérables ; chaque habitans ne pouvant consommer la portion des bois qu'on lui délivre annuellement, il lui est permis de vendre le superflu lorsqu'on vend le quart en réserve dans leurs forets ; les deniers en provenant sont partagés par égalle portion.

Les habitans de Rarécourt sont seulement assujettis à moitié des logemens de gens de guerre, lorsqu'il en passe à Clermont ; ils sont aussi obligés de fournir le nombre de chars ou de charettes pour la conduite des effets des trouppes et pour les soldats malades ne pouvant marcher.

On assure que les habitans sont nés sujets de la reine d'Hongrie, mais sous la protection et sauvegarde du Roy de France, d'Espagne, des Ducs de Lorraine et Monsieur le Prince de Condé.

Il leur est libre de passer tels actes qu'ils jugent à propos sur papier libre, cependant ces habitans se servent le plus souvent de papier timbré qu'ils achètent où bon leur semble ; il n'y a point de notaire à Rarécourt, c'est le maire, le procureur fiscal et le greffier de M. l'évêque qui reçoivent les contrats de mariage et autre, de telle nature ils puissent être, et quant ces habitans veulent bien y consentir, les originaux de ces actes restent au greffe ; il n'en est pas de même pour les inventaires : on les faits de droits et quand les parties intéressées ne le voudroient pas, à moins qu'il n'y ait arrangement entr'elles, mais ces arrangemens doivent se faire de concert avec les officiers de justice.

Il n'y a ni avocat ni procureur à Rarécourt, ce sont les parties qui plaident elles-mêmes leurs intérêts personnels, à moins d'en faire venir de Verdun ou d'ailleurs, mais auparavant de plaider il faut que Mʳ l'évêque de Verdun les autorise ; sans cette formalité ces avocats et procureurs ne plaideroient pas ou, s'ils plaidoient, ils seroient condamnez à une amende qui se tourneroit au proffit du seigneur.

Jamais les employés de telle puissance [que] ce puisse être ne vont à Rarécourt pour y faire leur fonction; la contrebande en tout genre est permise, et on peut même l'exposer en vente sous les halles; les habitans ne perçoivent aucun droit à leur proffit, ils ne payent ni vingtième, ni quatre sols pour livre, ni droits sur les cuirs, enfin aucun autre, telle dénomination ce puisse être.

La grande route de Verdun à Sainte Menehould et à Chaalons passe à Clermont, distant de Rarécourt d'une lieue.

(Archives nationales, G³ 38.)

Souilly (Meuse), 63, 115, 239, 240, 248.

Rancourt, canton de Revigny (Meuse), 63, 239.

Rarécourt, canton de Clermont-en-Argonne (Meuse), 2, 3 (note), 17, 22, 26, 27, 31, 48, 106, 281-309.

— Maire : Le Houdinet.

RARÉCOURT (Jacquemin de), écuyer 35 (note 1).

— (Nicolas de), écuyer, seigneur de la Vicomté, à Ville-sur-Cousance, 117.

— (Ducs de). Voir Pimodan.

— Curé : Gilles.

RAVIGNY (Thibaud), sergent à Clermont-en-Argonne, 120.

RÉCICOURT (Olivier de), lieutenant du bailli de Clermont-en-Argonne, 110.

Reims (Marne), 8, 13, 95.

Rembercourt-aux-Pots (Arembécourt, Arrambécourt), canton de Vaubecourt (Meuse), 63, 239, 248.

Remeilly. Voir Romilly.

Rempont. Voir Rampont.

RENÉ Ier, duc de Lorraine, 283, 285.

REVIGNY (François de), lieutenant du bailli de Bar-le-Duc, 112.

Rhin, fleuve, 28 (note 2).

RICHELIEU (Cardinal de), 83, 85, 87, 88.

RICHER DE VANDELAINCOURT (Perrette), femme de Christophe II de La Vallée, 33.

ROBERT Ier, duc de Bar, 13 (note), 18.

RODOLPHE DE HABSBOURG, empereur d'Allemagne, 7, 196.

ROBAULT (Oudin), sergent royal au bailliage de Vitry, 243.

Romagne-sous-Montfaucon, canton de Montfaucon (Meuse), 140.

Romilly-sur-Seine (Remeilly), chef-lieu de canton (Aube), 59, 182, 260.

ROUSSEL (l'abbé), auteur cité, 12 (note 2), 13 (note), 15 (note 1), 19 (note), 81 (note), 83 (note).

ROZE (Guillaume), avocat à Chaumont-en-Bassigny, président des Grands Jours de Saint-Mihiel, 39, 137, 158.

S

Sainte-Menehould (Sancta Manechildis, Saincte Manehoull), chef-lieu d'arrondissement (Marne) ; ville et prévôté, 12 (note 3), 21 (note), 70, 123-124.

— Maison-Dieu, 20 (note).

— Chapelle du château, 140.

— Prévôt : Bocard ; lieutenants du prévôt : Charlot, Julpin ; garde des sceaux de la prévôté : Hébert ; jurés en la prévôté : Julpin, Liétard ; sergent en la prévôté : Bussy.

— Procureur et praticien : Maugarny.

— Sergents royaux : Francon, Housset ; lieutenant du maître sergent : Liétard.

— Sergent des bois du roi : Cochon.

— Sergent du Grenier à sel : Chapperon.

SAINT-BLIN (?) (N. de), chef du Conseil du duc de Lorraine, 275.

Saint-Germain-sur-Meuse, canton de Vaucouleurs (Meuse), 196.

Saint-Maur, abbaye. Voir Verdun.

SAINT-MIHIEL (Sainct Michel, Sainct Mihel, Sainct Myel).

— Bailli : Auvilliers.

— Lieutenant du bailli : Varin.

— Grands Jours, 50.

ÉVREUX, IMPRIMERIE DE CHARLES HÉRISSEY

ARCHIVES DE L'HISTOIRE RELIGIEUSE DE LA FRANCE. — II. **Ambassades en Angleterre de Jean du Bellay.** La première ambassade (septembre 1527-février 1529). Correspondance diplomatique publiée avec une introduction par G.-La Boraillt et P. de Vaissière. Un vol. in-8° (XLII-362 p.) . . . 15 fr.
Pour les souscripteurs aux volumes suivants . . . 7 fr. 50

DUVERNOY (Émile). — **Les États généraux des duchés de Lorraine et de Bar,** jusqu'à la majorité de Charles III (1559). P. 1904 in-8° (XLII-430 p.) . 7 fr. 50

BORELLI DE SERRES (Le Comte). **Recherches sur divers services publics du XIII° au XVII° siècle.**
  TOME I. — Notices relatives au XIII° siècle : I. La comptabilité publique au XIII° siècle. II. Notes sur les origines du service financier, etc. 1 vol. in-8° (612 p. fac-similés) . . . 10 fr.
  TOME II. — Notices relatives au XIV° siècle : I. La comptabilité publique aux XIV° siècle jusqu'au règne de Philippe VI. — II. La politique monétaire de Philippe le Bel. 1 vol. gr. in-8° (655 p. nombreux tableaux) . . 10 fr.

La réunion des provinces septentrionales, à la couronne par Philippe-Auguste, Amiénois, Artois, Vermandois, Valois, 1899 in-8° (146 p.) . . . 3 fr. 50

LE GRAND (Léon). — **Statuts d'Hôtels-Dieu et de Léproseries.** Recueil de textes du XII° au XIV° siècle, publiés avec introduction et tables. 1 vol. in-8° (XXIX-282 p.) . . . 7 fr.
En souscription . . . 5 fr.

COMMYNES (Philippe de). — **Mémoires.** Nouvelle édition, publiée avec une introduction et des notes, d'après un manuscrit inédit et complet ayant appartenu à Anne de Polignac, comtesse de la Rochefoucauld, nièce de l'auteur, par B. de Mandrot (1464-1498).
2 vol. in-8° (480 p. ; CXL-484 p. et cart.) . . . 25 fr.
En souscription . . . 17 fr. 50

Manuels de bibliographie historique.
  I. — *Les Archives de l'histoire de France*, par Ch.-V. Langlois, archiviste-paléographe, professeur adjoint à l'Université de Paris, et H. Stein, archiviste-paléographe, archiviste aux Archives nationales, 1893. 1 vol. in-8° (XIX-1000 p.) broché . . . 18 fr.
Relié toile . . . 20 fr.
  II. — *Manuel de bibliographie générale.* (Bibliotheca Bibliographica Nova), par H. Stein, 1898. 1 vol. in-8°, relié t. n. rognée (XX-895 p.) . . . 20 fr.
Le même broché . . . 18 fr.
  III. — *Les sources de l'histoire de France.* Première partie. Des origines aux guerres d'Italie, (1494) par Aug. Molinier, professeur à l'École des chartes.
  Ouvrage couronné par l'Académie des Inscriptions et Belles-Lettres.
    I. — *Époque primitive : Mérovingiens et Carolingiens.* 1902. 1 vol. in-8° (VIII-248 p.)
    II. — *Époque féodale : Les Capétiens jusqu'en 1180.* 1 vol. in-8° (322 p.)
    III. — *Les Capétiens 1180-1328.* 1 vol. in-8° (248 p.)
    IV. — *Les Valois 1328-1461.* 1 vol. in-8° (334 p. et table.)
    V. — *Les Valois 1461-1498 et Introduction générale.* 1 vol. in-8° (XXXVI-184 p.)
Chaque volume broché . . . 5 fr.
Relié toile . . . 7 fr.

CARORGUY (Jacques). — **Greffier de Bar-sur-Seine, Mémoires 1582-1595** publ. par Ed. Bruwaert, 1880. 1 vol. in-8° (317 p.) . . . 2 fr. 50

GUILHIERMOZ (P.). — Archiviste-paléographe bibliothécaire honoraire à la Bibliothèque Nationale. **Enquêtes et procès.** Étude sur la procédure et le fonctionnement du parlement au XIV° siècle, suivie du style de la Chambre des enquêtes, du style des commissaires du Parlement et de plusieurs autres textes et documents, 1892. 1 vol. in-4° (XXVII-646 p.) . . . 10 fr.